OEUVRES

COMPLÈTES

D'ÉTIENNE JOUY.

TOME XVIII.

ON SOUSCRIT A PARIS:

Chez JULES DIDOT AÎNÉ, rue du Pont de Lodi, n° 6;
BOSSANGE père, rue de Richelieu, n° 60;
PILLET aîné, imprimeur-libraire, rue Christine, n° 5;
AIMÉ-ANDRÉ, quai des Augustins, n° 59;
Et chez l'AUTEUR, rue des Trois Frères, n° 14.

ŒUVRES
COMPLÈTES
D'ÉTIENNE JOUY,

DE L'ACADÉMIE FRANÇAISE;

AVEC DES ÉCLAIRCISSEMENTS ET DES NOTES.

Theatre.
TOME I.

PARIS
IMPRIMERIE DE JULES DIDOT AINÉ,

RUE DU PONT DE LODI, N° 6.

1823.

TIPPO-SAËB,

TRAGÉDIE

EN CINQ ACTES ET EN VERS,

REPRÉSENTÉE POUR LA PREMIÈRE FOIS SUR LE THÉATRE
FRANÇAIS, LE 27 AVRIL 1813.

ÉPITRE DÉDICATOIRE

A MONSIEUR

CHARLES DE LONGCHAMPS.

Mon ami,

Les souvenirs les plus doux de ma vie reportent sans cesse ma pensée vers les rives du Gange; c'est là que nous nous sommes rencontrés pour la première fois; c'est là que notre amitié a pris naissance.

Ce sentiment, accru par l'âge et fortifié par le goût des lettres, nous a suivis dans une carrière d'où la rivalité l'exclut trop souvent, et dans laquelle nous avons fait ensemble les premiers pas. L'auteur de la charmante comédie du Séducteur amoureux, de celle de la Fausse honte, et de tant d'autres productions agréables, aurait fait plus, sans doute, que de marquer sa place parmi nos écrivains les plus spirituels, si, moins avide de succès que de bonheur et de repos, il ne se fût hâté de quitter une lice transformée depuis quelque temps en arène.

Vous m'avez privé de votre exemple, mon ami, mais

vous avez continué à m'aider de vos conseils, de vos lumières; vous avez dirigé mes travaux et secondé mes efforts; la reconnaissance me ferait un devoir de l'hommage que je vous rends, si l'amitié ne m'en faisait un plaisir, ou plutôt un besoin.

En vous dédiant, à ce double titre, un ouvrage accueilli sur la scène avec quelque bienveillance, je paie, sans l'acquitter, une dette dont je m'honore, et j'obéis à un sentiment étranger aux vaines considérations qui dictent la plupart des lettres dédicatoires.

JOUY.

PRÉFACE.

Lorsque je formai le dessein d'exposer sur la scène française un événement contemporain, je ne me dissimulai pas les obstacles, et sur-tout les préjugés nombreux contre lesquels j'aurais à lutter : je ne me rappelai pas sans découragement que Racine, Racine lui-même, crut devoir s'excuser d'avoir mis *Bajazet* au théâtre près d'un demi-siècle après la mort de ce prince. Le succès de cet admirable ouvrage, par cela même qu'il atteste la puissance d'un génie supérieur, dut augmenter ma juste défiance, et détourner ma pensée d'une tentative trop évidemment au-dessus de mes forces.

Au premier aperçu de mon sujet, j'avais pu me convaincre qu'il était, par sa nature même, circonscrit dans les bornes les plus étroites de la vérité historique, et que les combinaisons de l'art n'y pouvaient être employées qu'à rapprocher et à mettre en œuvre les circonstances d'une catastrophe dont plusieurs témoins existent encore au milieu de nous. Avouer que je ne me suis fait aucune illusion sur les difficultés d'une pareille entreprise, c'est prendre l'engagement d'exposer les motifs qui m'ont fait persévérer dans son exécution. Peut-être y trouvera-t-on l'excuse de ma témérité, et celle de l'accueil bienveillant que le public a daigné faire à mon ouvrage.

PRÉFACE.

J'ai passé les premières années de ma jeunesse aux Indes orientales, dans ces belles contrées qu'arrosent le Gange et l'Indus, au milieu du peuple le plus antique, le plus doux, le plus aimable de la terre; j'ai vécu sous l'influence ou plutôt sous le charme de ces mœurs immuables, de cette religion poétique dans laquelle le plus savant des orientalistes, sir William Jones, a trouvé l'origine de toutes les fables de la Grèce. Dans l'âge où le spectacle de l'oppression et du malheur laisse au fond de l'ame des impressions aussi vives que durables, j'avois été témoin des maux affreux que l'avarice et la politique anglaises ont versés sur ces climats. Un seul prince à cette époque luttait contre la plus odieuse tyrannie qui ait jamais pesé sur les peuples; ce prince était Tippô-Saëb, sultan de Myzore: j'avais été admis deux fois en sa présence, et des relations intimes avec quelques officiers français à son service m'avaient mis à portée de connaître son caractère, sa noble ambition, et sa haine contre les Anglais, qui avaient eux-mêmes pris soin d'en justifier la violence.

De retour en Europe, l'image d'un pays que le ciel a comblé de toutes ses faveurs, et dont les hommes ont fait le théâtre de tous les crimes et de toutes les misères humaines, est restée présente à ma mémoire. L'idée des Indes se mêle à tous mes souvenirs, et l'affranchissement de ce berceau du monde est devenu le rêve le plus habituel de mon imagination.

PRÉFACE.

Dans cette disposition d'esprit, j'ai dû être plus frappé qu'un autre de la catastrophe qui mit un terme à l'empire et à la vie du sultan de Myzore, et j'ai pu croire que le fils d'Hyder-Aly-kan, qu'un monarque à qui ses victoires, ses projets, et ses haines, ont mérité le surnom de Mithridate indien; j'ai pu croire, dis-je, que Tippô-Saèb, victime de la trahison, succombant avec gloire sous les débris de son trône, n'était point un sujet indigne de la scène française. Je n'espérais pas trouver dans la peinture de ce grand événement l'occasion de faire naître ces émotions vives qu'excitent les passions tendres, cet intérêt de curiosité qui résulte de la multiplicité des incidents, de la nouveauté de leurs combinaisons; mais j'y voyais tous les éléments d'un grand tableau historique, quelques situations fortes, des caractères prononcés, des mœurs nouvelles et qui m'étaient familières, des localités pittoresques, et un grand fonds d'intérêt national.

Je me suis trop souvent rappelé avec indignation les outrages que le caractère français reçoit journellement sur les théâtres de Londres, pour ne pas me prévaloir de l'occasion qui m'était offerte d'exposer sur notre scène les crimes les plus avérés du cabinet britannique. Sans me croire autorisé, par l'exemple des auteurs anglais, à outrager un peuple entier par des imputations absurdes ou calomnieuses, je me suis promis de me défendre avec plus de soin encore de cette générosité sans fruit, et, disons-le, sans dignité, qui nous porte (presque toujours aux dépens de la vérité) à relever au théâtre les personnages d'une nation constamment ennemie, même au sein de la paix.

Tels ont été les motifs qui m'ont déterminé dans le choix de mon sujet. Son exécution a donné lieu à beaucoup de critiques (au nombre desquelles je ne compte ni les satires ni les parodies); j'ai fait mon profit des unes, je demande la permission d'examiner les autres.

On m'a fait un reproche d'une simplicité d'action que je me suis imposée volontairement, et à laquelle je me crois en grande partie redevable des suffrages que j'ai obtenus. Il m'eût été facile (je puis le dire avec d'autant plus d'assurance que ma tragédie avait d'abord été composée sur ce plan) de supposer entre le général français et la fille du sultan un amour dont les développements et la révélation pouvaient nouer plus fortement l'intrigue, et devenir la source de cette espèce d'intérêt auquel le cœur humain est le plus accessible; mais je ne tardai pas à m'apercevoir que je ne pouvais admettre une pareille supposition qu'au mépris de toute vraisemblance, de tout respect pour les mœurs locales. Une intrigue d'amour entre un Européen et la fille d'un monarque asiatique, dans un pays où les femmes habitent un asile inviolable, et ne voient d'autres hommes, dans le cours de leur vie, que leur père et leur époux, est une de ces absurdités romanesques dont Le Mierre a donné l'exemple dans sa tragédie de la *Veuve du Malabar*, mais que le succès même ne saurait justifier; je ne doute pas qu'elle n'eût paru plus révoltante encore dans un sujet historique que dans un sujet purement d'invention.

Des hommes dont l'opinion est d'un grand poids à mes yeux ont paru s'accorder sur ce point de critique : « que dans ma pièce la situation constamment « désespérée du personnage principal n'offrait point « à un degré suffisant ces alternatives de crainte et « d'espoir, qui sont un des ressorts les plus puissants « de l'art dramatique. » Tout en reconnaissant l'excellence du précepte, je ne pense pas qu'il soit dans tous les cas d'une application également rigoureuse : les personnages de *Phèdre* et d'*Ariane*, dans les deux tragédies de ce nom, en offrent la preuve irrécusable; leur situation, évidemment désespérée, n'éprouve pas, ne peut éprouver aucun changement, et l'intérêt déchirant qu'inspirent ces deux filles de Minos résulte précisément d'un malheur irréparable, dont on prévoit le terme aussitôt qu'on en connaît la cause. Mais sans chercher une excuse dans des exceptions dont le génie s'est réservé le privilège, je me borne à faire observer que je me suis renfermé dans la règle autant qu'il m'a été possible, et il ne me semble pas juste de dire que dans cette tragédie la situation du personnage principal soit toujours la même; son danger est imminent, mais il n'est jamais sans ressources : la victoire remportée sur les Anglais dans le premier acte, l'arrivée de l'ambassadeur dans le second, l'approche du secours qu'amène le roi des Abdalis dans le troisième, enfin la punition du ministre conspirateur au commencement du cinquième acte, sont autant d'incidents qui modifient l'action principale, et soutiennent l'espoir jusqu'à la catastrophe.

En accordant des éloges à la peinture des caractères, on a taxé d'exagération quelques uns des traits sous lesquels j'ai peint le sultan de Myzore, et principalement la haine frénétique dont je le représente animé contre les Anglais : cependant je suis loin d'en avoir retracé la farouche énergie; j'invoque sur ce point, et sur tout ce qui a rapport à la vérité des faits, une autorité dont il est rare qu'un auteur tragique puisse se prévaloir; celle d'un témoin vivant, de ce même officier français que j'ai présenté dans ma tragédie sous le nom de Raymond, et que le hasard des événements rend aujourd'hui spectateur au théâtre d'une action à laquelle il a pris une part honorable dans les Indes.

Le style de cet ouvrage a été jugé à la scène plus favorablement que je n'osais l'attendre; il lui reste à subir l'épreuve de l'impression : j'ai fait tout ce qui a dépendu de moi pour que le public éclairé n'y trouvât pas un motif de réformer son premier jugement.

PRÉAMBULE HISTORIQUE.

Un auteur, qui depuis s'est fait connaître par une production qui le place au rang de nos meilleurs historiens, M. Michaud, a publié, il y a quelques années, une *Histoire des progrès et de la chute de l'empire de Myzore*, dans la dernière partie de laquelle il est fâcheux qu'il n'ait eu à consulter que des mémoires anglais. Tout à-la-fois, avocats, juges, et partie dans une cause que le succès a décidée en leur faveur, il est trop évident qu'ils ont écrit sous l'influence de leur intérêt et de leur politique, et que même en admettant les faits on doit être constamment en garde contre les conséquences qu'ils en tirent, et contre la manière dont ils les présentent. J'aurai peut-être un jour l'occasion de relever quelques uns des mensonges hardis qu'ils sont parvenus à semer dans les Indes et à propager en Europe ; je me borne en ce moment à jeter un coup d'œil extrêmement rapide sur un sujet que j'envisage uniquement dans ses rapports avec la composition dramatique que je publie.

Le Myzore est un royaume des Indes orientales dans la presqu'île en-deçà du Gange : jusqu'à la fin du XVe siècle il fit partie de la souveraineté du puissant Rajah d'Anaagondy. A cette époque des divisions intestines, résultat des progrès des armes musulmanes dans l'Indoustan, déterminèrent le gouverneur de Myzore à se rendre indépendant, et à prendre le titre de Rajah, dont ses successeurs héritèrent, ainsi que du royaume, qu'ils agrandirent par des conquêtes.

En 1759, un guerrier célèbre, Hyder-Aly-kan, général des armées du Rajah de Myzore, s'empara de l'autorité souveraine et des rênes du gouvernement qu'un prince abruti par les plaisirs laissait flotter dans ses mains. Maître du pouvoir, Hyder en dédaigna les vains attributs; il voulut que celui qu'il appelait encore son maître conservât tous les honneurs du trône; et lorsque le Rajah mourut en 1766, il mit le sceptre aux mains de son fils, et se contenta toute sa vie de celui de régent.

Hyder-Aly-kan, le plus grand homme qui ait paru en Asie depuis Alexandre, était né dans un rang très obscur [1] : entré presque au sortir de l'enfance au service du Grand-Mogol, il s'éleva, par la seule force de son caractère et de son génie, du grade de simple *naik* (porte-enseigne) à la puissance suprême, qu'il conserva trente ans, et dans l'exercice de laquelle il déploya tous les talents d'un grand capitaine, toutes les qualités et toutes les vertus d'un grand roi. Maître de vastes états, accrus chaque jour par de nouvelles conquêtes, il forma le projet de rassembler les débris dispersés de l'empire d'Aureng-Zeb; mais comme il ne pouvait se dissimuler l'obstacle formidable que la puissance anglaise opposerait à l'exécution d'un si noble et si vaste dessein, il sentit la nécessité de commencer contre elle une guerre dont la haine implacable qu'il portait à cette nation lui fit de tout temps un besoin.

Hyder se montra constamment l'ami fidèle des Français, et particulièrement du célèbre Bussy dont il avait été le compagnon d'armes, et qu'il appelait son maître. Il avait à son service un parti de huit cents hommes de troupes eu-

---

[1] Il était fils d'un *teleinga*, tisserand, à Colard, ville du Myzore, où se trouve aujourd'hui le tombeau d'Hyder et de Tippô-Saeb.

ropéennes, sous le commandement de M. de Lalley, officier français d'un grand mérite, et qui ne lui fut pas moins utile dans les conseils que dans les combats.

Le régent de Myzore, après six mois de négociations conduites avec une extrême habileté, parvint pour la seconde fois, en 1780, à coaliser contre les Anglais toutes les puissances de l'Indoustan, et se vit à la tête d'une armée de deux cent cinquante mille hommes, avec laquelle, après quelques revers habilement réparés, il envahit le royaume de Carnate, et s'avança jusque sous les murs de Madras. « L'effet de ce déluge (dit un auteur anglais cité par M. Legoux de Flaix, dans son excellent Essai sur l'Indoustan) fut une de ces catastrophes que l'imagination ne peut concevoir, et qu'aucune langue ne saurait exprimer : toutes les horreurs de la guerre, connues jusques-là, sont peu de chose en comparaison de cet épouvantable ravage. Les Anglais furent vaincus avant de combattre; un ouragan de feu consuma leurs provinces, et fut l'affreux avant-coureur qui annonça au conseil souverain de Madras la présence de son terrible ennemi. »

C'en était fait de la puissance anglaise dans cette partie du monde, si la défection des principaux alliés d'Hyder, et principalement de Nyzam-Aly, souba du Décan, contre lequel il fut obligé de tourner ses armes, n'eût donné à ses ennemis le temps et les moyens d'arrêter ses progrès; ou si le gouvernement français se fût décidé à faire passer, un an plus tôt, dans l'Indoustan les forces annoncées depuis long-temps, et qui n'arrivèrent qu'en 1781, sur l'escadre de M. le bailli de Suffren. Cet amiral dont la réputation, toute grande qu'elle est, n'est pas encore au niveau de sa gloire, fut l'objet de l'estime et de l'amitié particulière du régent de Myzore, qui vint plusieurs fois visiter l'escadre française pendant sa station à la côte Coromandel. Ce fut dans une de ces visites qu'il dit à l'amiral français ce mot, qui peut donner une idée de la grace et de la vivacité de son esprit Hyder s'entretenant avec M. de Suffren de la force et des qualités des différents vaisseaux de l'escadre, il lui arriva de donner à un des bâtiments le nom de celui qui le commandait; le bailli en fit la remarque: « En apprenant comment s'appelle le vôtre, lui répondit Hyder, je m'étais figuré que chaque vaisseau, chez vous, portait le nom de son capitaine [1]. »

Ce grand homme, qui n'attend qu'un historien pour prendre le rang qui lui est dû entre les Alexandre, les César, et les Frédéric, mourut (presque subitement comme sont morts dans les Indes presque tous les ennemis puissants des anglais) le 9 novembre 1782, dans la capitale du royaume de Carnate dont il venait d'achever la conquête, en exprimant le regret de quitter la vie sans avoir exécuté ses desseins et consommé sa vengeance.

Hyder-Aly-kan laissait un fils héritier de son courage, et d'une haine implacable à laquelle le jeune prince avait été lié dès l'enfance par un serment solennel. Tippô-Saeb, immédiatement après la mort de son illustre père, dont la mémoire fut toujours pour lui l'objet de la plus tendre vénération, prit le titre de sultan, et soutint seul, pendant trois ans, une lutte dans laquelle il obtint plus d'une fois l'avantage. Ce fut vers la fin de cette guerre que le général anglais Matews, pris avec le corps d'armée qu'il commandait, périt au milieu des supplices. Cet affreux événement fut la représaille horrible des cruautés que les troupes aux ordres de ce général exercèrent à la prise d'Hydernagore,

---

[1] Le vaisseau que montait M. de Suffren se nommait LE HÉROS.

où les femmes du sultan furent massacrées par les soldats anglais, après en avoir reçu le dernier outrage.

La famine épouvantable que le gouverneur Hastings organisa dans le Bengale, à cette même époque, et qui coûta la vie à plus de trois millions d'Indiens, porta au plus haut degré d'exaltation ce besoin de vengeance dont le fils d'Hyder était dévoré : cependant la paix conclue en 1783, entre la France et la Grande-Bretagne, en le privant du secours d'un puissant allié, le força de déposer pour quelque temps les armes.

Tippô, que le repos fatiguait, et qui avait sans cesse présent à la mémoire ce principe de la politique de son père, qu'il n'y avait de salut pour les Indes que dans une coalition de ses princes et de la France contre l'Angleterre, envoya en 1788 des ambassadeurs à la cour de Versailles. Cette mission eut plus d'éclat que d'utilité; la France, tourmentée dès-lors par les approches d'une révolution terrible, se contenta de renouveler son alliance avec le sultan de Myzore, et de lui donner des espérances qui ne devaient pas se réaliser.

Le cabinet britannique prit occasion de la démarche publique qu'avait faite auprès de la France le monarque indien, pour former contre lui une ligue secrète, et fondre à l'improviste sur ses états. Cette guerre, où le sultan eut à lutter contre les forces réunies des Anglais, des Marattes, et du souba du Décan, fut suivie d'une paix désavantageuse, qui mit entre les mains de ses ennemis quelques unes de ses places fortes les plus importantes.

Vers la fin de 1797, le sultan, humilié de la position où il se trouvait, se laissa persuader par un aventurier, capitaine de corsaire, que le gouverneur général de l'Ile-de-France se préparait à faire passer à la côte Malabar une armée de dix mille Français. Sur cet avis Tippô fit partir pour l'Ile-de-France deux ambassadeurs (Cassen Aly-kan et Mehemet Ibrahim), lesquels débarquèrent dans cette colonie au mois de janvier de 1798, et en repartirent au mois de mars suivant, accompagnés d'un faible secours de deux cents hommes et de trente officiers de toutes armes, sous le commandement du colonel Chappuis de Saint-Romain, chargé en outre d'une mission diplomatique auprès du sultan. La frégate *la Preneuse*, qui les portait, mouilla le 25 avril à Mangalor, port principal des états myzoréens : le 29 juin, l'ambassade fut reçue dans le camp de Tippô, avec tous les honneurs et tout le faste asiatiques.

Les Anglais qui avaient paru voir sans ombrage l'ambassade envoyée à l'Ile-de-France, et l'arrivée de quelques Français dans le Myzore, en firent un crime à Tippô-sultan aussitôt qu'ils eurent connaissance de l'expédition des Français en Égypte ; et sans égard à l'état de paix et aux traités qui lui servaient de base, ils exigèrent de ce prince la cession de toutes ses provinces maritimes, et le renvoi de tous les Français qui se trouvaient dans ses états. Tippô répondit à ces humiliantes propositions avec moins de prudence que de courage, en acceptant la guerre dont ses ennemis le menaçaient, et à laquelle il n'était point préparé.

Au commencement de février 1799, les Anglais dirigèrent sur les états de Tippô-sultan, par la côte Coromandel et par celle du Malabar, deux armées fortes ensemble de soixante mille hommes, dont vingt-cinq mille avaient été fournis par Nyzam-Aly, ce souba du Décan, le plus vil et le plus utile instrument de l'ambition anglaise dans cette partie du monde. L'armée du Coromandel était sous les ordres du général Harris, revêtu du commandement en chef, et celle du Malabar, arrivée la première sur les confins du Myzore, était commandée par le général Stuart.

Tippô-sultan marcha en personne à sa rencontre, et, dans un engagement de peu d'importance, remporta sur les Anglais un premier avantage, dont il perdit le fruit en abandonnant le général Stuart pour se porter contre le général en chef dont l'armée s'avançait vers sa capitale : il le joignit le 27 mars, au moment où il prenait position sur les hauteurs de Malavely, à huit lieues de Séringapatnam. Dans cette journée, qui décida du sort de son empire, Tippô, il faut l'avouer, se montra moins grand capitaine que soldat intrépide, et sembla combattre moins pour obtenir la victoire que pour satisfaire sa vengeance : à la tête de sa cavalerie, qu'enflammait son audace, il chargea trois fois les colonnes anglaises soutenues d'une artillerie meurtrière. Tant de courage ne fit que hâter sa perte ; après deux heures du combat le plus sanglant et le plus opiniâtre, son armée fut mise en déroute, et se replia sous les murs de Séringapatnam, où le sultan fit la faute énorme de s'enfermer avec elle.

Le 18 avril l'ennemi démasqua sa première batterie; le 22 le commandant français fit une sortie nocturne dont le succès pouvait sauver la place, et dans laquelle il perdit la moitié de son monde par la perfidie du ministre Mirsadek. Il a été reconnu depuis, que ce ministre avait donné avis à l'ennemi d'une résolution qui n'avait eu d'autres témoins que lui, le sultan, et le commandant français. La trahison de Mirsadek, dont chaque jour du siége apportait de nouvelles preuves, ne fut cependant reconnue que le jour même de l'assaut, dont il donna lui-même le signal aux ennemis du haut d'un bastion où il commandait. Quelques Cipahis, témoins de cette action infâme, en firent immédiatement justice : le traître Mirsadek fut massacré par eux, et son corps *enseveli sous des babouches*; signe du plus profond mépris dont la mémoire d'un homme puisse être flétrie parmi les Indiens.

Si l'on ne se fait pas une idée de l'empire ou plutôt de la tyrannie de l'habitude chez les Orientaux, de l'obéissance stupide avec laquelle les ordres du prince y sont exécutés; si l'on oublie que Tippô-sultan était à-la-fois le plus brave et le plus superstitieux des hommes, on aura peine à croire le fait inconcevable, et pourtant avéré, dont il me reste à rendre compte. Le 4 mai, à deux heures après midi, pendant que l'assaut se donnait, au moment où le colonel Chappuis soutenait la première attaque d'une colonne de six mille assiégeants, commandés par le colonel Wellesley (aujourd'hui lord Wellington), le fils d'Hyder, l'intrépide sultan de Myzore, reposait paisiblement dans sa tente, à deux cents toises de la brèche, entre les bras d'une de ses favorites, qui périt elle-même une heure après dans la mêlée. Cette sécurité sans exemple lui avait été inspirée par ses devins en titre d'office, lesquels lui avaient prédit, le matin, que le 4 de mai, dernier jour du mois lunaire, était pour ses ennemis une époque fatale, pendant laquelle ils n'oseraient rien entreprendre. D'un autre côté des ordres avaient été donnés par Mirsadek pour que personne ne pût approcher de la tente du prince, et qu'aucun avis ne pût lui parvenir. Plusieurs bataillons ennemis avaient déjà gagné le haut des remparts, lorsque Tippô, averti par le bruit des armes du péril dont il était menacé, rallia quelques troupes à la hâte, et se précipita vers le lieu de la principale attaque : il s'y battit en désespéré, tua de sa main un grand nombre d'ennemis; mais resté presque seul, et désormais convaincu de l'inutilité de ses efforts, il monta à cheval, et tenta de regagner son palais, avec l'intention hautement

PRÉAMBULE HISTORIQUE.

manifestée d'y périr avec ses enfants, qu'il aimait avec une passion féroce. Il se retirait le long du rempart du Nord, et, après avoir traversé le pont, il cherchait à se frayer un passage par la porte d'*Eau* qu'obstruait une foule de soldats myzoréens, lorsqu'il tomba de cheval, frappé d'un coup dont on ne saurait encore assigner précisément l'auteur. Le corps du sultan fut trouvé sous un monceau de cadavres, vers l'extrémité extérieure de la porte *du Rivage:* il avait reçu un coup de lance ou de poignard dans les reins, et une balle de pistolet dans la tempe droite.

Les Anglais ont eu intérêt d'écrire et de faire croire que ce prince avait trouvé, dans les chances du combat, la mort qu'il avait si intrépidement affrontée; mais en réfléchissant à la distance où se trouvait encore l'ennemi au moment de sa chute, à la place, au genre de ses blessures, il est difficile de ne pas admettre l'opinion généralement reçue dans les Indes, que Tippô-Saëb a été assassiné par quelque créature de Mirsadek et des Anglais, au moment où l'on put craindre qu'en entrant dans la ville, et en gagnant une des portes qui se trouvait encore libre, il ne parvînt à leur échapper.

Telle fut la fin d'un prince que de grandes qualités et de grands défauts recommandent à la mémoire des hommes, et auquel il a manqué, pour changer la face de l'Asie, d'avoir eu autant de force dans l'esprit que dans le caractère, d'avoir pris moins souvent conseil de ses passions et de ses préjugés; enfin d'avoir su, comme son père, allier la prudence au courage, la patience au malheur, et la modération à la prospérité.

PERSONNAGES.

TIPPO-SAËB, sultan.	MM. Talma.
RAYMOND, général français au service de Tippô.	Damas.
MIRSADEK, Brame, ministre de Tippô.	Baptiste aîné.
SEYMOUR, envoyé anglais.	Michelot.
AKMED, confident de Mirsadek.	Colson.
IDALKAN, grand officier du palais.	Després.
LALLEY, confident de Raymond.	Dumilatre.
Un officier.	Vanhove.
ALDEIR, fille de Tippô.	Mmes Bourgoin.
ÉVANÉ, confidente d'Aldëir.	Patrat.
ABDAL } très jeunes fils de Tippô.	Boissière.
MOZA }	Adèle.

La scène est à Séringapatnam, capitale des états de Tippô-Saëb, à laquelle on a restitué son ancien nom de Myzore. Cette ville de l'Indoustan est située sur les bords du Cauvry.

Les noms des personnages, à la tête de chaque scène, sont dans l'ordre où les acteurs doivent être placés sur le théâtre.

TIPPO-SAËB[1],
TRAGÉDIE.

ACTE PREMIER.

SCÈNE I.

MIRSADEK, AKMED.

MIRSADEK.
Akmed, je te revois : le destin te ramène
Dans des murs menacés d'une chute prochaine.
AKMED.
Je viens y ranimer le courage et l'espoir.
Déja, pour satisfaire à mon premier devoir,
A Tippô cette nuit dans un rapport fidèle,
J'ai transmis les secrets confiés à mon zéle :
Du sublime sultan les vœux sont accomplis.
Vaincu par mes efforts le roi des Abdalis[2],
Dont l'intrigue en secret enchaînait la vaillance,
Du fils du grand Hyder accepte l'alliance.
Ce prince audacieux, chef d'un peuple indompté,
Ce vainqueur du Mogol, des Anglais redouté,
Entraîné par l'espoir du plus noble salaire,
Vient nous prêter contre eux un appui nécessaire.

MIRSADEK.

Je sais que le secours qu'il daigne nous offrir
Est le prix de la main de la jeune Aldéir.

AKMED.

Tippô, dans ses revers, peut accepter pour gendre
Un allié puissant dont il doit tout attendre,
Qui déja de la guerre arbore l'étendard.

MIRSADEK.

Ces secours, cher Akmed, arriveront trop tard.

AKMED.

Hé quoi?....

MIRSADEK.

Dans tous les temps ton zéle et ta prudence
Ont appelé sur toi toute ma confiance.
Nos interêts sont joints; et sur-tout aujourd'hui,
Nous devons l'un à l'autre un mutuel appui.
Du jour où le destin t'éloigna de Myzore,
Akmed, tout a changé; tout va changer encore.
Cet empire ébranlé tombe de toutes parts :
Pour asile Tippô n'a plus que ces remparts;
Et contre l'ascendant du pouvoir qui l'entraîne
Tout effort serait vain, et sa chute est certaine.

AKMED.

Ne vous livrez-vous pas à de vaines terreurs?
Au milieu des revers la guerre a ses faveurs.

MIRSADEK.

Non : de Malavely[3] la terrible journée
Du Myzore à jamais fixa la destinée.

AKMED.

Quelquefois les revers, mystérieux bienfaits,
De la faveur des dieux sont les garants secrets,

ACTE I, SCÈNE I.

Et déja, cette nuit, la victoire et nos armes
Dans le camp de Stuart ont semé les alarmes.
Dans ce combat nocturne à jamais glorieux,
Où, malgré sa blessure, un chef audacieux,
Raymond 4, qui des Français...

MIRSADEK.

Son heureuse imprudence
Au vulgaire ignorant peut rendre l'espérance.
Mieux instruit du présent, je lis dans l'avenir,
Le règne du sultan avec lui va finir.
De la race d'Hyder l'éclat ne peut renaître;
Et cet astre sanglant est prêt à disparaître.

AKMED.

Votre esprit éclairé sur des dangers nouveaux
N'admet plus, je le vois, de remède à nos maux.
Pourquoi donc ces périls pressants, inévitables,
Pour le prince et l'état, pour vous si redoutables,
Loin de vous alarmer de leur présage affreux,
Semblent-ils en secret favoriser vos vœux?

MIRSADEK.

Qui n'a pu conjurer ni les vents ni l'orage
Peut sur ses débris même échapper au naufrage.
Apprends tout, cher Akmed. Tu m'as vu dans ces lieux
Ministre révéré d'un roi victorieux,
Compagnon d'un héros qu'illustra son courage,
Qui créa sa fortune, et fut son propre ouvrage;
Hyder à ses travaux daigna m'associer :
Ce grand homme à-la-fois législateur, guerrier,
Dans la poudre des camps élevé dès l'enfance,
Atteignit en son vol la suprême puissance.
Des rives de Surate aux remparts de Delhy,

La fortune suivit le char d'Hyder-Aly :
Maître d'un vaste empire accru par la victoire,
Et vainqueur des Anglais que tourmentait sa gloire,
Bientôt on l'aurait vu, signalant sa grandeur,
Du trône d'Aurengzeb relever la splendeur :
La mort vint l'arrêter. Ma sage prévoyance
A son fils conserva cet héritage immense ;
Et d'un sceptre à ses mains disputé par vingt rois,
J'instruisis sa jeunesse à supporter le poids.
Mais, tu le sais, Akmed, des vertus de son père,
Tippô n'a recueilli que l'amour de la guerre,
L'ardente ambition qui dévorait son cœur,
Et pour le nom anglais son invincible horreur.
L'esprit toujours frappé d'oracle, de présage,
Sur la foi des devins il règle son courage [5] :
Ennemi de nos dieux, il crut dans l'Indoustan
Sur nos autels détruits élever l'Alcoran.
Dans de vastes desseins égarant sa pensée,
A peine sur le trône, une ardeur insensée
Emporta loin du but un prince impétueux,
Dont j'arrêtais en vain l'élan présomptueux,
Et qui, de mes conseils affranchissant sa gloire,
De son illustre père outrageait la mémoire.
Ce Français dont la nuit sert si bien la valeur,
Qui d'un frêle laurier vient d'obtenir l'honneur,
Usurpe dans ces lieux et mes droits et mon titre ;
Des volontés du prince il est le seul arbitre :
Fier de tant de pouvoir, qu'il a su me ravir,
A son joug odieux il prétend m'asservir.
Encor quelques moments ; sous ma main plus heureuse
Je verrai s'abaisser cette tête orgueilleuse :

Je n'aurai plus de maître.

AKMED.

Et quels sont vos projets?

MIRSADEK.

C'est du silence encor que dépend le succès :
Quand il en sera temps j'avertirai ton zèle ;
Jusque-là qu'il suffise à l'amitié fidèle
D'apprendre que Stuart, dans un danger si grand,
De nos communs destins est l'unique garant ;
Et qu'au gré de mes vœux, seul, je saurai conduire
Les grands événements que ce jour doit produire.
Mais le sultan paraît.

SCÈNE II.

AKMED, MIRSADEK, TIPPO, RAYMOND, SOLDATS, CIPAHIS, etc.

TIPPÔ.

Braves amis, enfin
Les Français de la gloire ont rouvert le chemin :
Ils ont chez l'ennemi rejeté l'épouvante.
Ces lignes, ces fossés, que d'une main savante
Au pied de nos remparts l'Anglais avait tracés,
Sous l'effort de leurs bras ont été renversés.
  (*montrant Raymond.*)
Le sang de ce héros atteste sa vaillance.
Vous avez cette nuit commencé ma vengeance :
Cet avantage est grand, mais il ne suffit pas.
Guerriers, préparez-vous à de nouveaux combats.
Des vaillants Abdalis une armée aguerrie

S'avance; et, de vos coups secondant la furie,
Bientôt on nous verra, poursuivant nos vainqueurs,
Repousser sur les mers un peuple d'oppresseurs.
Allez... Brave Raymond, et vous, sage Bramine,
Demeurez.

(La suite sort.)

SCÈNE III.

MIRSADEK, TIPPO, RAYMOND.

TIPPÔ.

Vous savez quel espoir me domine,
De quels ressentiments mon cœur soutient le poids ;
Je ne m'aveugle pas sur mes dangers : je vois,
Quelle que soit du ciel la faveur peu commune,
Qu'il faut plus d'un combat pour changer ma fortune.
Les Anglais... quelle honte !... envahissent ces lieux.
D'intrigues, de complots, artisans odieux,
Sur nous ils ont enfin usurpé la victoire ;
Le Myzore est par eux dépouillé de sa gloire,
Et je me vois réduit à cette extrémité
De défendre contre eux ma dernière cité.
Le souverain d'Asmer, le prince de Lahore
(Seuls amis sur lesquels je puis compter encore),
Attaqués par le Perse, au sein de leurs foyers,
A leur propre défense appellent leurs guerriers.
Du Décan avili le prince mercenaire,
Nyzam[6], vend aux Anglais sa honte auxiliaire.
Subjugués ou séduits, mes lâches alliés,
Trahissant les serments dont ils étaient liés,

ACTE I, SCÈNE III.

Servent de nos tyrans la cause criminelle.
Le chef des Abdalis embrasse ma querelle;
Mais il est loin encore : attendant son appui,
Contre un dernier revers armons-nous aujourd'hui.
   (à Raymond.)
D'un combat dont l'issue honore ton courage,
De nombreux prisonniers dans nos mains sont le gage :
L'ennemi me connaît; il tremble sur leur sort.
A des captifs anglais je ne dois que la mort.
Je veux bien toutefois du courroux qui m'anime
Réprimer un seul jour le transport légitime.
Du Cauvry 7 que l'Anglais abandonnant les bords
Des murs que je défends détourne ses efforts;
Qu'il accepte une trêve; et, maîtrisant ma haine,
Je rends les prisonniers que je tiens dans ma chaîne :
S'il refuse (en secret j'en forme le desir),
S'il refuse... ce jour les verra tous périr.
Telle est ma volonté; Stuart va la connaître.

MIRSADEK.

De tes vastes états quand il se croit le maître,
Aux vœux de son orgueil il mesure ses droits.
Fais trembler nos vainqueurs en leur dictant des lois.
Que leur fuite en ce jour désarme ta justice;
Ou de leurs compagnons ordonne le supplice.
Dans un dessein si grand, et si digne de toi,
Qui d'entre nous pourrait ne pas t'affermir?

RAYMOND.

                              Moi.
Sultan, pour te servir attends tout de mon zèle;
Mais à la vérité je resterai fidèle :
A ce devoir sacré devant toi j'obéis,

Quand j'ose en ce moment combattre ton avis.
Pour sauver ces captifs que la guerre te livre,
Tu veux qu'un ennemi, que le succès enivre,
Qui voit dans l'avenir des triomphes nouveaux,
Perde honteusement le fruit de ses travaux?
Son refus est certain; et si rien ne t'arrête,
Tu peux des prisonniers faire tomber la tête.
Mais à les immoler quel espoir te conduit?
Et de leur sang enfin quel doit être le fruit?
D'accroître la terreur au milieu des batailles;
D'attirer sur les tiens de justes représailles;
D'armer nos ennemis, même au sein des revers,
Des droits de l'équité, des vœux de l'univers;
De ravir à la paix sa dernière espérance,
Et de flétrir ta gloire en servant ta vengeance.

TIPPÔ.

Je suis le fils d'Hyder; une invincible horreur
Au seul nom des Anglais fait tressaillir mon cœur.
Pour cette nation fourbe, avare, cruelle,
Je porte dans mon sein la haine paternelle.
Que sert de s'aveugler? et quel dieu désormais
Entre ce peuple et moi peut rétablir la paix?
Il n'en est point pour lui tandis que je respire :
Je vis pour sa ruine; à ma mort il aspire;
Et de la lutte extrême où je suis engagé
Si je ne sors vainqueur, je veux mourir vengé.
Toi-même, qui défends ces coupables victimes,
Des tyrans de l'Asie as-tu compté les crimes [8]?
Vois des plus noirs forfaits l'exécrable artisan,
Clive, au sein de la paix embraser l'Indoustan,
Par le fer, le poison, suppléant au courage,

Des rois qu'il assassine envahir l'héritage.
Détournes-tu les yeux de ce monstre oppresseur ;
Plus cruel et plus vil, son lâche successeur
Pour étancher la soif de l'or qui le domine,
Dans nos fertiles champs fait germer la famine :
Trois millions d'Indiens expirent sur ces bords ;
Le Gange épouvanté ne roule que des morts ;
Tandis que nos bourreaux au sein de l'abondance
Calculent les produits de ce désastre immense.
De tant d'infortunés les cris, les pleurs amers,
Les longs gémissements ont traversé les mers ;
Et de ce grand forfait l'Europe accusatrice
Dix ans, sans l'obtenir, a demandé justice.
As-tu donc oublié cette ville d'Hyder
Que Duncan 9 détruisit par la flamme et le fer?
Sur ses débris fumants mes femmes outragées,
Et pour comble d'horreur lâchement égorgées?
Il a payé bien cher ses exploits inhumains !
Le barbare à son tour est tombé dans mes mains,
Et le supplice affreux qui fut sa récompense,
Sans calmer ma fureur, fatigua ma vengeance.
Des sables de Corée aux rivages d'Ormus,
Des mers de Taprobane aux sources de l'Indus,
Suis ces persécuteurs des nations tremblantes,
Leurs pas laissent par-tout des empreintes sanglantes,
Et, par-tout détestés, ces brigands d'Albion
Ont mérité l'horreur que j'attache à leur nom.

MIRSADEK.

Étranger à nos maux, comme à notre patrie,
Raymond seul peut blâmer cette juste furie,
Ces transports généreux que nous partageons tous.

Les Anglais...
RAYMOND.
Mirsadek, je les hais plus que vous.
Je compte en frémissant leurs crimes politiques,
Leurs lâches trahisons, leurs rigueurs tyranniques;
Je vois tous leurs forfaits : mais pour les détester
Peut-être faudrait-il ne les pas imiter.
TIPPÔ.
Même en les imitant, je n'en suis pas complice;
Ce qui fut crime en eux en moi sera justice.
Quand du sort ennemi l'inflexible rigueur
Nous laisse sans espoir seuls avec le malheur,
Tout devient légitime alors pour la défense,
Et l'audace elle-même est encor la prudence.
RAYMOND.
Quels timides avis m'a-t-on vu proposer?
Oui, prince, il est trop vrai, nous devons tout oser.
Sans doute l'ennemi, qu'instruisent ses alarmes,
S'est applaudi trop tôt du succès de ses armes.
Sur l'avenir enfin si je jette les yeux,
Je vois que le temps seul peut manquer à nos vœux.
De ton noble allié, que ses exploits devancent,
A grands pas vers ces murs les cohortes s'avancent;
Tandis que sur le Nil le héros des Français,
Embrassant ta défense en ses vastes projets [10],
Pour s'unir à ton sort et délivrer l'Asie,
Peut franchir en vingt jours les mers de l'Arabie.
Cependant voulons-nous d'un espoir si prochain
Donner à la fortune un gage plus certain;
Au-devant de ses pas que ta valeur nous guide.
Un siége a ses hasards; et dans cet art perfide,

Où triomphent la ruse et ses piéges trompeurs,
Les Anglais plus que nous ont droit d'être vainqueurs.
Ne les attendons pas; sortons de nos murailles :
Cherchons notre salut au milieu des batailles,
Et par-delà les monts qui bordent tes états,
Du souvenir d'Hyder épouvantons Madras.
MIRSADEK.
Quoi! lorsque ton armée affaiblie, incertaine,
Derrière nos remparts se défend avec peine,
Que des secours sont prêts, que d'autres sont promis,
On veut que sans espoir bravant tes ennemis,
Du Myzore conquis tu leur livres le reste!
Qu'exigent-ils de plus? et quelle erreur funeste,
Égarant un héros par son zèle emporté,
Inspira cet avis que Stuart eût dicté?
Oui : frappons leurs captifs; effrayons ces barbares,
Dans le meurtre hardis, mais de leur sang avares :
Pour racheter celui que ta main peut verser,
Ils subiront l'arrêt que tu vas prononcer.
RAYMOND.
Sur un pareil projet je n'ai plus rien à dire;
Et devant toi, seigneur, je saurai m'interdire...

SCÈNE IV.

MIRSADEK, un officier du palais, **TIPPO**, RAYMOND.

L'OFFICIER.

(Il s'approche, s'agenouille, et dépose sur un coussin, aux pieds du sultan, l'écrit dont il est porteur.)
De la porte du Nord ton esclave à l'instant
Dépose à tes genoux ce message important.
(Sur un geste du sultan l'officier sort.)

TIPPÔ, *à Mirsadek.*

Prends, et lis.

MIRSADEK, *à part.*

Voici l'heure; armons-nous de prudence.
(après avoir lu.)
De l'armée ennemie un envoyé s'avance :
Les plus grands intérêts l'amènent dans ces lieux.
S'il obtient la faveur d'être admis à tes yeux,
Il veut... mais je m'arrête; et le respect m'ordonne...

TIPPÔ.

Poursuis.

MIRSADEK.

Cet envoyé, que la crainte environne,
Pour garant dans ces murs veut avoir désormais
La parole et l'honneur du général français.

TIPPÔ.

Puisqu'il sert mes desseins, qu'importe son offense?
Qu'il vienne, j'y consens.

MIRSADEK.

Sans doute sa présence

Nous assure la trêve, objet de tous nos vœux.
RAYMOND.
Je crains d'un ennemi les présents dangereux.
Le nôtre en ce moment déguise son audace :
De ses coups plus certains il vient marquer la place,
Et, par l'organe impur de son ambassadeur,
Marchander notre mort, ou notre déshonneur.
TIPPÔ.
N'importe; il faut le voir : par lui je veux apprendre
D'un ennemi prudent ce que je dois attendre.
Raymond, guide ses pas; je le livre à ta foi;
Et qu'il soit dès ce jour introduit devant moi.
RAYMOND.
Sans partager l'espoir où Mirsadek se fonde,
J'obéis... Mais, seigneur, s'il faut que je réponde
De l'étranger admis par ton ordre en ces lieux,
Je sais tout ce qu'exige un soin religieux.
Nul autre à ce devoir ne pourra me soustraire :
En offrant de l'honneur le gage tutélaire,
Je m'impose la loi de faire respecter
Les saints engagements que je vais contracter.
(*Il sort.*)

SCÈNE V.

MIRSADEK, TIPPO.

TIPPÔ.
On ne m'a point trompé par un frivole augure :
Mirsadek, sur mon sort chaque instant me rassure;
Ce mage, ce vieillard dont l'œil audacieux
Sur l'avenir obscur interroge les cieux,

D'un astre bienfaisant m'annonce la présence.
L'interprète sacré promet à ma vengeance
Que des bords de l'abyme entr'ouvert devant moi
A mes fiers ennemis j'imposerai la loi.

MIRSADEK.

Espère tout, sultan; de la faveur céleste
Ce jour porte à mes yeux le signe manifeste.
Cependant, sans vouloir sur sa fidélité
Appeler un soupçon par moi-même écarté,
Raymond, si j'ose ici dire ce que je pense,
Sans l'alarmer encore étonne ma prudence.
D'où vient que les Anglais réclament son appui?
Dans ce lieu, dans ce jour, qu'espèrent-ils de lui?

TIPPÔ.

Si je connaissais moins sa vertu, son courage,
De ce rapport secret je pourrais prendre ombrage....
Mais qui peut élever un doute sur sa foi?
Il combat en héros, son sang coula pour moi....
Le sort n'ébranle pas cette ame peu commune,
Et Raymond ne saurait trahir mon infortune.
Mais de nos ennemis quels que soient les projets,
Va, crois-moi, j'en saurai prévenir les effets.
Par les mains de l'agent que Stuart nous envoie,
Voudrait-il à la paix se frayer une voie?
Je feins d'y consentir : par de sages lenteurs
J'entoure les Anglais de piéges destructeurs;
J'achète le secours de l'avide Maratte :
Ce torrent, à ma voix, inonde le Carnate;
Et tandis que les vents, qui régnent sur les eaux, ¹¹
De nos bords rassurés éloignent leurs vaisseaux,
Des braves Abdalis les phalanges guerrières

ACTE I, SCÈNE V.

Des monts de Malabar leur ferment les barrières.
Je romps la trêve alors; et, vengeant l'univers,
Je répare en un jour ma honte et mes revers.
Mais si leur politique a deviné la mienne,
S'il faut que leur audace aujourd'hui me prévienne,
Et me force, privé de tout autre pouvoir,
A chercher mon salut dans mon seul désespoir;
Oui, je veux, Mirsadek, je veux dans leur mémoire
Graver en traits de sang leur dernière victoire,
Et prévoyant mon sort, sans en être surpris,
Même avant le combat m'en assurer le prix.
Achève cependant de lire dans mon ame.
Dans ces murs dévastés par le fer et la flamme,
Dont cent foudres d'airain dispersent les débris,
Mes femmes, mes deux fils, ma fille!... je frémis....
Victimes des fureurs que la guerre déploie,
D'un vainqueur insolent pourraient être la proie,
Ou, fuyant à l'aspect d'un soldat furieux,
Sous le glaive homicide expirer à mes yeux.
Je ne puis soutenir cette image funeste.

MIRSADEK.

Pour des enfants si chers un asile nous reste :
De la porte d'Hyder toi seul es maître encor;
Le trajet n'est pas long aux murs de Cananor,
Et la reine [12], en tout temps à l'amitié fidèle,
Par d'utiles efforts nous a prouvé son zèle.
D'Aldëir, de tes fils, au sein de ses états
Qu'une escorte française accompagne les pas;
Que Raymond la commande.

TIPPÔ, *après un moment d'hésitation.*

Oui : j'en crois ta sagesse;

Sauvons-les des périls dont frémit ma tendresse,
Les seuls que je ne puis regarder sans effroi;
Et libre, n'ayant plus à craindre que pour moi,
Luttant contre le ciel dont le courroux m'accable,
Elevons sous l'orage un front inaltérable.

FIN DU PREMIER ACTE.

ACTE SECOND.

SCÈNE I.
ÉVANÉ, ALDEIR.

ÉVANÉ.
N'en doutez plus, madame, aujourd'hui les Anglais.
Députent vers Saëb un ministre de paix ;
Aux vertus d'un héros rendant un juste hommage,
Dans les mains de Raymond il se livre en otage.

ALDEIR.
Puisqu'il ose invoquer un pareil protecteur,
Je pourrais à l'espoir ouvrir encor mon cœur.
Mais je vois tous nos maux ; peut-être de mon père
Dois-je craindre sur-tout l'implacable colère ;
De la nécessité loin d'écouter la voix,
Il compte ses malheurs au nombre de ses droits.
Par trop de fermeté son généreux courage
Peut, d'un moment si cher dédaignant l'avantage,
Cherchant dans les combats un éclatant écueil,
Repousser une paix offerte avec orgueil.

ÉVANÉ.
En l'offrant le vainqueur écoute la prudence.

ALDEIR.
Qu'a-t-il à redouter ?

ÉVANÉ.
Si j'en crois l'assurance
D'un bruit que le sultan lui-même a confirmé,

Un monarque puissant pour notre cause armé,
Dans l'attente d'un bien où lui seul peut prétendre,
Vient partager ici l'honneur de vous défendre.
Suivi de ses guerriers, il marche vers ces bords.

ALDEIR.

Que peut-il espérer de ses tardifs efforts?
Pense-t-il vaincre aux lieux où succombe mon père?
Fera-t-il plus pour nous que Raymond n'a pu faire?
Mais, pour prix du secours qu'il vient nous présenter,
Dis-moi, de quel salaire a-t-on pu le flatter?

ÉVANÉ.

Sans doute il en est un qui des rois de l'Asie
Pourrait même en ce jour armer la jalousie,
Auquel dut aspirer.... D'un regard indiscret
Je n'ose approfondir cet auguste secret,
Que médita, madame, un père qui vous aime,
Et qu'il doit à l'instant vous révéler lui-même.

ALDEIR.

O ma chère Évané! de quel nouveau malheur,
De quel subit effroi viens-tu glacer mon cœur?
Toi, dont les soins si doux, dont l'active tendresse,
Ont de mes premiers ans dirigé la faiblesse,
Tu sais quel amour pur, quels sentiments pieux,
Ont dans un seul desir confondu tous mes vœux;
Qu'il se borna toujours à vivre pour mon père;
Qu'à tout autre bonheur mon ame est étrangère :
Juge avec quel chagrin je pourrais recevoir
Un ordre rigoureux que tu sembles prévoir.
Cette crainte m'agite et me poursuit sans cesse.

ÉVANÉ.

Le sultan vient.

SCÈNE II.

TIPPO, ALDEIR.

TIPPÔ.
(*à Évané.*)
Sortez.... Ma fille, le temps presse,
Il faut en profiter. Je viens à votre cœur
D'un noble sacrifice imposer la rigueur,
Vous donner à regret un ordre qui m'afflige :
Mais le devoir le veut, et mon amour l'exige.
Il faut nous séparer.... Écoutez, Aldeir,
Et prononcez vous-même avant que d'obéir.
Voyez, après vingt ans du sort le plus prospère,
En quel état le ciel a réduit votre père.
D'avides étrangers ravagent ces climats,
Où votre illustre aïeul a fondé des états.
De ce torrent grossi de ses propres ravages
Les flots long-temps vaincus, franchissant nos rivages,
Ont enfin ébranlé dans leur fougueux essor
Ces murs, dernier asile où je les brave encor.
S'il me faut y périr, succombant avec gloire,
Je veux de ma ruine illustrer la mémoire.
Mais dans ce choc terrible, inévitable, affreux,
Que prépare l'Anglais et qu'appellent mes vœux,
J'ai prévu tes dangers; et ma tendresse extrême
Doit conserver des jours plus chers que les miens même;
Tandis que d'un combat hautement annoncé
Cette nuit l'ennemi se croira menacé,
Par les détours cachés d'une route secrète

Raymond hors de ces murs va guider ta retraite.

ALDEIR.

Mon cœur, entre la crainte et l'espoir suspendu,
A cet ordre, seigneur, ne s'est point attendu.
Lorsqu'un succès brillant obtenu par vos armes
Parmi nos ennemis a semé les alarmes;
Que leur ambassadeur vient peut-être en ce jour,
De la paix sur ces bords préparer le retour;
Je ne prévoyais pas qu'un pareil avantage
De mon fatal exil dût être le présage.
Par un espoir trompeur si j'ai pu m'abuser,
A des revers plus grands s'il faut nous disposer,
Pourquoi loin de mon père, à gémir condamnée,
Irais-je en d'autres lieux subir ma destinée?
Depuis quand vos périls ne sont-ils plus les miens?
Quel pouvoir a rompu d'aussi tendres liens?
Fière de votre appui, dois-je en chercher un autre?
Ma vie est tout entière attachée à la vôtre,
Et j'accepte du ciel, comme un don révéré,
Du malheur avec vous le partage sacré.

TIPPÔ.

Ma fille fera plus : d'elle je dois attendre
Une soumission dont mon sort va dépendre.
Il me reste un espoir où se livre mon cœur.
Le ciel à mon secours a conduit un vengeur,
Qui des bords du Scander nous amène à sa suite
Des guerriers Abdalis les phalanges d'élite.
Ce prince, dès long-temps par la gloire avoué,
A ma cause, à ma haine aujourd'hui dévoué,
Qui sert mes grands desseins, qui prévient ma ruine,
Sha-Zeman [13], est l'époux que mon choix vous destine.

ALDEIR.

Ah! pour sauver mon père en ces jours malheureux,
De l'hymen loin de lui faut-il serrer les nœuds?
Quel que soit le chagrin dont mon ame est atteinte,
Il n'entendra de moi ni murmure ni plainte :
Ce pénible devoir qu'il me faut accomplir,
Quand vous l'ordonnerez je saurai le remplir.
Mais pardonnez, seigneur, ma juste défiance.
Quel peut être le fruit d'une telle alliance?
Déja ce roi du nord, à l'intérêt lié,
Deux fois par ses délais trompa votre amitié,
Alors que vos succès encourageaient son zèle.
Au serment du malheur sera-t-il plus fidèle?.

TIPPÔ.

Il s'avance en vainqueur à travers l'Indoustan;
C'est pour nous qu'il combat.

SCÈNE III.

TIPPO, ALDEIR, RAYMOND.

RAYMOND.
      Du sublime sultan
L'envoyé de Stuart attend l'ordre suprême.

TIPPÔ.

Retirez-vous, ma fille; un père qui vous aime
Voudrait ne rien devoir à son autorité :
Vous avez entendu quelle est ma volonté.
      (*Aldëir sort.*)

(*à Raymond.*)
Je consens qu'au palais Idalkan l'introduise,

Et de tous les honneurs que son rang autorise,
Dont l'éclat peut flatter son orgueil étonné,
Par tes soins à ma cour qu'il soit environné.
Les devins consultés vont me faire connaître
L'instant où devant moi l'étranger doit paraître.
(*Tippô sort.*)

SCÈNE IV.

RAYMOND, LALLEY.

LALLEY.

Enfin l'ambassadeur dans ces murs est entré :
Le peuple, à son aspect d'espérance enivré,
De la paix qu'il desire en lui croit voir le gage,
Et d'un si grand bienfait à vous seul rend hommage.

RAYMOND.

Il se trompe, Lalley; j'ignore les projets
Qui conduisent ici l'envoyé des Anglais;
Mais je connais trop bien l'esprit qui les anime
Pour attendre rien d'eux quand le sort nous opprime.

LALLEY.

S'il détruit un espoir qui brille à tous les yeux,
Ce ministre imprudent doit tout craindre en ces lieux.

RAYMOND.

Je l'ai pris sous ma garde.

LALLEY.

             En vain pour sa défense
Raymond opposerait sa noble résistance.
Consultez vos périls.

RAYMOND.

          J'ai consulté mon cœur.

ACTE II, SCÈNE IV.

LALLEY.

Il y va de vos jours.

RAYMOND.

Il y va de l'honneur.

LALLEY.

Pourquoi vous imposer une chaîne nouvelle?
Déja par tant de maux la fortune cruelle
Dans ces tristes remparts signale son courroux :
Vous lui prêtez encor des armes contre vous.
Je crains de Mirsadek les intrigues obscures;
Il peut accréditer de noires impostures :
Il vous hait.

RAYMOND.

Je connais ce brame ambitieux ;
Et le ciel, pour trahir ses secrets odieux,
Attacha sur son front la double ignominie
Et de la servitude et de la tyrannie.
Si j'en crois des soupçons dès long-temps affermis,
Ce ministre conspire avec nos ennemis.

LALLEY.

Pour lui d'un tel complot quel serait l'avantage?

RAYMOND.

De s'assurer un port dans ce terrible orage,
Et, du parti vaincu lâchement déserteur,
De trouver son salut dans les rangs du vainqueur.
Il dresse autour de nous ses embûches funèbres;
Mais un œil vigilant le suit dans les ténèbres.

LALLEY.

La fortune trahit vos desseins généreux.
Aux tourments de l'exil condamnés tous les deux,
De nous en délivrer n'est-il plus d'espérance?

C'est au-delà des mers, aux rives de la France,
Chez ce peuple aux combats par la victoire instruit,
Que l'obstacle encourage et que l'honneur conduit;
C'est là que brilleraient, auprès du rang suprême,
Ces vertus d'un héros que j'honore et que j'aime :
Tandis qu'en ces climats sur des bords étrangers,
Hérissés pour nous seuls de stériles dangers,
Sans fruit nous prodiguons aux tyrans de l'Asie
Des jours mieux employés à servir la patrie.

RAYMOND.

Où la servirions-nous avec plus de succès?
Ne combattons-nous pas l'ennemi des Français?
C'est ici, cher Lalley, qu'un jour, vengeant la terre,
Un bras victorieux doit frapper l'Angleterre.
Les peuples, qu'avilit un pouvoir destructeur,
En s'armant à la voix de leur libérateur,
Verront l'Inde échapper aux mains qui l'ont soumise,
Et le Gange affranchi des lois de la Tamise.

SCÈNE V.

SEYMOUR, IDALKAN, RAYMOND, suite.

SEYMOUR, *conduit par Idalkan.*

Noble et vaillant Raymond, quand le sort des combats
Pour finir vos malheurs conduit ici mes pas,
Il m'est doux d'y trouver un héros que j'admire,
Que la raison dirige, et que l'honneur inspire,
Dont la seule parole est un garant pour moi,
Que ne peut balancer la puissance d'un roi.

ACTE II, SCÈNE V.

Du vôtre la fortune abandonne la cause ;
S'il conserve un espoir, c'est en vous qu'il repose.

RAYMOND.

Le sultan pour appui dans cette extrémité
Conserve sa valeur, nos bras, et l'équité.

SEYMOUR.

Pour juge de nos droits nous prenons la victoire ;
Son arrêt et porté : mais gardez-vous de croire
Que nos ressentiments confondent en ces lieux,
Avec un roi barbare, un héros malheureux.
Seul, et j'en fais ici l'aveu qui vous honore,
Vous avez retardé la chute de Myzore.
Si cet empire enfin pouvait être sauvé,
Cet honneur à Raymond eût été réservé ;
Mais le ciel qu'indignait un pouvoir tyrannique
L'a détruit par les mains du peuple britannique.
Tippô ne compte plus au rang des souverains ;
Et le sceptre d'Hyder s'est brisé dans ses mains.
Que son orgueil repousse une paix nécessaire,
Sa ruine est le prix d'un refus téméraire :
Elle entraîne la vôtre ; et pour la prévenir
Proposez un traité, vous allez l'obtenir.
Je puis loin de ces murs, bientôt notre conquête,
Protéger des Français l'honorable retraite,
Et rendant à leur chef ce qu'on doit aux héros,
Vous assurer le prix de vos nobles travaux.
L'honneur vous a conduit au bord du précipice,
Mais il n'exige pas un plus grand sacrifice ;
Je dirai plus enfin : peut-être a-t-il gémi
En voyant un guerrier, magnanime ennemi,
Se déclarer l'appui d'un monarque perfide,

Qui prend pour dieu sa haine, et pour loi l'homicide,
Qui, du cruel Timur farouche imitateur,
S'honore du surnom de prince destructeur [14],
Et d'un trône usurpé...

RAYMOND.

Celui qui vous envoie,
A la paix, dites-vous, veut s'ouvrir une voie?
Vous conviendrez, mylord, qu'on en pourrait douter
Aux sentiments qu'ici vous faites éclater.
Si j'en crois vos discours, l'empire de Myzore
Est soumis à vos lois : que vous faut-il encore?
Saëb ne règne plus : qui peut donc aujourd'hui
Décider les Anglais à traiter avec lui?
Au soin qui vous amène, à l'espoir qui vous guide,
Je ne chercherai point une cause perfide,
Et consultant mon cœur, en répondant, je veux
Écarter un soupçon indigne de tous deux.
Le monarque indien, qu'irrite l'artifice,
A pu dans sa vengeance égarer sa justice;
Rappelant du passé le cruel souvenir,
Peut-être en d'autres temps pourrais-je en convenir;
Mais au jour des revers cette image importune
Disparaît sous l'éclat d'une illustre infortune :
Le sort le justifie à mes yeux prévenus;
Où je vois des malheurs, je crois voir des vertus.
J'ignore si du ciel l'arrêt impénétrable,
Aux vœux de l'équité souvent inexorable,
Doit affermir ici votre injuste pouvoir.
Qu'à ce triomphe au moins se borne votre espoir.
Les périls renaissants où la guerre m'engage,
Tous ceux dont l'avenir pourrait m'offrir l'image,

ACTE II, SCÈNE V.

Entre le prince et moi sont autant de liens
Qui joignent pour toujours mes intérêts aux siens.
Quand un même destin désormais nous enchaîne
Ne nous séparez pas, mylord, dans votre haine.

SEYMOUR.

J'ai rempli mon devoir ; peut-être mes avis
Avec calme jugés auraient été suivis.
Vous invoquez le glaive et son droit homicide ;
J'y consens : entre nous que la guerre décide.

RAYMOND.

Ses faveurs aujourd'hui se déclarent pour vous,
Et cet empire enfin peut tomber sous vos coups.
Mais ne vous livrez pas à trop de confiance ;
Le succès quelquefois trahit notre espérance ;
Et dans cette nuit même un souvenir récent
En offre à votre esprit un exemple pressant.
Par vos propres périls il a pu vous instruire
Qu'il faudra nous combattre avant de nous réduire,
Et jusqu'à nos remparts si l'on peut s'élever,
Par quels degrés sanglants on y doit arriver.
Cet entretien suffit : je vais sans plus attendre
Obtenir du sultan qu'il daigne vous entendre ;
Et, suivant ma promesse, avant la fin du jour,
Vers le camp des Anglais presser votre retour.

FIN DU SECOND ACTE.

ACTE TROISIÈME.

SCÈNE I.

SEYMOUR, MIRSADEK.

MIRSADEK.
Dans un pareil moment, quelle imprudence extrême !
A la cour de Saëb, dans Myzore, vous-même ?
SEYMOUR.
Pour la première fois je pénètre en ces lieux,
Et le nom de Seymour me cache à tous les yeux.
Ne crains rien, Mirsadek; cette grande entreprise,
Que ton zéle conduit, que le ciel favorise,
Désormais n'aura plus d'écueils à redouter.
MYRSADEK.
Il en est un encor qu'il nous faut éviter.
De votre rang, seigneur, du nom de votre père,
Craignez, craignez sur-tout de trahir le mystère;
Si jamais en ces lieux le farouche sultan
Reconnaissait en vous le fils de ce Duncan,
Dont le seul souvenir...
SEYMOUR.
   J'oppose à sa furie
Les sermens de Raymond, les tiens, et ma patrie.
De ces grands intérêts pour traiter avec toi,
Je ne pouvais compter sur d'autres que sur moi.
Enfin, grace à ton zéle actif, infatigable,

Nous le renverserons ce colosse effroyable.
De la ville des rois les antiques remparts
Verront dans peu de jours flotter nos étendards.
Pour hâter un moment si cher à ma vengeance.
J'espérais de Raymond vaincre la résistance :
Il n'y faut plus compter ; vainement à ses yeux
J'ai fait briller l'espoir d'un traité glorieux.
La crainte ne peut rien sur ce cœur inflexible,
Et même à mes bienfaits il reste inaccessible.

MIRSADEK.

Ce que j'ai commencé peut s'achever sans lui.
Craignez-vous au sultan de laisser pour appui
Un jeune ambitieux qui rêve la victoire
Dans l'avenir obscur où dort encor sa gloire,
Et qui, dans un combat pour avoir réussi,
Se croit dans l'Indoustan l'émule des Bussi ?
A flatter son orgueil qui pourrait vous contraindre ?
La France est loin de nous.

SEYMOUR.

      Elle est toujours à craindre.
Unie avec Saëb par des liens secrets,
L'impétueux sultan a trahi leurs projets.
La foudre se grossit vers les mêmes rivages,
Où l'on vit de tout temps se former les orages.

MIRSADEK.

L'océan tout entier s'élève entre elle et nous.

SEYMOUR.

C'est par d'autres chemins qu'elle conduit ses coups ;
Mirsadek, prévenons sa haine vigilante ;
Hâtons-nous...

MIRSADEK.

      Il le faut. De la ville tremblante
Le sultan se prépare à sortir dès demain;
Il peut vous échapper; je ferme ce chemin
Que traça de Raymond la valeur alarmée :
Cette nuit dans nos murs j'introduis votre armée.
Croyez-moi donc, seigneur, hâtez-vous de quitter
Des lieux où sans péril vous ne pouvez rester.
Songez à votre père, aux champs d'Hydernagore;
De son supplice affreux on s'entretient encore.

SEYMOUR.

Ce cruel souvenir, dont je nourris l'horreur,
Des mains de la vengeance est gravé dans mon cœur,
Et c'est pour obéir à la loi qu'il m'impose
Qu'aux fureurs du sultan moi-même je m'expose.
C'est peu de lui ravir son trône et ses états,
Il doit trouver la mort au milieu des combats;
Et, privé de ses fils à son heure dernière,
Les appeler en vain pour fermer sa paupière.
Tels sont, cher Mirsadek, les vœux et les projets
Dont nos efforts communs assurent le succès.

MIRSADEK.

De nos anciens Rajahs [15] la famille éplorée
Traîne au sein de ces murs une vie ignorée;
Aux Indous en secret j'ai rappelé ses droits;
J'ai fait parler nos dieux, nos malheurs, et nos lois :
Contre les Musulmans dont ils portent les chaînes,
Des enfants de Brama j'ai rallumé les haines.
Ah! si vous triomphez dans ce dernier effort,
Votre père est vengé, le fils d'Hyder est mort.

SEYMOUR.

Je promets à tes soins leur digne récompense.
L'héritier de Myzore encore dans l'enfance,
Au trône paternel replacé par nos mains,
S'instruira sous tes yeux dans l'art des souverains;
Tu guideras ses pas : cette noble tutéle
Est le prix dont Stuart prétend payer ton zéle.
Mais d'un traité qui comble et mes vœux et les tiens
Les enfants de Tippô sont les premiers liens;
Par force ou par adresse il faut s'en rendre maître.

MIRSADEK.

Oui; j'ai tout préparé.

SCÈNE II.

AKMED, SEYMOUR, MIRSADEK.

AKMED, à *Mirsadek*.
   Le sultan va paraître,
Et je mets à profit ce précieux instant
Pour vous donner, seigneur, un avis important.
Je n'ai pas vainement prodigué les promesses.
Séduit par mes discours, vaincu par vos largesses,
Des bataillons indous le chef nous est vendu;
Et Naderkan lui-même, à vos desirs rendu,
De ces antres creusés sous la plaine trompeuse,
Cette nuit doit ouvrir la route ténébreuse.
Mais Raymond m'épouvante; et peut-être il convient
De ne rien hasarder...

MIRSADEK, à *Akmed*.
   Éloigne-toi; l'on vient.

4

SCÈNE III.

SEYMOUR, RAYMOND, MIRSADEK, LALLEY,
SUITE DE FRANÇAIS.

(*Raymond entre précipitamment, s'arrête, et regarde Seymour et Mirsadek avec une sorte d'affectation avant de parler.*)

RAYMOND.

Si j'en crois un rapport, qui doit peu me surprendre,
D'un pareil entretien nous devons tout attendre.
   (*à Mirsadek.*)
Puisque l'ambassadeur a pu vous consulter,
De ses vœux pour la paix on ne saurait douter;
De ses nobles efforts il vous parlait peut-être;
Et sans doute mylord vous aura fait connaître
A quel prix ce bienfait doit nous être rendu.

SEYMOUR.

Je ne puis concevoir...

RAYMOND.
   Vous m'avez entendu.

SCÈNE IV.

SEYMOUR, RAYMOND, TIPPO, MIRSADEK,
IDALKAN, *conduisant les deux jeunes princes, fils de Tippô;* SUITE DE RAYMOND.

(*Le sultan va prendre sa place sur un trône; ses fils sont assis à ses pieds; Raymond et Mirsadek sont debout aux deux côtés du trône.*)

SEYMOUR.

Sultan, de ces remparts l'attaque est préparée;
Mais avant que l'assaut nous en livre l'entrée,
Un peuple généreux, et qui de la valeur
Sait respecter les droits, sur-tout dans le malheur,
De la nécessité loin de se faire un titre,
Veut que de ses destins Tippô reste l'arbitre.
D'un empire ébranlé sous nos pas triomphants,
Ta valeur, tes projets, tes efforts renaissants,
Ne retarderont pas la chute qui s'apprête :
Rien ne peut nous ravir notre illustre conquête.
Ton courage trompé trop long-temps s'est promis
D'assembler contre nous de nouveaux ennemis.
Du haut des monts fameux qui bordent cet empire,
Les Moplas vagabonds, les guerriers d'Agémire,
Aux campagnes d'Arwar avaient porté leurs pas;
Ils ne sont plus : la guerre a soumis tes états;
L'enceinte de ces murs renferme ta puissance;
Bientôt....

TIPPÔ.

Retiens l'élan d'un orgueil qui m'offense.

Du récit de mes maux crois-tu m'épouvanter?
Je connais ces exploits que tu me viens vanter,
Et libre des terreurs qui ne sauraient m'atteindre,
Je sais ce que j'espère et ce que je dois craindre.
Poursuis : mais de la ruse abjurant les détours
Explique tes desseins, et borne tes discours.

SEYMOUR.

De la timidité la ruse est le partage.
La franchise convient à la force, au courage;
Elle convient sur-tout au vainqueur tout-puissant:
Tes malheurs sont au comble; en ce danger pressant,
Saëb, tu peux encor mettre un terme à la guerre;
La paix est le seul vœu que forme l'Angleterre :
Tu n'osais l'espérer, et je viens te l'offrir.

TIPPÔ.

Quels en sont les garants?

SEYMOUR.

     Nous ne pouvons souffrir
Avec nos ennemis ta funeste alliance.
Tu dois rompre le nœud qui t'unit à la France.

TIPPÔ.

A de pareils amis il me faut renoncer!
(*à Raymond.*)
Je te laisse, Raymond, le droit de prononcer.

RAYMOND, *à Seymour.*

La France aux nations (et l'univers l'atteste)
N'impose pas le joug d'une amitié funeste:
Pour la cause commune elle s'arme toujours;
Mais elle ne vend pas d'homicides secours.
(*à Tippô.*)
S'il est vrai qu'au traité que Stuart te propose

ACTE III, SCÈNE IV.

Notre alliance seule en ce moment s'oppose,
Sultan, j'ose être ici l'organe des Français :
Tu peux y renoncer pour obtenir la paix.

TIPPÔ.

Si je puis consentir, pour calmer vos alarmes,
A bannir mes amis, à séparer nos armes,
Et, sans rompre le nœud d'une sainte amitié,
A perdre le secours d'un puissant allié;
Si je fais à la paix un pareil sacrifice,
J'en attends un de vous qu'exige la justice :
De ce lâche Nizam, de ce prince odieux,
Par un double parjure exécrable à mes yeux,
Délivrez ces climats dont il vous rendit maître,
Abandonnez sa cause, et punissez un traître.

SEYMOUR.

Son dévouement, Saëb, soutint notre pouvoir,
Et protéger le sien est pour nous un devoir.

TIPPÔ.

Ah! lorsque d'un bienfait le fardeau déshonore,
Par la reconnaissance on s'avilit encore.
Mais qu'importe aux Anglais, croyons-en leurs aveux,
Quel chemin les conduit au terme de leurs vœux?
Qu'importe à des guerriers avides de pillage
De quel nom l'univers flétrira leur courage?
Que d'un nœud différent chacun reste lié;
Gardez votre complice, et moi mon allié.
Achève...

SEYMOUR.

Notre rang est réglé par la guerre;
On peut, sans déshonneur, fléchir sous l'Angleterre;
Du souverain des mers honorable vassal,

Devant lui noblement baisse ton front royal.
(*Tippô témoigne une indignation qu'il retient avec
peine.*)
Sur la foi des traités, à nos braves cohortes,
Que la ville assiégée ouvre à l'instant ses portes [16].

RAYMOND, *à Tippô près d'éclater.*

Si notre armée entière est libre d'en sortir,
Qui pourrait t'empêcher, sultan, d'y consentir?

SEYMOUR.

Enfin, pour terminer notre longue querelle,
Et serrer les liens d'une amitié fidèle,
Que cimente la foi, dont la paix soit le prix,
En otage Tippô doit me livrer ses fils.

TIPPÔ, *avec toute l'explosion de la rage, et courant à
Seymour, un poignard à la main.*

Misérable!

RAYMOND, *se jetant entre Tippô et Seymour.*

Sultan, que ton courroux s'arrête:
Daigne songer au roi dont il est l'interprète,
A ta gloire, à ton nom, au soin de l'avenir,
A ma parole enfin, que je ne puis trahir.

TIPPÔ, *avec l'expression d'une rage étouffée.*

De ton maître et de toi si je faisais justice,
Ma voix aurait déja prononcé ton supplice.
D'un ramas de brigands insolent messager,
Jusque dans mon palais tu m'oses outrager!
Quand j'ai le glaive en main, pour étouffer nos haines,
Ton orgueil insensé me propose des chaînes!
Interroge Duncan: ses cendres te diront
Comment le fils d'Hyder se venge d'un affront.
Tu veux que des Anglais servile tributaire,

Je leur livre mes fils ! mes fils !... Ah, téméraire !
D'un exemple imprudent je saurai profiter.
Stuart m'offre la paix ; je veux bien l'accepter ;
Mais je vais à mon tour en prescrire les gages :
Tous mes captifs et toi, vous êtes mes otages.
S'il faut encor du sang pour fixer nos destins,
Le tien est le premier que verseront mes mains.
Qu'aucun espoir ici désormais ne t'abuse ;
Si ton maître à la trêve un instant se refuse,
S'il avance d'un pas, tu meurs ; à ses regards
Je fais rouler ta tête au pied de ces remparts.
 (*à sa suite.*)   (*à Seymour.*)
Qu'on l'en instruise ; allez : c'est ma seule réponse
A l'indigne traité que ta bouche m'annonce.
     (*Il sort.*)

SCÈNE V.

RAYMOND, SEYMOUR.

SEYMOUR.

Le courroux du sultan me cause peu d'effroi.
Pour garant en ces lieux, Raymond, j'ai votre foi.

RAYMOND.

Vous y devez compter : l'honneur se fait entendre,
Et m'impose à regret la loi de vous défendre.
Un homme revêtu d'un titre révéré,
A l'instant qu'il réclame un asile sacré,
Trahissant à-la-fois la majesté suprême,
Et la loi des serments qu'il invoqua lui-même,
Sous l'abri qui le couvre, au sein de ce palais,
Médite en ce moment le plus noir des forfaits.

SEYMOUR.

Est-ce à moi?...

RAYMOND.

Trop peu sûr des succès qu'il proclame,
Il ourdit en secret une honteuse trame;
Autour de lui promène un sinistre regard;
Du rameau de la paix il couvre son poignard,
Et d'un ambassadeur souillant le caractère,
Même dans la victoire avilit l'Angleterre.
Celui qu'un tel projet amène parmi nous,
Que ma voix fait rougir en ce moment... c'est vous.

SEYMOUR.

Un semblable discours a droit de me confondre,
Et dans ce lieu du moins je ne puis y répondre.
Mais sur quoi fondez-vous un doute injurieux?

RAYMOND.

Quand vous m'interrogez, levez sur moi les yeux.
Cet or que dans mon camp vos agents font répandre,
Ces discours suborneurs que l'on y fait entendre,
Et dont il vous souvient qu'un insolent espoir,
En ce lieu sur moi-même essaya le pouvoir,
Ces complots, des Anglais ordinaire ressource,
Prétendez-vous, mylord, m'en dérober la source?

SEYMOUR.

Eh! quand il serait vrai que des dangers trop sûrs,
Qu'un tyran inflexible appelle sur ces murs,
J'aurais voulu sauver vos Français et vous-même,
Que j'aurais de Stuart reçu l'ordre suprême
De protéger vos jours...

RAYMOND.

Qui? vous? me protéger!

ACTE III, SCÈNE V.

C'est un nouvel affront que j'aurais à venger.
Mais, en vous accusant, je suis plus équitable;
De ce tort avec moi vous n'êtes pas coupable :
En m'offrant un espoir, que j'ai dû dédaigner,
Vous vouliez me séduire et non pas m'épargner.
Plus avide toujours de succès que de gloire,
Vous vouliez sans combat obtenir la victoire,
Et par la trahison à votre but conduit,
D'un triomphe honteux vous assurer le fruit.

SEYMOUR.

Vous pouvez, repoussant un généreux service,
Vous faire une vertu d'un excès d'injustice,
Et briser un appui qui vous est présenté :
Si l'orgueil est permis, c'est dans l'adversité.
Je ne condamne pas une noble imprudence,
Et je puis à Myzore oublier votre offense;
Mais je n'oublierai pas de plus grands intérêts.
Dès long-temps la victoire a trahi nos secrets;
Nous voulons renverser, par le droit de la guerre,
Le fils d'Hyder-Aly, l'horreur de l'Angleterre,
L'ennemi qui, toujours fidèle à ses desseins,
S'est armé contre nous des traités les plus saints.

RAYMOND.

Est-ce à vous d'accuser les autres d'impostures?
Rappeler vos traités, c'est compter vos parjures;
Et dans ce même jour, où vos serments trahis
Vous obligent....

SEYMOUR.

Raymond, je servais mon pays.
Pour un Anglais fidèle à cette cause auguste,
Tout moyen de succès, tout sacrifice est juste.

De l'état avant tout je suis l'ambassadeur ;
Et votre dévouement fonda notre grandeur.

RAYMOND.

Dites votre pouvoir. Dans tous les lieux du monde,
La grandeur des états, leur avenir, se fonde
Sur l'équité, mylord, sur la foi des serments.
Je sais que vos Anglais ont d'autres sentiments ;
Qu'ils se sont affranchis de ce joug tyrannique ;
Que leurs seuls intérêts règlent leur politique ;
Qu'on les a vus souvent, pour changer les destins,
Jusqu'à la cour des rois solder des assassins.
Je connais l'Angleterre et son fatal génie.

SEYMOUR.

La fortune contre elle arme la calomnie.
La terreur de son nom a rempli ces climats.

RAYMOND.

On craint ses envoyés, et non point ses soldats.

SEYMOUR.

Ils entourent ces murs.

RAYMOND.

     Ils n'en sont pas les maîtres ;
Et jusque-là, du moins, on y punit les traîtres.

SEYMOUR.

Songez-vous que l'insulte est sans danger pour vous ?

RAYMOND.

Elle serait du crime un châtiment trop doux.

SCÈNE VI.

LALLEY, RAYMOND, SEYMOUR.

LALLEY.

Raymond, j'ai tout appris; que rien ne vous arrête :
Aux fureurs du sultan abandonnez sa tête.
Cet Anglais, de l'intrigue agitant les ressorts,
D'un invisible bras dirige les efforts.
Mirsadek le défend; la haine les rassemble.
Croyez-en vos soupçons; ils conspirent ensemble.

RAYMOND, *à Seymour*.

Je pourrais rappeler de nombreux attentats;
Et de la trahison qui s'attache à vos pas,
Dont je trouve par-tout les coupables indices,
Vous forcer par la crainte à nommer vos complices.

SEYMOUR.

J'ai fait ce que j'ai dû : je ne crains pas la mort.
Sans m'insulter, Raymond, disposez de mon sort;
Imitez-moi; suivez un courroux légitime.

RAYMOND.

L'exemple des forfaits n'enhardit que le crime;
Lors même que, par vous lâchement outragé,
De ma parole ici je me crois dégagé,
Dans un ambassadeur quand je ne vois qu'un traître,
Que je puis le punir, que je le dois peut-être,
A ma haine rendu, libre de mon serment,
L'honneur vient enchaîner mon fier ressentiment.
Du sultan contre vous armant la défiance,
Si je vous exposais à sa juste vengeance,

L'affront de votre mort rejaillirait sur moi;
Les vôtres m'accusant d'avoir manqué de foi,
Sans vous croire innocent, s'uniraient pour le feindre :
Un semblable soupçon ne doit jamais m'atteindre.
Saëb, j'en crois mes vœux, daignera consentir
Qu'aujourd'hui de Myzore on vous laisse sortir;
Et jusqu'à ce moment, surveillé, mais tranquille,
Ma garde et mon palais vous serviront d'asile.

SEYMOUR.

Je sais apprécier tout ce que je vous dois.

RAYMOND.

Puisque l'honneur sur vous a conservé des droits,
Vous ne trahirez pas sa dernière espérance;
Et près de ces remparts témoins de votre offense,
Quand des devoirs plus saints n'armeront plus nos bras,
Nous nous verrons, mylord.

SEYMOUR.

     Raymond, n'en doutez pas.
Sur mon nom quelque erreur vous abuse peut-être;
Je pourrai quelque jour me faire mieux connaître,
Et prouver que j'ai droit, par-tout ailleurs qu'ici,
De commander l'estime à mon noble ennemi.

    (*Il sort.*)

SCÈNE VII.

RAYMOND.

Oui, je dois le sauver, malgré sa perfidie.
Quand il reçut ma foi pour garant de sa vie,
Je n'ai point en secret, à ses vœux criminels,
Limité de l'honneur les serments solennels.

SCÈNE VIII.

TIPPO, RAYMOND.

TIPPÔ.

Le ciel s'apaise enfin : Raymond, l'instant arrive
Qui doit faire éclater sa justice tardive.
Aux plaines d'Adoni Zeman est descendu ;
Dans trois jours sous ces murs il peut être rendu.
L'Anglais en est instruit ; sa prudence inquiète
De nos efforts unis redoute la tempête,
Et contre ses éclats pour garantir son front
De sa fuite peut-être il médite l'affront.
Qu'il se hâte ; bientôt cette terre indocile
Pourrait à son vainqueur refuser un asile.

RAYMOND.

Du chef des Abdalis, de ses braves soldats,
J'attends beaucoup, seigneur ; mais je ne pense pas
Que de tes grands desseins leur présence réponde.

TIPPÔ.

Ce n'est pas sur eux seuls que mon espoir se fonde.

Les prêtres de Brama, les faquirs, les devins,
Du dieu de Mahomet les oracles divins,
Pour annoncer la fin du pouvoir britannique,
Élèvent à-la-fois une voix prophétique.

RAYMOND.

Sachons interpréter ce langage des cieux :
Songe que, sur le bruit d'un secours glorieux,
L'Anglais, dont la terreur ranime la vaillance,
Va diriger sur toi l'effort de sa puissance ;
Que les fléaux divers, les travaux, les combats,
Moissonnent chaque jour nos plus braves soldats ;
Que de tes ennemis les plus noirs artifices
Jusque dans ton palais trouveront des complices ;
Que le faible se plaint, que le traître se vend ;
Qu'un assaut dans leurs mains peut te livrer vivant.

TIPPÔ.

Vivant !

RAYMOND.

Daigne m'en croire, et que demain l'aurore
Nous découvre déja loin des murs de Myzore.
Pour abuser Stuart, sans lui manquer de foi,
De son ambassadeur ordonne le renvoi.
Il nous croit occupés d'une attaque nouvelle ;
Qu'il sème dans son camp ce rapport infidéle ;
Et dans l'ombre quittant d'inutiles remparts,
Aux drapeaux de Zeman joignons nos étendards.

TIPPÔ.

Tu veux que des Anglais l'insolent émissaire,
Triomphant dans sa fuite, insulte à ma colère ;
Que ma vengeance céde à des soins plus pressants ;
Que je dompte mon cœur ? tu le veux ! j'y consens.

ACTE III, SCÈNE VIII.

Du sort de cet Anglais je te laisse le maître ;
Il peut partir. Raymond, fais-lui du moins connaître,
Lorsque toi seul retiens mon bras levé sur lui,
A quel ressentiment il échappe aujourd'hui.
J'adopte ton projet. De la ville alarmée,
Dans l'ombre, cette nuit, faisons sortir l'armée.
Qu'en ce palais demain Stuart entre en vainqueur ;
Je lui vendrai bien cher ce dangereux honneur.
De ce grand mouvement, dont mon sort va dépendre,
Le bruit avant le temps ne doit pas se répandre.
L'entreprise est hardie ; et pour l'exécuter,
Sur toi, sur tes Français, je dois sur-tout compter.
Menaçons l'ennemi jusque dans notre fuite ;
Par des feux souterrains arrêtons sa poursuite ;
Et redoutant par-tout des abymes couverts,
Qu'il s'approche en tremblant de nos remparts déserts.

FIN DU TROISIÈME ACTE.

ACTE QUATRIÈME.

SCÈNE I.

AKMED, MIRSADEK, UN ESCLAVE.

MIRSADEK, *à l'esclave avant l'entrée d'Akmed.*
Akmed vient... tu m'entends... qu'à le suivre on s'apprête ;
Exécute mon ordre... il y va de ta tête.

AKMED.
D'un revers imprévu j'accours vous avertir.
Seymour de nos remparts était prêt à sortir ;
Il regagnait son camp ; et déja son escorte
Du bastion d'Hyder avait franchi la porte ;
Quand sur l'ordre nouveau du Dorbar [17] émané,
Il se voit tout-à-coup au palais ramené.
On dit (c'est d'Idalkan que je viens de l'entendre)
Qu'un avis trop certain au sultan vient d'apprendre
Que l'émissaire anglais de ses mains échappé
Étoit fils de Duncan.

MIRSADEK.
On ne l'a pas trompé ;
Et cet avis, Akmed, je l'ai donné moi-même.

AKMED.
Quoi !

MIRSADEK.
L'extrême péril veut une audace extrême :
Dans cette route obscure où je porte mes pas,
Je marche vers un but que l'on n'aperçoit pas.

ACTE IV, SCÈNE I.

Raymond, en s'approchant des bords du précipice,
D'une trame secrète a surpris quelque indice;
Je vois qu'on me soupçonne, et que, pour m'accuser,
D'un prétexte, d'un mot, on pourrait abuser.
De l'esprit du sultan je m'empare d'avance :
Et quand mon zèle adroit signale à sa vengeance
L'ennemi dont Raymond s'est déclaré l'appui,
Qui de nous deux, Akmed, doit trembler aujourd'hui?

AKMED.

Sous les pas d'un rival l'embûche est préparée;
Mais de Seymour enfin la perte est assurée.

MIRSADEK.

Que nous importe, Akmed, ou sa vie ou sa mort?
Raymond seul aux Anglais doit compte de son sort ;
S'il périt, le vainqueur, inflexible en sa rage,
Sur le chef des Français vengera son outrage;
Mais si de la fortune un retour dangereux,
Confondant à-la-fois ma raison et mes vœux,
Ranimait de Tippô la splendeur éclipsée,
Je recouvre mes droits à sa faveur passée.
Que dois-je à ces Anglais? d'un grand événement
Je ne suis à leurs yeux qu'un servile instrument;
Et d'un juste retour acquittant leurs services,
Je ne dois voir en eux que d'utiles complices.

AKMED.

D'un si vaste projet admirant la grandeur,
J'en mesure en tremblant la sombre profondeur;
Et je crains que Seymour, dont la perte est certaine,
Dans sa chute avec lui bientôt ne nous entraîne.

MIRSADEK.

Akmed, rassure-toi : quel que soit son danger,

Le généreux Raymond saura l'en dégager;
Et loin d'y mettre obstacle, en secret je seconde
Un dessein téméraire où mon espoir se fonde.
Ami, voici l'instant de recueillir le fruit
De ce vaste complot que moi seul j'ai conduit.
Les nuages épais, précurseurs des tempêtes,
Déja de tous côtés s'assemblent sur nos têtes :
La nuit sera terrible; et quand à son retour,
Ramenant avec lui les premiers feux du jour,
Aux champs mysoréens le soleil doit renaître,
Ces lieux, n'en doute pas, auront changé de maître.

AKMED.

La victoire long-temps pourra se disputer,
Et par des flots de sang il faudra l'acheter.
Tippô commande encor; ce lion indomptable,
Que sa blessure irrite et rend plus redoutable,
Secondé de Raymond, pourrait...

MIRSADEK.

Grace à mes soins,
Tes yeux de tant d'horreurs ne seront pas témoins.
(*il lui donne un papier roulé.*)
Cet ordre du sultan aux murs de Cananore
Exige que demain tu devances l'aurore.
Tu vas partir... et là tu seras informé
D'un dessein que sur toi ma prudence a formé.
(*Akmed sort avec étonnement et inquiétude.*)

SCÈNE II.

MIRSADEK.

Il en est temps; allons... qu'il s'éloigne et qu'il tremble;
Il plaint Raymond... le cherche... on les a vus ensemble,
J'ai surpris de son cœur le murmure indiscret :
Il était seul chargé d'un dangereux secret;
Qu'il l'emporte au tombeau. Pour éloigner la crainte
Jusqu'au bout devant lui j'ai parlé sans contrainte;
Et de tous mes desseins l'heure de son trépas
Est maintenant le seul qu'il ne connaisse pas.
Marchons en sûreté dans l'ombre et le silence
Vers le but glorieux où mon ardeur s'élance.
Encore un pas, un seul, je relève en ces lieux
Le trône de nos rois, les autels de nos dieux;
De l'état à mon gré je règle la fortune;
Je punis un rival dont l'éclat m'importune;
D'un chimérique honneur pour tenir le serment,
Au piège préparé, peut-être en ce moment
Il tombe...

SCÈNE III.

TIPPO, MIRSADEK.

TIPPÔ.
Conçois-tu cet excès de démence?
Lui! messager de paix! ce traître en ma présence...
Et mon cœur, par ma haine en secret prévenu,
Pour le fils de Duncan ne l'a pas reconnu!
Ses discours, son audace, ont droit de me confondre;
Par cent coups de poignard je devais lui répondre :
Mais on retint mon bras; et cet autre Duncan,
Introduit dans ma cour, en fût sorti vivant!
De malheurs et d'affronts quand le destin m'abreuve,
Il m'épargne du moins cette dernière épreuve :
J'ai ressaisi ma proie.

MIRSADEK.
Ah! jusqu'en ce palais,
Quel dessein, quel espoir a conduit cet Anglais?
A braver ton courroux s'il a pu se résoudre,
Il comptait sur un bras qui détournât la foudre :
Je vois avec terreur mes soupçons affermis.
Mais ici, parmi nous, l'Anglais a des amis;
Ils s'agitent dans l'ombre; ils s'arment en silence :
Bientôt du prisonnier embrassant la défense,
Ils voudront le ravir à ton ressentiment.
Pour délivrer Seymour...

TIPPÔ.
Il meurt en ce moment.
J'épargne à son orgueil l'appareil du supplice;

Le glaive d'Idalkan suffit à ma justice.
Je veux...

SCÈNE IV.

TIPPO, IDALKAN, MIRSADEK.

TIPPÔ.

Suis-je obéi?

IDALKAN.

Sultan, la trahison
De Seymour à l'instant vient d'ouvrir la prison.
Raymond, qui l'aurait cru? pour assurer sa fuite,
Que lui seul préparait, que lui seul a conduite,
Raymond l'a fait sortir par ces obscurs chemins
Où la guerre a creusé ses volcans souterrains.

MIRSADEK.

Je l'avais trop prévu : quoi! son audace extrême
Ne craint pas d'éclater?

TIPPÔ.

Ah! tremble pour toi-même!
Esclave révolté, ce fer, ce fer vengeur
Dans ton coupable flanc ira chercher ton cœur.
Tu périras!

MIRSADEK.

C'est lui.

SCÈNE V.

TIPPO, RAYMOND, MIRSADEK, IDALKAN.

TIPPÔ.

Ta criminelle audace
Ose de mes regards affronter la menace!
Sans craindre à ton aspect que mon bras irrité
Ne punisse à l'instant un soldat révolté?
Indigne protecteur d'une race ennemie,
Viens-tu, de tes forfaits révélant l'infamie,
Complice des Anglais, m'annoncer sans détours
A quel prix tu leur vends tes indignes secours?
Tu gardes le silence.

RAYMOND.

En vain ta voix me presse;
Ce n'est point à Raymond que ce discours s'adresse;
Et mon nom, mon nom seul doit répondre pour moi.
Fidèle à mes serments, à mon honneur, à toi,
J'ai sauvé l'ennemi que j'avais en otage :
Je l'ai fait; je l'ai dû; le reste est un outrage
Que je mériterais, si pour le repousser
Jusqu'à la preuve ici je daignais m'abaisser.

TIPPÔ.

Ainsi donc aujourd'hui tu prétends à ma haine
Imposer la promesse où ton orgueil t'enchaîne?
Et pour rester fidèle à ce serment honteux,
Tu trahis lâchement ton maître malheureux.

ACTE IV, SCÈNE V.

RAYMOND.

Avant de m'accuser de cette perfidie,
Sultan, daigne un moment examiner ma vie;
Mes services passés...

TIPPÔ.

Dégagent-ils ta foi?
Tes travaux et ton sang ne sont-ils pas à moi?

RAYMOND.

En venant seul ici, je fais assez connoître
Que de mes jours, Saëb, je t'ai laissé le maître;
Mais c'est là qu'envers toi s'arrête mon devoir,
Et l'honneur a des droits qui bravent ton pouvoir.
C'est contre mon avis, tu t'en souviens encore,
Que Seymour fut admis dans les murs de Myzore:
Il avait mis ses jours sous l'abri du serment;
J'ai pris de ton aveu ce saint engagement.
Tu l'oubliais, sultan; j'y suis resté fidèle.

TIPPÔ.

Ah! je saurai punir ta fourbe criminelle.

RAYMOND.

Crains d'égarer tes coups.

MIRSADEK.

O forfait avéré!
Pour le fils de Duncan Raymond s'est déclaré.

RAYMOND.

Scélérat! d'un seul mot ma voix va te confondre,
Et c'est devant Akmed que je veux te répondre.

MIRSADEK, *à part, avec l'apparence du trouble.*

Il vit encor!

RAYMOND

Ce nom te fait baisser les yeux,

(*au sultan.*)
Ordonne qu'à l'instant il paraisse en ces lieux.
(*Tippô fait un signe, Idalkan sort.*)
Sultan, voici l'auteur d'une trame sinistre,
Et de tes ennemis le plus ardent ministre.
Depuis plus de deux ans il conspire avec eux ;
C'est lui qui de la guerre a rallumé les feux :
Il vendit de Darwar l'invincible barrière ;
Aux Anglais du Myzore il ouvrit la frontière :
A Stuart aujourd'hui, pour gage de sa foi,
Il s'apprête à livrer les enfants de son roi.
(*à Mirsadek.*)
C'est Akmed qui t'accuse ; et déja sa présence
Du crime sur ton front attache l'évidence.

IDALKAN, *rentre.*

Par un coup, dont la cause est cachée à jamais,
Akmed vient d'expirer non loin de ce palais.
(*Mirsadek témoigne une joie concentrée.*)

TIPPÔ.

Ainsi chaque moment enfante un nouveau crime !

MIRSADEK, *avec hypocrisie et confiance.*

Raymond, ne contiens plus le zèle qui t'anime ;
D'Akmed en sûreté répète les discours :
Accuse sa mémoire.

RAYMOND.

Exécrables détours !
Quoi ! tu voudrais sur moi, dans ta rage ennemie,
De ton propre forfait rejeter l'infamie ?

MIRSADEK.

Un serment à Seymour m'a-t-il jamais lié ?

Sous l'abri de mon nom s'est-il refugié?
Quand le sultan voulut punir son insolence,
M'a-t-on vu hautement embrasser sa défense?
Ai-je ouvert sa prison?

TIPPÔ.

Mon esprit agité
Tour-à-tour cherche et craint l'affreuse vérité.
De soupçons, de complots, la trahison m'assiége;
Sous mes pas égarés je vois par-tout un piége.
Confiance, amitié, tout m'échappe; et mon cœur
Exhale les transports d'une vaine fureur.
Quoi! rien n'éclairera ma vengeance incertaine!
Quoi! je ne puis savoir où reposer ma haine!
L'un de vous veut ma perte : eh bien! que tardez-vous?
Nous sommes seuls ici; je me livre à vos coups.
Frappez : délivrez-moi du doute insupportable
Qui m'enlève un ami, qui me cache un coupable;
Et du moins que le traître, un poignard à la main,
Se révèle à mes yeux en me perçant le sein!

RAYMOND.

Entre ce brame et moi le soupçon se partage!
Se peut-il que Saëb me fasse un tel outrage?

MIRSADEK.

Je ne dirai qu'un mot : c'est moi qui de Duncan
Ai fait tomber le fils dans les mains du sultan;
Et c'est toi, c'est toi seul qui défendis ce traître.

RAYMOND.

Tu livrais à-la-fois ton complice et ton maître.

MIRSADEK.

Non, tu ne croiras pas à ce forfait nouveau.
Sultan, mes premiers soins veillaient sur ton berceau.

TIPPÔ, *à Raymond.*
Toi, l'ami des Anglais, d'un peuple que j'abhorre!
RAYMOND.
Ma blessure répond; et mon sang coule encore.
TIPPÔ.
Croirai-je ce témoin qui me parle pour toi?

SCÈNE VI.

RAYMOND, TIPPO, MIRSADEK, IDALKAN,
UN OFFICIER.

L'OFFICIER.
Du poste d'Agrarum l'avis que je reçoi
Annonce que l'Anglais, descendu dans la plaine,
Semble nous menacer d'une attaque soudaine.
TIPPÔ, *à l'officier.*
Allez : et des remparts que les feux soient éteints.
(*L'officier sort.*)
Je leur laisse un espoir utile à mes desseins.
(*à Raymond.*)
Par ton seul abandon le sort pouvait m'abattre.
Parle : es-tu mon ami?
RAYMOND.
Sultan, je vais combattre.
Par un doute cruel on a pu m'outrager;
C'est en mourant pour toi que je dois me venger.
(*Il sort.*)
MIRSADEK, *à Tippô.*
Je vois à regret...
TIPPÔ.
Sors... ta présence m'irrite.

ACTE IV, SCÈNE VI.

Va-t'en : si j'écoutais le trouble qui m'agite,
Le noir pressentiment, et la secréte horreur
Que ta vue et ton nom inspirent à mon cœur,
Je me délivrerais du doute qui m'accable.

MIRSADEK.

Envers moi votre père était plus équitable.
(*nuit aux coulisses.*)

TIPPÔ.

Gardes, qu'on le retienne, et qu'on veille sur lui.
(*On emmène Mirsadek.*)

SCÈNE VII.

TIPPO, IDALKAN.

TIPPÔ.

Voilà donc où le sort m'attendait aujourd'hui !
Sur les débris du trône, au milieu des orages,
Dont mon œil sans effroi contemple les ravages,
C'était peu de lutter contre tant d'ennemis ;
Il me fallait encor redouter mes amis.
Il manquait à mes maux, à mon malheur extrême,
De me voir menacé, trahi, par ceux que j'aime ;
De trembler pour mes fils ; de craindre en ce palais
Que leur sang répandu... qu'ils partent sans délais.
Pour mes tristes enfants, que ma tendresse exile,
Le Cauvry sur ses flots m'offre encore un asile.
Sachons mettre à profit ces précieux instants.
(*nuit.*)
La nuit approche : allons ; qu'ils viennent.
(*Idalkan sort.*)

SCÈNE VIII.

TIPPO.

         Mes enfants!
De quel subit effroi je sens mon ame atteinte!
Ah! ce n'est que pour vous que j'ai connu la crainte;
Pour vous seuls, qu'en espoir, avant ces jours de deuil,
Sur les trônes d'Asie élevait mon orgueil.
Objets de tant d'amour, de soins, et d'espérances,
Pourrez-vous échapper aux désastres immenses
Que la rage et la mort sèment autour de nous?
Si je devais périr...! que deviendriez-vous?
Quelle main protectrice...?

SCÈNE IX.

ALDEIR, TIPPO, IDALKAN, *les deux jeunes princes* ABDAL *et* MOZA.

ALDEIR.
     O mon père!
TIPPÔ.
        Ma fille!
Ah, venez dans mes bras, chère et triste famille!
ALDEIR.
Vous voulez... je frémis... c'en est donc fait... o ciel!
Je vous quitte.
TIPPÔ.
   Il le faut : dans ce moment cruel,
Je songe à tes périls.

ACTE IV, SCÈNE IX.

ALDEIR.

Ne sont-ils pas les vôtres?
Hé bien! vous le savez, je n'en connais point d'autres;
Et ceux-là, quelque asyle où l'on cache mes jours,
Fût-ce au sein de la terre, ils me suivront toujours.

ABDAL.

C'est à moi de rester : ah! ne vois point mon âge;
Au milieu des soldats éprouve mon courage :
Permets-moi de combattre, et que nos ennemis
A ma jeune valeur reconnaissent ton fils.

TIPPÔ.

Noble enfant!

ABDAL.

Arme-moi; je ne crains point la guerre,
Et je saurai mourir à côté de mon père.

TIPPÔ.

Ai-je rempli mon sort? Est-ce assez de malheurs?
Le fils du grand Hyder, Saëb verse des pleurs.
J'ai fait trembler l'Anglais jusqu'au fond de son île,
Et déja pour mes fils la terre est sans asile,
C'est aux flots, à la nuit qu'il me faut recourir.
Hélas! en vous quittant, je commence à mourir.

ABDAL.

Révoque mon exil.

ALDEIR.

Que ma voix vous fléchisse;
Ne me condamnez pas au plus cruel supplice.
Ah, seigneur! par pitié, gardez-moi près de vous.
(*Elle se jette à ses pieds.*)

ABDAL, *aux pieds de son père.*

Je ne te quitte point.

ALDEIR.
J'embrasse vos genoux.

TIPPÔ.

Mes enfants! mes enfants! ô douloureuse image!
Vous déchirez mon cœur, vous accroissez ma rage...
Levez-vous... ah! venez; pressez-vous contre moi :
Pour la dernière fois peut-être je vous voi.

IDALKAN.

Tout est prêt.

TIPPÔ.
A tes soins mon amour les confie.

IDALKAN.

De ce dépôt sacré je réponds sur ma vie.

TIPPÔ.

Séparons-nous... allons... conduis-les.

ALDEIR.
O mon Dieu!

ABDAL.

Il nous quitte, ma sœur.

ALDEIR.
C'en est donc fait.

TIPPÔ.
Adieu.

O mes fils! que le ciel protége votre enfance!
Pleins de mon souvenir, croissez pour ma vengeance.
Poursuivez les Anglais en tous temps, en tous lieux;
Ne pardonnez jamais à ce peuple odieux :
Mon père m'a laissé cette haine en partage;
Je vous lègue, mes fils, ce sanglant héritage.

FIN DU QUATRIEME ACTE.

ACTE CINQUIÈME.

SCÈNE I.

MIRSADEK, *accompagné de trois officiers du palais.*

Amis, c'est pour hâter le succès de nos vœux
Qu'un tyran me confie à vos soins généreux :
Aveugle en sa fureur, sur vous il se repose ;
Il arme contre moi des bras dont je dispose.
Mais de sa chute enfin le moment est venu :
Par un avis secret Stuart est prévenu ;
Et les fils du sultan, en ce moment sans doute,
Du camp des ennemis nous ont frayé la route :
L'assaut va se donner. De leurs remparts détruits
Que Saëb, que Raymond, défendent les débris :
Il est pour les vainqueurs un chemin plus facile ;
Je l'ouvre devant eux. Ta prudence inutile
M'enferme dans des lieux où je donne la loi ;
Cet asile, sultan, va se fermer pour toi.
Des portes du palais courez vous rendre maîtres :
Ordonnez en mon nom.

SCÈNE II.

TIPPO-SAEB, MIRSADEK, LES TROIS OFFICIERS, GARDES.

TIPPÔ.
                Qu'on saisisse ces traîtres.
Je te connais enfin, misérable imposteur,
Du plus lâche complot abominable auteur.
Les bourreaux sont tout prêts: vas avec tes complices
Expier tes forfaits au milieu des supplices.
  (*aux gardes.*)
Ne souillez pas le fer dans son sang détesté;
Qu'aux tigres dévorants ce monstre soit jeté.
            MIRSADEK.
A tes coups, sans regret, j'abandonne ma tête:
Je puis souffrir la mort quand la tienne s'apprête,
Tyran: dans mes liens j'ai su t'envelopper;
Même après mon trépas, tu ne peux m'échapper:
Ton heure approche.
            TIPPÔ.
            Allez: soldats, qu'on m'en délivre.
  (*On emmène Mirsadek et les trois officiers.*)

SCÈNE III.

TIPPO.

D'où vient que cet espoir où sa rage se livre
A frappé de terreur mon esprit alarmé?
Du départ de mes fils si l'Anglais informé...
Qu'il tarde ce signal, interrogé sans cesse,
Qui doit sur mes enfants rassurer ma tendresse!
Je devance leurs pas; je presse les instants;
Je dévore à-la-fois et l'espace et le temps.
Idalkan! juste ciel! mes fils?

SCÈNE IV.

TIPPO, IDALKAN.

IDALKAN.
                Je les ramène,
Aux pièges des Anglais échappés avec peine.
L'esquif avait franchi sur des flots resserrés
Du temple de Ganjam les débris révérés :
Les Français, devant nous protégeant son passage,
Sur les pas de leur chef côtoyaient le rivage.
De Raymond tout-à-coup nous entendons la voix :
Retournez, Idalkan... Vingt canots à-la-fois
S'élancent à grand bruit de l'une et l'autre rive :
De la barque royale un d'eux approche, arrive;
Et déja les Anglais d'un si riche butin
Par d'horribles clameurs rendaient grace au destin.

D'un péril si pressant l'ame préoccupée,
Raymond entre ses dents a saisi son épée :
Dans le fleuve il se plonge; et, d'un bras furieux,
Se frayant sous les flots un chemin glorieux,
D'un sillon écumant laisse après lui la trace.
Ses nobles compagnons imitent son audace;
De loin avec effort ils suivent le héros :
Comme un spectre effrayant il sort du sein des eaux,
Se montre aux ravisseurs dont nous étions la proie;
Et tandis qu'évitant le bras qui les foudroie,
Les Anglais contre lui rassemblent leurs efforts,
Par l'ordre de Raymond nous regagnons ces bords.

TIPPÔ.

Mes enfants, vous vivez! le ciel qui nous rassemble,
Nous ordonne de vaincre ou de mourir ensemble :
C'est le vœu de mon cœur; et, prêt à le remplir,
Je bénis cet oracle, et je cours l'accomplir.

(*Idalkan sort.*)

SCÈNE V.

TIPPO-SAEB, UN OFFICIER INDIEN AVEC DES
TROUPES.

L'OFFICIER.

Sultan, de tous côtés l'ennemi vers la place
Dirige ses efforts, et par-tout nous menace.

TIPPÔ.

Il me verra par-tout... je revole aux combats.

(*aux gardes.*)

Aldëir... mes enfants... Allons : suivez mes pas.

(*Il sort.*)

SCÈNE VI.

ALDEIR, ÉVANÉ.

ALDEIR, *entrant avec précipitation.*
Il me fuit... sur ses yeux quels nuages funèbres !
Me voilà seule au monde... Ah ! du sein des ténèbres
Une voix est sortie ; et des accents confus
Ont murmuré ces mots : Tu ne le verras plus !
O mes frères !... d'où naît cette terreur profonde ?
Le fils d'Hyder combat, et Raymond le seconde.
Contre ces deux héros, l'un par l'autre affermis,
Que pourront les efforts de ces flots ennemis ?
Grand Dieu ! tu m'as sauvé l'exil et l'esclavage ;
Par un plus grand bienfait achève ton ouvrage :
Au courage, au malheur assure un digne prix,
Conserve à mon amour le bien que je chéris,
Et rends au fils d'Hyder la victoire et l'empire.
Mais que dis-je ? il combat et peut-être il expire ;
Peut-être, hélas !... Grands Dieux ! quels cris, quel bruit affreux !
La foudre gronde, et l'air s'embrase de ses feux.
Le désordre, l'effroi, la mort, nous environnent.
Sortons de ce palais... les forces m'abandonnent.
    (*Elle tombe sur un siège.*)

SCÈNE VII.

IDALKAN, ALDEIR, ÉVANÉ.

IDALKAN.

Princesse!

ALDEIR.

Qui m'appelle? Idalkan, parle-moi;
Dissipe ou comble enfin l'horreur où tu me vois.
Avons-nous tout perdu?

IDALKAN.

Dans cette nuit cruelle,
Chaque instant donne au sort une face nouvelle :
Au dernier des revers tout prêt à nous livrer,
Sa faveur peut encor pour nous se déclarer.
Les Anglais, dont la nuit accroît la confiance,
De la ville assiégée approchaient en silence,
Et poussaient devant eux nos bataillons épars :
Déja les plus hardis ont franchi nos remparts.
La terreur est par-tout : notre perte s'apprête ;
Mais le sultan paraît, et l'ennemi s'arrête :
Bientôt Raymond le joint, et d'un commun transport
Dans les rangs ennemis tous deux portent la mort.
Par un regard de feu l'un et l'autre s'excitent,
Et du haut des remparts renversent, précipitent,
Des soldats d'Albion les bataillons entiers.

ALDEIR.

Poursuis; Dieu tout-puissant, protége tes guerriers.

IDALKAN.

Cette ardeur des deux chefs de tous les cœurs s'empare,
Et pour nous la victoire en tous lieux se déclare.

ACTE V, SCÈNE VII. 87

Mais un bruit se répand : on dit que dans nos murs [18]
Seymour s'est introduit par les détours obscurs
Qui lui furent ouverts pour conserver sa vie ;
Que Mirsadek le guide...

ALDEIR.
O crime ! ô perfidie !

IDALKAN.
Raymond, comme frappé d'une horrible clarté,
De surprise et de rage aussitôt transporté,
S'est élancé, suivi de sa troupe fidèle,
Au-devant de Seymour, qu'à grands cris il appelle.
Saëb, le fer en main, la foudre dans les yeux,
Donne et brave la mort qui le suit en tous lieux.
Mais, dans vos seuls dangers écoutant la prudence,
Du palais à mon zèle il commet la défense :
Déja tout est prévu ; si d'indignes soldats
Jusque dans cet asile osaient porter leurs pas,
Je puis...

ALDEIR.
Entendez-vous cette rumeur affreuse !
On approche : c'est lui. Que vois-je, malheureuse !

SCÈNE VIII.

IDALKAN, ALDEIR, MOZA, ABDAL, TIPPO;
il est blessé et porté par des Cipahis ; ses enfants entourent son lit.

TIPPÔ.
Ma blessure est fermée... allons... vœux superflus...
(*il se soulève.*)   (*il retombe.*)
Je puis combattre encor... je ne me soutiens plus.

Mes enfants, je vous vois...

ALDEIR.

Ah, seigneur!

ABDAL.

Ah, mon père!

ALDEIR.

Souffrez que mes secours...

TIPPÔ.

Il n'est plus nécessaire.
Des ombres de la mort je suis environné.
Ils ne pouvaient me vaincre; ils m'ont assassiné.
Du fond de son tombeau ce ministre perfide,
Mirsadek, dirigeait le poignard parricide.
L'insulaire l'emporte... Exécrables Anglais,
Vous triomphez; ma mort couronne vos forfaits.
Race du grand Hyder, vouée à l'infamie,
Vous iriez, de vos fers traînant l'ignominie,
Réservée à la haine, à ses affreux desseins,
Réjouir de vos maux mes lâches assassins!
Non jamais... sous ces murs j'ai préparé la foudre;
Un seul moment suffit pour les réduire en poudre:
Hé bien! cours '9 Idalkan, renverse-les sur nous.
(*Idalkan prend un flambeau des mains d'un Indien, et va pour exécuter les ordres de Tippô.*)

(*à ses enfants.*)

Je veux que tout périsse... Arrête. Éloignez-vous:
Redoutez les effets de mon amour barbare.

ALDEIR.

Accomplissez vos vœux; que rien ne nous sépare.

ABDAL.

Vos enfants à genoux invoquent le trépas.

Ne nous quittons jamais.
TIPPÔ.
Non; vous ne mourrez pas.
Le ciel avec mon sang vous a transmis mon ame!

SCÈNE IX.

TIPPO, RAYMOND, IDALCAN, ALDEIR, MOZA, ABDAL, LALLEY.

RAYMOND.
Sultan, tout est perdu : dans cette ville en flamme
Par cent chemins divers l'Anglais a pénétré.
L'infame Mirsadek, d'un forfait abhorré,
Dans cette nuit affreuse, a souillé sa mémoire.
Le sort nous a ravi le succès, non la gloire.
Tu méritais de vaincre; et ce revers cruel,
Cet auguste malheur, n'accuse que le ciel.
De nos braves Français la phalange sacrée
Du palais un moment défend encor l'entrée :
Je mourrai près de toi.
TIPPÔ.
Non: prends soin de tes jours;
La gloire, la patrie, en réclament le cours...
Mais je sens du trépas l'approche douloureuse...
J'expire entre vos bras, ma mort est moins affreuse.
ALDEIR, *tombe évanouie.*
Ciel!
TIPPÔ.
Je meurs. Mes enfants, conservez à jamais
Le souvenir d'un père, et l'horreur des Anglais.
(il expire.)

RAYMOND.

Amis, Saëb n'est plus; et son sang à la terre
Dénonce un attentat digne de l'Angleterre.
Tippô, du sein des morts fais trembler tes vainqueurs;
Que ta cendre féconde enfante des vengeurs;
Qu'ils se liguent par-tout; que leurs haines profondes
Poursuivent à-la-fois l'ennemi des deux mondes;
Et, victime à son tour des plus cruels revers,
Que sa chute console et venge l'univers.

FIN DU CINQUIÈME ACTE.

NOTES.

¹ *Tippô-Saeb.* Les Anglais, en appliquant aux noms indiens leur prononciation bizarre, les ont pour la plupart étrangement défigurés. Depuis quelque temps nos historiens et nos géographes adoptent sans examen cette orthographe vicieuse, et rendent ces noms encore plus méconnaissables : c'est ainsi qu'ils écrivent, à l'imitation des Anglais, *Tippoo-Saib*, au lieu de *Tippô-Saeb*, que les Indiens prononcent exactement comme je l'écris.

² Vaincu par mes efforts le roi des Abdalis, etc.

Le pays qu'occupent les Abdalis est un démembrement de la Perse; il se compose en grande partie des royaumes de Cachemire, de Cabul, et de Candahar. Les Abdalis tirent leur nom d'Akmed-Abdala, fondateur de leur empire.

³ Non, de Malavely la terrible journée
Du Myzore, à jamais, fixa la destinée.

Malavely, village à sept lieues au nord de Seringapatnam. La bataille qui s'y donna, le 27 mars 1799, et dans laquelle l'armée de Tippô-sultan fut détruite par l'armée combinée des Anglais, des Marattes, et du souba du Décan, entraîna la perte entière de l'empire myzoréen.

⁴ Raymond qui des Français..

J'ai connu dans l'Inde deux officiers français de ce nom, également distingués par leurs talents et par leur caractère : l'un, le chevalier de Raymond, colonel du régiment de Luxembourg, dans lequel j'ai servi sous ses ordres, est mort glorieusement sous les murs de Colombo, en défendant à la tête d'un corps de troupes malaises l'île de Ceylan, que la trahison a livrée aux Anglais. L'autre, officier du nom de Raymond, était depuis plusieurs années au service de Nyzam-Aly, souba du Décan : ses grandes qualités, et le crédit dont il jouissait près du monarque indien, l'avaient depuis long-temps rendu suspect au gouvernement de Madras, et l'on a de fortes raisons de croire que la politique anglaise ne fut pas étrangère à sa mort. Quelque éloge qui soit dû à la mémoire de ces officiers, et principalement à celle de ce dernier, comme ils n'ont eu aucune part à l'événement qui fait le sujet de cette tragédie, je dois prévenir que, sous leur nom, c'est principalement de M. Chapuis de Saint-Romain qu'il est question dans mon ouvrage. Cet officier commandait un petit détachement de troupes françaises qu'il avait amené de l'Ile-de-France ; il fut blessé au siége de Seringapatnam ; et je puis l'offrir non seulement comme témoin des faits, mais comme un modèle honorable et vivant des qualités et des sentiments que j'ai cherché à réunir sur un personnage dont le nom a été illustré dans les Indes par de grandes actions et de grandes vertus.

[5] Sur la foi des devins il règle son courage.

Tippô-sultan poussait la superstition au point de ne se déterminer dans les affaires de quelque importance qu'après avoir consulté des devins qui le suivaient par-tout ; il croyait aux jours heureux et malheureux, et tenait registre de ses songes qu'il se faisait expliquer.

[6] Nyzam vend aux Anglais sa honte auxiliaire.

Nyzam-Aly, souba du Décan, dont la souveraineté *nominale* se compose des royaumes de Golconde, de Narsingue, et de Visapour, a trahi successivement la cause de tous les princes indiens en faveur des Anglais, dont il est aujourd'hui sujet et tributaire.

7 Du Cauvry que l'Anglais abandonnant les bords.

Rivière qui coule sous les murs de Seringapatnam.

8 Des tyrans de l'Asie as-tu compté les crimes?

Cette peinture des forfaits du gouvernement britannique dans les Indes orientales n'offre pas un trait qui ne soit conforme à la vérité historique.

9 As-tu donc oublié cette ville d'Hyder
Que Duncan détruisit par la flamme et le fer?

Le nom de *Duncan* est ici pour celui du général Matews. Dans la guerre de 1783, ce général qui s'était rendu maître de la ville d'Hydernagore, en fit passer la garnison entière au fil de l'épée, et (ce qui je crois est sans exemple dans l'histoire des peuples les plus barbares) quatre cents des plus belles femmes de l'Asie, dont la moitié appartenait au sultan, après avoir assouvi la brutale férocité des vainqueurs, furent impitoyablement égorgées.

Deux mois après ce même général et le corps d'armée qu'il commandait tombèrent aux mains de Tippô, dont la vengeance s'épuisa pendant vingt jours à prolonger leur mort au milieu des plus épouvantables supplices.

10 Tandis que sur le Nil le héros des Français,
Embrassant ta défense en ses vastes projets.

Personne ne doute plus aujourd'hui que la conquête de l'Égypte n'entrât dans les projets de Bonaparte, comme moyen de détruire la puissance colossale des Anglais dans les Indes. L'établissement des Français à Suez, et l'alliance entamée avec le cherif de la Mecque, nous assuraient la navigation de la mer Rouge jusqu'au détroit de Babelmandel. Des vaisseaux de guerre partis de l'Ile-de-France devaient nous ouvrir l'entrée du golfe Persique et protéger le débarquement de nos troupes sur quelques points de la côte malabare où les forces de Tippô-Saeb se seraient jointes aux nôtres. La levée du siège de Saint-Jean-d'Acre et la mort de Tippô ont forcé le conquérant d'Égypte à renoncer à cette grande expédition dont le succès était infaillible.

> [11] Et tandis que les vents qui régnent sur les eaux
> De nos bords rassurés éloignent leurs vaisseaux.

Ces vents périodiques que l'on nomme *moussons*, et que l'on pourrait appeler marées aériennes, soufflent du même côté, pendant six mois de l'année, sur la côte de Coromandel et sur celle du Malabar; en sorte que les navigateurs, pour passer d'une côte à l'autre, sont obligés d'attendre la mousson qui leur est favorable.

> [12] Le trajet n'est pas long aux murs de Cananor;
> Et la reine, en tout temps à l'amitié fidèle, etc.

Cananor, grande ville maritime sur la côte Malabar, est la capitale d'un royaume du même nom, dont la reine resta fidèle à Tippô jusqu'au dernier moment. On ne sera pas surpris d'apprendre que la perte de son trône et de ses états ait été la suite de son généreux dévouement.

> [13] Sha-Zéman est l'époux que mon choix vous destine.

Sha-Zéman, prince mahométan, petit-fils d'Abdala, fondateur de l'empire des Abdalis, avait manifesté, dès le commencement de son règne, une haine ardente contre les Anglais. Tippô-Saeb voulut s'en faire un appui, et vers la fin de 1797 il envoya des ambassadeurs auprès du prince des

Abdalis, pour jeter les fondements d'une ligue dont le but devait être la conquête du Mogol, et l'expulsion des Anglais de l'Indoustan.

Ce projet de mariage entre Zéman-Sha et la fille de Tippô-sultan n'a point de fondement historique.

¹⁴ Qui du cruel Timur farouche imitateur,
S'honora du surnom de prince destructeur.

Tippô-Saeb, à l'imitation de *Timur-Lem*, que nous nommons Tamerlan, avait pris le surnom de prince destructeur.

¹⁵ De nos anciens rajahs la famille éplorée
Traîne au sein de ces murs une vie ignorée.

A l'époque où les Anglais se rendirent maîtres des états de Tippô-sultan et de sa capitale, il existait à Seringapatnam un jeune prince de la famille du rajah détrôné par Hyder-Aly; les vainqueurs ont replacé la couronne sur sa tête avec toute l'ostentation qu'ils ont soin de mettre au bien qu'ils ont intérêt de faire. Ce roi titulaire, prisonnier dans son palais, n'en peut sortir qu'avec la permission de l'officier anglais à qui sa garde est confiée.

¹⁶ Sur la foi des traités à nos braves cohortes
Que la ville assiégée ouvre à l'instant ses portes.

Ces conditions sont littéralement celles que les Anglais proposèrent au sultan, et qu'il repoussa avec toute la violence de son caractère.

¹⁷ Quand sur l'ordre nouveau du Dorbar émané.

Le Dorbar se prend tantôt pour la cour, tantôt pour le conseil des princes indiens; ce mot répond à celui de divan chez les Turcs.

¹⁸ Mais un bruit se répand, etc.

Quelques bataillons anglais se sont introduits dans la ville par les poternes, dont la trahison leur a livré l'entrée. Il est rare que la trahison, chez ce peuple, ne se mêle pas à la victoire.

¹⁹ Hé bien! cours, Idalkan, etc.

Tippô n'est pas mort dans son palais; mais il a été assassiné en cherchant à y rentrer pour y mourir avec ses enfants et ses femmes, comme l'annoncent les dispositions qu'il avoit faites.

ANECDOTES

RELATIVES A LA TRAGÉDIE DE TIPPO-SAEB.

Les circonstances politiques pendant lesquelles cette tragédie avait été composée, sans être changées au fond, avaient néanmoins subi quelques modifications importantes au moment où il fut question de représenter *Tippô-Saeb*. En 1811 l'Angleterre, retranchée dans son île et défendue par ses innombrables vaisseaux, était revenue de la frayeur que Napoléon lui avait inspirée, et la nation française fatiguée de l'inutilité de ses efforts aspirait à voir cesser une lutte dont la durée, sans rien ajouter à sa gloire, achevait de ruiner son commerce. La France souffrait plus que tout autre état de l'Europe de ce blocus continental que le gouvernement français avait décrédité lui-même en adoptant la mesure honteuse des licences.

La rupture avec la Russie paraissait inévitable, et peut-être la campagne de Moskow était-elle déja résolue : cette fatale entreprise, conçue dans le délire d'une insatiable ambition, affaiblissait la haine que l'on portait à l'Angleterre qui semblait seule pouvoir y mettre un terme.

Dans cette disposition des esprits, le ministre de la police (c'était alors le duc de Rovigo) crut devoir s'opposer à la mise en scène de la tragédie de Tippô-Saëb ; je citerai quelques passages d'une lettre où il motive son refus (car alors un ministre, même dans l'exercice d'un pouvoir arbitraire, ne se croyait pas dispensé de conserver une sorte de respect pour les formes légales): on pourra remarquer aussi dans ce fragment de lettre avec quelle facilité la censure sait dire le pour et le contre en quelques lignes, en se servant du langage de la politique.

« Je ne doute point (écrivait ce ministre dans une lettre
« du 16 janvier 1811) des intentions patriotiques de l'auteur;
« mais je pense qu'une tragédie dont le sujet n'est au fond,
« et ne peut être que le triomphe de nos éternels ennemis,
« et l'affermissement de la puissance colossale des Anglais
« dans le continent de l'Inde, serait aujourd'hui déplacée
« sur la scène française : je crois aussi que, malgré l'éloigne-
« ment des lieux, un événement récent, et presque contem-
« porain auquel peuvent avoir contribué des personnes qui
« vivent encore au milieu de nous, qui réveille à-la-fois, et
« le souvenir de Louis XVI, allié de Tippô-Saëb, et le sou-
« venir du parti révolutionnaire qui avait envoyé des agents
« dans l'Inde, ne saurait convenir au théâtre. Racine fut
« blâmé d'avoir mis Bajazet sur la scène plus d'un demi-
« siècle après la mort de ce prince, quoique la politique du
« gouvernement français fût très étrangère à cet événement:
« on sait, au contraire, qu'elle fut liée quelque temps à la
« destinée de Tippô-Saëb, dont le sang fume encore, et le
« talent de Racine lui-même ne suffirait pas, dans un tel
« sujet, pour éviter tout ce qui peut donner lieu à des appli-
« cations, ou rappeler des souvenirs douloureux. »

Je réclamai contre cette décision ministérielle, et deux ans après j'obtins que ma tragédie serait soumise à la censure ordinaire, dont la commission se composait alors de MM. Davrigny, Lacretelle jeune, et Lemontey: ma pièce, approuvée, sans autre changement que la suppression de quelques vers *sur la fureur des conquêtes*, fut représentée le 27 janvier 1813.

A la première représentation, l'affluence était prodigieuse, l'empereur y vint; la pièce était commencée; bien qu'il possédât au plus haut degré cette exactitude que l'on a si *ingénieusement* appelée la politesse des rois, il avait donné l'ordre à tous les théâtres qu'on ne l'attendît jamais, lors même qu'il aurait fait annoncer sa présence; par un échange d'égards le public exigeait toujours, aux premières représentations, que les acteurs en scène rentrassent dans les coulisses et qu'on recommençât la pièce quand l'empereur arrivait dans le cours du premier acte. On fit la remarque que Napoléon ne reçut pas cette espèce d'hommage à la première représentation de Tippô-Saëb; le public laissa continuer la tragédie dont la première scène n'était pas achevée.

La censure n'avait pas fait disparaître tous les vers de cette tragédie où l'ambition désordonnée du sultan du Myzore, son despotisme, sa passion pour la guerre, sont présentés comme la source des malheurs publics; au retour de Moskow, ces passages furent applaudis avec affectation, tandis que la peinture non moins vraie mais beaucoup plus vigoureuse des crimes du gouvernement anglais dans les Indes, fut reçue assez froidement: il me sembla même qu'on me savait mauvais gré de chercher à justifier Napoléon de la haine qu'il portait à des ennemis qui, depuis trois siècles, nous ont juré une guerre d'extermination dont le flambeau ne s'est pas éteint sur la tombe du prisonnier de Sainte-Hélène.

L'ouvrage réussit cependant; et Napoléon, après avoir témoigné à Talma qu'il en était satisfait, lui donna l'ordre de se présenter chez lui le lendemain matin.

Je n'avais jamais été dans les bonnes graces de l'empereur, et j'étais, je crois, le seul homme de lettres de cette époque sur lequel sa faveur ne se fût point étendue : il n'avait cependant à se plaindre que de mon silence, et si M. Pasquier alors préfet de police l'a jugé à propos, il a pu me justifier pleinement de l'imputation qui me fut faite d'avoir composé, à l'occasion de la naissance du roi de Rome, des couplets satiriques dont il connaissait déjà l'auteur.

On a dit, on a écrit même que Napoléon m'avait mandé près de lui, le lendemain de la première représentation de Tippô-Saëb, et que je ne m'étais point rendu à cette invitation ; le fait n'est point exact : je n'ai point eu l'indécence ou si l'on veut le mérite de me soustraire à un honneur qu'on ne m'a point fait : c'est avec Talma que l'empereur voulut s'entretenir de la tragédie à laquelle il avait assisté la veille ; et c'est ce grand acteur qu'il chargea de me communiquer les observations qu'elle lui avait suggerées et des changements qu'il avait dictés lui-même.

Napoléon, doué du génie de la guerre et peut-être au même degré du génie de l'administration, n'avait en général aucun principe arrêté sur les lettres et sur les arts : il n'y voyait que des moyens d'ajouter à la splendeur du trône, et ne voulait y trouver que des organes plus brillants et plus sonores de sa volonté souveraine. Son goût exclusif pour la tragédie *politique* ne contredirait cette assertion qu'aux yeux de ceux qui pourraient encore ignorer qu'il avait réduit sa *politique* spéciale à ce qu'il appelait la plus simple expression, « l'art d'enivrer un peuple de sa propre gloire pour l'empêcher de songer à sa liberté ». Le rang de mon illustre critique ne m'imposait pas, et je ne me sentais disposé à faire aucune concession à ses préjugés littéraires ; cependant je dois convenir que je fus si vivement frappé de la justesse et de la profondeur de quelques unes de ses observations, que je fus au moment de suspendre les représentations de ma tragédie pour y faire les changements que m'indiquait ce censeur couronné ; je ne dirai point quelles considérations me retinrent ; mais dans l'intérêt de l'art (bien étranger comme on va le voir à ceux de mon amour-propre) je crois devoir consigner ici les remarques littérales d'un homme dont la postérité ne veut rien perdre.

NOTES CRITIQUES SUR LA TRAGÉDIE DE TIPPÔ-SAEB, PAR NAPOLÉON.

« L'exposition ne vaut rien ; c'est une mauvaise copie de celle de Bajazet : elle pouvait être plus vraie, plus historique.

« J'aurais voulu qu'au lever du rideau, le sultan seul, marchant à grands pas sur la scène, fît appeler ses fils, et que dans un discours vigoureux, précis, il leur fît le tableau de la situation désespérée où il se trouvait réduit ; le souvenir des grandes vertus de leur aïeul, de sa gloire, de sa puissance ; les désastres de l'Inde, les crimes des Anglais, leur politique, celle de la France, les présages du sort qui l'attend, ses projets de vengeance, qu'il lègue à ses fils, le passé, le présent, l'avenir du souverain du Myzore, tous ces détails importants pouvaient trouver là leur place, et cinquante bons vers suffisaient à cette exposition.

— « Pourquoi s'écarter de l'histoire sans profit pour l'action qu'on représente ? à quoi bon donner à Tippô une fille qu'il n'avait pas ? pour attendrir ce cœur de bronze dans un moment où moi, spectateur, je ne veux connaître que les forces de son ame ? cette larmoyante Aldeir est un personnage mal inventé : il affadit la situation ; il ne manquait plus que de la rendre amoureuse du général français pour en faire une princesse de la famille des *veuves du Malabar*.

— « Puisqu'il faut absolument des femmes dans vos tragédies françaises, pourquoi l'auteur, au lieu de cette petite pleureuse de son invention, n'a-t-il pas adopté le personnage historique de cette belle esclave favorite avec laquelle Tippô-Saëb voulut passer les deux dernières heures de sa vie, et qui mourut auprès de lui sur les remparts de Seringapatnam?

— « Dans un pareil moment, un entretien avec cette femme si courageuse, si dévouée, n'eût-il pas été du plus puissant intérêt? « Je te recommande mes fils, lui aurait-il dit; ils touchent de si près à l'âge où les Anglais pourront les craindre; je n'ose espérer qu'ils échapperont à la rage prévoyante de nos vainqueurs : songe alors à cet enfant au berceau, à ce dernier gage de mon amour que ton sein nourrit encore..... Son existence est inconnue à nos ennemis, tu pourras le soustraire à leur vigilance homicide : fuis avec ce précieux dépôt, va chercher un asile aux rochers de Sadras dans la cité souterraine.... là dans ces antres profonds, élève mon vengeur, abreuve-le de ma haine; qu'il apparaisse à la surface du sol le fer et la flamme à la main, et que les Anglais reconnaissent Tippô à la fureur de son fils. »

— « Le caractère du sultan est généralement bien tracé, inquiet, terrible, superstitieux...... c'est cela. Cependant comment l'auteur peut-il justifier la confiance aveugle que le sultan accorde à ce ministre Mirsadek, à ce prêtre qui n'est pas de sa religion? il écrit en note *historique :* Tant pis pour l'histoire; quand elle dégrade, quand elle fausse un grand caractère, le peintre dramatique doit la laisser de côté.

— « *Raymond* est un brave, plein d'honneur, de loyauté, c'est un Français : mais il fait trop le raisonneur, il donne parfois des conseils quand on ne lui en demande pas, et discute trop souvent les ordres avant de les exécuter. — Il aurait mérité que le sultan, d'un revers de son sabre, lui fît sauter la tête quand il s'avise de faire sauver l'ambassadeur anglais.

— « Tippô-Saëb en s'enfermant dans les murs de sa capitale après la perte de la bataille décisive de Malavely avait fait une faute d'écolier, une faute qu'un caporal de mon armée n'aurait pas commise [1], et que j'avais prévue : dans ma lettre d'Égypte, je recommandais à Tippô-Saëb de tenir la campagne, fût-il réduit à dix mille hommes [2]..... C'est encore une des taches du caractère de son héros, que l'auteur devait effacer, en mettant dans la bouche et dans la pensée du sultan les excellentes raisons que le général français oppose au système défensif du prêtre ministre. »

Toutes ces critiques ne me semblent pas également bien fondées, mais désormais le public en est juge; et c'est à mon ouvrage à y répondre.

Cet ouvrage fut joué dix-neuf fois, et ne fut interrompu que par cette série d'événements désastreux qui amenait chaque jour des rapprochements plus directs entre les revers du chef de l'empire français et les malheurs auxquels le sultan du Myzore avait succombé.

Pour donner une idée du talent que déployait Talma dans le rôle de Tippô-Saëb, il suffira de dire qu'il arracha plus d'une fois des cris d'admiration à M. de Saint-Romain entre

---

[1] Quatorze ans après, Napoléon n'en a-t-il pas commis une bien plus grande le jour où il est allé se réfugier à bord du Bellérophon? La faute militaire de Tippô ne lui coûta que la vie.

[2] Il en restait soixante mille à Napoléon quand il est venu s'enfermer à Paris.

les bras duquel expira le héros indien, et qui assista aux premières représentations de cette pièce, comme je l'ai dit dans ma préface et dans une des notes de cette tragédie. Damas jouait le rôle du général français Raymond, avec une supériorité de talent qui ne contribua pas moins au succès de l'ouvrage.

Tippô-Saëb ne réussit cependant pas sans opposition; les trois premières représentations en furent troublées sous un prétexte assez frivole, et auquel la malveillance n'était peut-être pas tout-à-fait étrangère : l'officier qui commandait aux Indes les cinq cents hommes au service du sultan avait été décoré par ce prince de l'ordre d'Hyder qu'avait institué Tippô-Saëb; cet ordre se portait à droite, et Damas s'était montré fidèle au costume dans la manière dont il avait placé cette décoration sur son uniforme : deux ou trois personnes mal informées ou malintentionnées interrompaient si souvent la pièce par les cris de *l'ordre à gauche*, que je fus forcé de donner dans les journaux l'explication de cette particularité.

BÉLISAIRE,

TRAGÉDIE

EN CINQ ACTES ET EN VERS,

REÇUE, ÉTUDIÉE ET NON REPRÉSENTÉE
AU THÉATRE FRANÇAIS.

ÉPITRE DÉDICATOIRE

A M. ARNAULD,

ANCIEN MEMBRE DE L'INSTITUT,

AUTEUR DE GERMANICUS.

Mon ami,

C'était un besoin pour mon cœur de vous dédier cette Tragédie; j'ai pourtant balancé, avant de vous rendre ce témoignage public de mon amitié; je vous dois compte du motif de cette hésitation.

Après trois ans d'un malheur dont il n'est pas un Français qui ne doive déplorer les causes, et accuser la persévérance, un grand nombre de nos compatriotes (*parmi lesquels vous tenez un des rangs les plus honorables*) *gémissent encore sur la terre d'exil :* nos regrets qui les y ont accompagnés, nos vœux qui les rappellent, se sont fait souvent entendre aux pieds du trône, sans pouvoir arriver jusqu'au Monarque. Les mêmes hommes dont les cris de haine ont intercepté nos plaintes ne se sont pas contentés d'en calomnier l'expression; ils ont soulevé l'autorité contre la prière; ils l'ont aigrie contre l'infortune.

Votre nom, prononcé plus souvent que tout autre dans nos remontrances, s'est vu, par cela même, plus directement en butte à leurs atteintes, et pour frapper à-la-fois et celui qu'ils poursuivent et ses amis, dont le zèle est un crime à leurs yeux, ils n'ont pas craint d'avancer que nos supplications importunes armaient contre vous un pouvoir qui ne doit, disent-ils, céder qu'à la seule impulsion de sa propre clémence.

Cette considération qui recevait quelque poids de l'inutilité de nos efforts a pour un moment enchaîné ma plume; j'ai pu craindre, en plaçant à la tête de mon Ouvrage un nom cher à la patrie, aux lettres et à l'amitié, de fournir de nouveaux prétextes à la malveillance, de nouvelles armes à la persécution ; mais je n'ai pas tardé à m'apercevoir qu'une pareille défiance, injurieuse à l'autorité, m'associait en quelque sorte aux *perfides intentions de nos ennemis communs. Plus je respecte le Gouvernement sous lequel nous vivons, plus je me fais gloire de l'attachement que je porte à un homme qui honore son pays par de grands talents, de grandes vertus et de grandes infortunes.*

Dans le partage des maux qui ont accablé notre commune patrie, quelques Français ont été, si j'ose m'exprimer ainsi, privilégiés par le malheur : quand tout le monde souffrait, leur plainte éloignée a pu se perdre dans le murmure d'un mal-être général; mais aujourd'hui que tout renaît parmi nous à la vie et à l'espérance; que la France libre du joug de l'Étranger ne compte plus que ses enfants; le premier soin de son auguste Chef sera, n'en doutez pas, de rassembler sa famille et de lui prescrire, par son exemple, ce devoir d'union et d'oubli que chacun a droit d'exiger et que tous, sans exception, ont le même intérêt à remplir.

Germanicus et Bélisaire ont eu à-peu-près le même sort; tous deux ont été bannis du Théâtre; le premier après y avoir paru avec gloire, le second après y avoir été annoncé avec éclat; tous deux en ont appelé au public, d'un arrêt de proscription rendu par l'esprit de parti, le moins équitable des juges.

L'opinion qui finit toujours par casser les arrêts injustes a réhabilité votre Ouvrage, en lui assignant un rang distingué parmi les productions dramatiques qui soutiennent l'honneur du Théâtre Français. Je me présente aujourd'hui devant elle avec moins de confiance dans mon propre droit, mais aussi fort de mes intentions, aussi digne, j'ose le dire, des ennemis que vous avez eu à combattre, et protégé par l'intérêt qui s'attache à votre nom.

JOUY.

DISCOURS PRÉLIMINAIRE

SUR LA CENSURE

DES OUVRAGES DRAMATIQUES.

Il y a quelque temps (je ne me rappelle pas exactement l'époque) qu'un jeune Prussien d'origine, d'esprit et de cœur français, nommé Charles Lombard, me fut adressé par un de mes amis de Bruxelles. Ce jeune homme, adorateur passionné des lettres, et principalement de l'art dramatique, qu'il cultive avec beaucoup de succès, venait à Paris pour y faire représenter une comédie, dont il fit chez moi la lecture. La nouveauté du plan, l'originalité de la conception, la force de l'intrigue, la vérité des caractères et des mœurs, l'élégance et la vigueur du style, lui méritèrent les suffrages unanimes du petit comité d'amateurs qui s'était réuni pour l'entendre. Après la lecture il nous apprit « qu'il avait débuté dans cette carrière par quelques ouvrages allemands, mais qu'il avait été forcé de renoncer à travailler pour un théâtre où la censure s'exerçait avec une rigueur qui s'opposait aux progrès de l'art. Il venait, continua-t-il, jouir à Paris des bienfaits d'une liberté garantie par la faveur éclairée du prince, avant qu'elle l'eût été par les institutions politiques, et à laquelle la France était redevable de tant de chefs-d'œuvre immortels. »

Nous ne jugeâmes pas à propos de refroidir ses espérances; il devait lire sa pièce le lendemain à la Comédie

Française, et n'était occupé que de l'accueil qu'il recevrait au *parlement comique*. Les vers de Voltaire lui revenaient à la mémoire : peut-être, me disait-il en me quittant, vous dirai-je bientôt comme *le Pauvre Diable* :

> De quelle œillade altière, impérieuse,
> La Duménil rabattit mon orgueil !
> La Dangeville est plaisante et moqueuse ;
> Elle riait : Grandval me regardait
> D'un air de prince, et Sarrasin dormait.

Le lendemain je le vis arriver la tête haute et la figure rayonnante : « Félicitez-moi, me dit-il, les successeurs des Duménil, des Grandval, des Sarrasin, n'ont hérité que des talents de leurs devanciers ; ils m'ont traité avec une politesse pleine de bienveillance : ma pièce est reçue à l'unanimité, et l'on m'accorde un tour de faveur : je ne vous parle pas de quelques tracasseries pour la distribution des rôles ; j'aurai à lutter ici comme ailleurs avec des amours-propres, des prétentions et des habitudes invétérées : mais je suis jeune, et je sais comment on traite avec les passions et les intérêts de coulisse. Dans huit jours ma comédie sera mise en répétition. — Et la censure ? — Je n'ai rien à démêler avec elle ; j'ai usé du privilége accordé depuis long-temps à la comédie, de peindre les mœurs, les travers, les ridicules de la société ; mais je n'ai pas dit un mot de politique. — Vous avez parlé de *gloire*, de *patrie*, de *liberté* ; vous avez prononcé les noms de *roi*, de *ministre*, de *grands seigneurs* ; vous avez laissé entendre qu'un courtisan pouvait être un fat, qu'un juge pouvait être un fourbe, qu'un conseiller d'état pouvait être un sot, et vous croyez n'avoir rien à démêler avec la censure ?

— Molière a fait jouer le *Tartufe* sous le règne d'un mo-

DISCOURS PRÉLIMINAIRE.

narque absolu et dévot. Racine a fait représenter *Britannicus* devant ce même prince dont il frondait indirectement les goûts et les travers : si le théâtre, au temps du despotisme, a conservé chez vous ses franchises, de quelle liberté ne doit-il pas jouir sous la garantie des lois constitutionnelles qui régissent maintenant la France? — Revenez me voir quand votre manuscrit censuré vous aura été rendu; peut-être alors me dispenserez-vous de répondre à cette question.

« Vous aviez raison, me dit M. Lombard, que je rencontrai quelques jours après au foyer de l'Opéra : messieurs les censeurs ne sont pas aussi traitables que je le croyais; ils me demandent des changements sans vouloir m'expliquer et sans que je puisse m'expliquer à moi-même sur quoi portent les objections qu'on me fait : par exemple, il est question dans ma pièce de la sœur d'un ministre dont on sollicite l'intervention pour faire parvenir un mot de vérité à l'oreille de son excellence..Eh bien! on veut que je fasse de cette sœur, une mère ou une tante; et ce n'est que par arrangement qu'on me permet d'en faire une cousine. Les deux principaux personnages de ma comédie sont, comme vous le savez, un noble pair d'Angleterre, beaucoup moins considéré par son rang et son immense fortune que par ses grandes qualités; et son neveu, de mœurs passablement scandaleuses, à qui son oncle témoigne en toute occasion le regret qu'il a de laisser son nom, son titre et ses richesses, à un héritier si peu digne de lui. Croiriez-vous qu'on me force encore d'établir entre ces deux personnages d'autres rapports de parenté? Je ne conçois rien à de pareilles chicanes; néanmoins, comme ces changements ne touchent pas au fond de mon ouvrage, je les ferai dans le cours des répétitions. — On ne vous a pas encore rendu votre manuscrit ? — Il est depuis plusieurs jours à la signature du ministre, et je l'attends aujourd'hui même. »

M. Lombard était encore chez moi lorsqu'on le lui apporta; il le parcourut avec anxiété. Quel spectacle de destruction, de mutilation ! Combien d'accolades accompagnées de ce funeste signe D ! On lui enjoint de faire disparaître une scène tout entière, où il peint le bonheur d'une famille qui revoit, après trois ans, son chef exilé;

Une autre, où il retrace les suites funestes de l'ambition, qui finit par éteindre dans un cœur honnête tout sentiment généreux;

Une autre, où il oppose à un vertueux magistrat un homme, sous le mortier duquel se sont réfugiés toutes les préventions de l'esprit de parti, tous les calculs de la vanité, tous les ridicules du bel esprit de province.

On exige qu'il supprime le rôle entier d'un vieux général qui n'a jamais à la bouche que les mots honneur et patrie, et à qui le souvenir des pontons, où il a passé deux ans de sa vie, n'inspire pas pour les Anglais une amitié assez vive.

M. Lombard commençait à croire que la censure en France n'était pas beaucoup plus libérale qu'en Allemagne; mais sa colère ne s'étendait pas jusqu'à l'autorité supérieure; et, convaincu qu'il était victime de quelque intrigue de bureau, il résolut de porter sa réclamation à Monseigneur en personne.

Notre jeune auteur ignorait que le Grand-Lama n'est pas plus invisible qu'un ministre de la police : il ne put arriver que jusqu'à l'antichambre d'un sous-secrétaire, auquel il représenta très humblement « que sa pièce n'offrait aucune espèce d'allusion, qu'on n'y trouvait que les vices de tous les temps, les travers de tous les pays; qu'il avait passé trois ans de sa vie à composer cet ouvrage, d'où peut-être dépendait sa fortune et sa réputation; » ce à quoi l'expéditionnaire, qui avait plus de mémoire que de politesse, répondit, sans lever les yeux de dessus son papier, que le temps ne faisait rien à l'affaire, et que pour les gens de lettres la pauvreté était l'aiguillon du génie. M. Lombard est colère de sa nature; il riposta d'une manière un peu tudesque, et la querelle allait s'engager très sérieusement, lorsque le commis s'aperçut que le poete portait à sa boutonnière un ordre étranger : sa qualité de Prussien méritait quelques égards; il fut convenu qu'on lui restituerait le rôle du vieux général, à condition qu'il ne parlerait pas de ses campagnes en Amérique.

Toute mutilée qu'elle était, la comédie de M. Lombard, bien écrite et fortement conçue, avait encore quelques chances de succès; on en reprenait pour la troisième fois les répétitions, lorsqu'on le prévint qu'il fallait, pour la forme seulement, en donner connaissance au ministre des relations extérieures, attendu que la poésie et la littérature étaient maintenant en France du domaine des affaires étrangères.

Le conseil des ministres, convoqué pour délibérer sur une comédie, arrêta, dans sa sagesse, que l'auteur serait tenu de changer le lieu de la scène; et, après avoir passé en revue tous les états de l'Europe, on convint unanimement qu'une pièce dont le sujet, l'intrigue, les mœurs et les caractères avaient été pris dans la société anglaise du dix-neuvième siècle, ne pouvait être jouée sans inconvénient à Paris que sous le costume turc et dans l'intérieur d'un sérail.

Je n'ai jamais vu de désespoir pareil à celui de ce pauvre jeune homme; je retirai du feu son manuscrit qu'il y avait jeté; je parvins à lui prouver qu'à l'exemple de Beaumarchais on pouvait réussir à peindre les mœurs d'un pays sous un costume étranger, et qu'après tout l'impression lui ferait justice des tribulations qu'on lui faisait souffrir. Cette idée le consola; il se remit à l'œuvre, travailla trois semaines à habiller ses Anglais à la turque, et le jour de la représentation fut enfin annoncé.

Messieurs les chambellans (je ne sais pas bien quelle était alors la couleur de leur livrée) avaient aussi leur droit de censure : il l'exercèrent en faisant disparaître, par égard pour le pape, quelques passages où il était question du *mufti*; je ne sais quelles autres considérations les déterminèrent à supprimer les gardiens du harem.

Le courage du malheureux auteur était épuisé. Son ouvrage, impitoyablement mutilé par quatre censures, n'offrait plus qu'une anagramme dramatique sans unité, sans vraisemblance, et conséquemment sans intérêt. L'auteur marchait à la représentation comme au supplice; il le subit dans toute sa rigueur. La pièce inintelligible fut outrageusement sifflée d'un bout à l'autre, et peu s'en fallut que M. Lombard ne fût enterré avec elle.

Sa maladie fut longue, et pendant sa convalescence nous eûmes souvent occasion de nous entretenir ensemble de l'art dramatique et des causes de sa décadence.

M. Lombard les trouvait toutes dans l'abus de la censure, dont il avait acquis le droit de parler avec indignation.

« Vous êtes bien heureux, disait-il, que les Corneille, les Racine, et les Voltaire, aient peuplé votre scène de chefs-d'œuvre, dans les deux derniers siècles; vous n'en jouiriez pas si ces grands écrivains eussent vécu de nos jours : citez-moi un seul de leurs ouvrages qui fût sorti vivant de la torture qu'on a fait subir au mien.

« Je conviens que les hommes de génie sont des exceptions de la nature; qu'elle les sème au hasard dans l'espace des siècles, sans égard aux circonstances où elle les fait naître : mais si leur existence spontanée est indépendante des lieux et des temps, c'est toujours au degré des institutions politiques qu'il faut mesurer la hauteur où ils peuvent atteindre. Arouet est né à Paris, mais Voltaire fleurissait sur le mont Jura : le génie ressemble à l'aigle, qui ne peut s'élever dans la plaine : il a besoin d'une éminence pour prendre son essor. Ce grand homme se plaignait des docteurs de Sorbonne, des censeurs royaux de son temps : il les appelait des Welches; que dirait-il de leurs successeurs? Le voyez-vous aujourd'hui dans l'antichambre du ministre, sur le quai qui doit porter un jour son nom, sollicitant l'autorisation de faire représenter son *Mahomet?*—Y pensez-vous, Monsieur, que je laisse jouer une monstruosité pareille? une pièce où vous attaquez la religion?—Je m'élève contre le fanatisme.

— Où vous nous présentez un usurpateur, fils d'un conducteur de chameaux, comme un guerrier législateur, comme un grand homme dont la doctrine armée doit un jour envahir la moitié de la terre?—Je n'ai fait que retracer un caractère et des faits historiques.—L'histoire, Monsieur, n'est qu'un mensonge convenu; je ne l'ai pas dit le premier, et le talent d'un auteur dramatique est de la démentir adroitement dans l'intérêt de celui qui gouverne. — Mais, Monseigneur, cette morale ministérielle est destructive de toute liberté publique; et la gloire des lettres.... — M. de Voltaire, je n'ai pas de temps à perdre en discussions sur toutes ces belles choses : en ma qualité de ministre de la police, je sais ce qu'il faut entendre par liberté publique; quant à la gloire des lettres, vous devez savoir qu'elle n'est pas de mon ressort. D'ailleurs on parle de bruit, de cabale, et je veux dormir tranquille. — Si Monseigneur voulait, je lui indiquerais, pour dormir tranquille, un moyen plus sûr que celui de défendre ma pièce. — Terminons, Monsieur; votre tragédie ne sera pas jouée... »

« On se plaint, continuait M. Lombard, de l'extrême disette des bons ouvrages, du mauvais goût du public qui déserte le théâtre Français pour courir chez Brunet et au mélodrame; on s'en prend aux auteurs, dont on accuse la stérilité, et aux comédiens, dont on gourmande la paresse : mais on interdit aux premiers la peinture des mœurs de leur temps, la satire des vices, des travers et des ridicules dont la société leur offre les modèles; on leur interdit toute vérité historique qui ne flatte pas le pouvoir du jour, qui ne sert pas les passions ou les intérêts des gens en place : quelle comédie, quelle tragédie reste-t-il à faire?

« L'inactivité des comédiens n'a-t-elle pas la même excuse? S'ils veulent étendre leur répertoire en reprenant des pièces anciennes, on ne leur laisse le choix que parmi les ouvrages les plus insignifiants : *Brutus*, la *Mort de César*, *Fénélon*, *Henri VIII*, vingt autres tragédies sont à l'index. Reçoivent-ils un ouvrage nouveau, sur lequel, à tort ou à raison, ils fondent quelque espérance? la police le refuse, ou le leur renvoie tellement dégradé, tellement flétri, que le public, qui le juge sans preuves, le condamne pourtant avec raison. Je prononce, il est vrai, dans ma propre cause, mais je n'en soutiens pas moins avec autant de bonne foi que d'assurance qu'il n'est point de pays civilisé en Europe où l'art dramatique soit chargé d'aussi honteuses entraves, où les hommes de lettres qui ont embrassé cette carrière aient moins de chances de succès, et puissent dire, avec plus de raison, en changeant un mot au vers d'Horace :

Principibus placuisse viris nunc ultima laus est.

« Il y a beaucoup de vérité et un peu d'humeur dans vos observations, répondis-je à M. Lombard. Le théâtre en France a plus d'influence sur l'opinion qu'il n'en a par-tout ailleurs ; on y cherche, on y trouve plus souvent l'expression de la société, et je ne suis pas éloigné de croire qu'il est des circonstances politiques où l'autorité doit en restreindre la liberté dans de justes bornes : cette concession même repousse toute idée des mesures arbitraires dont vous vous plaignez avec tant de raison, mais dont le plus grand inconvénient, selon moi, est dans le choix des hommes auxquels le gouvernement en confie l'exécution. Que la censure des ouvrages dramatiques soit exercée par un d'Argenson, par un Malesherbes, par un ministre ami des lettres et de la gloire nationale, dont elles sont la plus belle partie; loin de se dégrader, l'art fleurira sous un pareil abri, et la censure alors s'appellera protection. Dans ce cas même il serait encore vrai de dire que toute institution dont l'avantage est à la merci d'un seul homme, étant vicieuse en elle-même, ne convient plus à l'état actuel des choses. Dans un gouvernement représentatif, toutes les branches de l'administration doivent être soumises à des lois et non à des ordres : comme tous les autres citoyens, les auteurs, dans leur rapport avec l'intérêt du public, ne doivent être jugés que par leurs pairs. Rien de plus absurde, rien de plus injuste, j'en conviens, que de soumettre les productions de l'esprit, et quelquefois l'œuvre du génie, à la décision de tel ou tel homme en place, qui, semblable à la plupart des comédiens, ne voit jamais que son rôle dans la pièce qu'on lui présente, et qui prononce sur les intérêts de Rome et de Carthage, sur les discours de *Scipion* ou d'*Annibal*, d'après la loi du 9 novembre sur les propos séditieux; mais, après tout, ce sont là des abus de circonstance et des inconvénients d'époque qui céderont comme tant d'autres aux progrès des lumières et aux bienfaits de cette liberté constitutionnelle, dont nous avons fait la conquête. Vous m'avez déja cité Voltaire, et je vous dis avec lui :

> Il est des cœurs bien faits, il est de bons esprits
> Qui sauront des erreurs où je la vois livrée,
> Ramener au bon sens ma patrie égarée:
> Les aimables Français sont bientôt corrigés.

— Et moi, reprit M. Lombard, je vous réponds comme *le Russe à Paris* :

> Adieu, je reviendrai quand vous serez changés. »

PRÉFACE.

Un ouvrage dramatique est fait pour être représenté ; c'est donc affronter une sorte de défaveur que d'offrir au public une tragédie qui n'a pas subi l'épreuve du théâtre ; car il est en droit d'en conclure, ou que la pièce a été refusée par les comédiens, ou que l'auteur lui-même ne l'a pas jugée digne de la scène : l'une ou l'autre de ces suppositions lui devient également préjudiciable : la paresse du lecteur prend volontiers au mot la décision des premiers juges, qui ont tant d'intérêt à être justes, ou la défiance du poète, dont on est rarement tenté de faire honneur à sa modestie.

Des motifs d'une autre nature m'ont imposé l'obligation de faire imprimer ma tragédie de *Bélisaire*. Je demande la permission de les faire connaître, afin de conserver à mon ouvrage un droit de représentation qu'un abus d'autorité n'a pu lui faire perdre, et de me concilier à moi-même cette bienveillance publique qu'une rigueur non méritée entraine ordinairement avec elle.

Bélisaire, par l'effet d'une intrigue de palais, conduite par son rival de gloire *Narsès*, et par l'impératrice *Théodora*, s'est vu dépouillé de ses honneurs, et jeté dans les fers : sa femme *Antonine*, sa jeune fille *Eudoxe*, et quelques uns de leurs partisans, se sont réfugiés dans le fond de la Thrace, sous la conduite de *Marcien*, l'ami le plus dévoué du héros persécuté.

Thélésis, roi des Bulgares, s'est empressé d'accueillir les illustres fugitifs. A la tête de l'armée formidable des barbares, il se prépare à marcher sur Byzance: plusieurs avantages remportés sur les Romains lui en ont ouvert la route. *Justinien*, dans cette position critique, s'est vu contraint, malgré le poids des ans, à prendre en personne le commandement des troupes découragées par l'absence de Bélisaire. En s'avançant dans la Thrace, avec les dernières forces qui lui restent, l'empereur s'est engagé dans un défilé où sa défaite paraît certaine. Le roi bulgare est d'ailleurs encouragé par les réfugiés romains et par Antonine, qui, brûlant de venger l'affront fait à son époux, consent à l'hymen de sa fille avec Thélésis, qui l'aime et dont il est aimé. Sur ces entrefaites une révolte éclate dans la capitale de l'empire; le peuple de Byzance s'est armé pour délivrer Bélisaire; Théodora n'a pu apaiser la sédition qu'en promettant de rendre le lendemain le héros à la liberté. En effet, cette femme cruelle a profité des ombres de la nuit pour faire sortir de la tour et chasser de la ville l'illustre général, après lui avoir fait brûler les yeux.

Tels sont les faits antérieurs à l'action de cette

tragédie; la fidélité, le patriotisme et la grandeur d'ame de Bélisaire en forment tous les ressorts. Quelque profond que soit l'abyme de maux où il est tombé, il s'oppose de toute la force de sa vertu aux projets de vengeance que poursuit Antonine. Sa propre infortune, celle de sa famille, à laquelle il est plus sensible, ne le détermineront jamais à donner son consentement au mariage de sa fille avec un monarque ennemi des Romains. Il fait plus: dans la position militaire qu'occupe Justinien, Bélisaire qui prévoit la destruction de l'armée romaine fait passer à l'empereur un avis secret qui lui indique un moyen de salut. L'issue d'un premier combat nocturne met en présence l'empereur et Bélisaire: celui-ci, touché des remords du prince et des dangers de la patrie, oublie l'épouvantable injustice dont il est victime, pardonne à l'auteur de ses maux, le console, l'encourage, et lui rend l'espoir de sauver l'empire, dont le destin dépend d'une bataille. Bélisaire rassemble autour de lui les réfugiés romains, les fait rougir du projet qu'ils ont formé de se joindre aux ennemis de leur pays; les renvoie sous leurs drapeaux, s'y fait porter lui-même, combat, triomphe, et meurt au sein de la victoire.

Cet exposé rapide suffirait sans doute pour convaincre l'autorité la plus soupçonneuse, que cette tragédie, dont l'auteur s'est efforcé de présenter dans la situation la plus héroïque, la magnanimité d'un guerrier, la fidélité d'un sujet, et le sublime dévouement d'un citoyen, ne pouvait produire au théâtre qu'une impression utile, et ne tendait à exciter que des sentiments généreux

Je m'empresse de rendre ici toute la justice que je dois à mes censeurs d'office; c'est à-peu-près dans ces mêmes termes que leur rapport était conçu; ils ajoutaient même « que les détails et le dialogue de « cette tragédie ne s'écartaient pas de cette vue « principale. » En un mot, dans une composition de dix-huit cents vers, quatre seulement avaient été l'objet de leur censure.

Maintenant il reste à examiner comment un ouvrage dramatique, conçu dans un pareil esprit, approuvé sans restriction par les censeurs royaux, a pu exciter tant d'inquiétude, et devenir l'objet d'une rigueur aussi peu motivée.

Il y a plus de onze ans que je conçus la première idée de la tragédie de Bélisaire; j'en communiquai le plan à un homme qui honorait alors, par de grandes qualités et par la protection éclairée qu'il accordait aux lettres, les hautes fonctions qu'il remplissait dans l'État; il m'arrêta au premier mot : « La tragé- « die que vous voulez faire est impossible, » me dit-il; je crus qu'il voulait parler des écueils du sujet même, et j'essayais de lui prouver qu'ils n'étaient pas insurmontables. « Ce n'est pas de difficultés dramatiques « qu'il est question dans ce moment, continua-t-il,

PRÉFACE.

« mais de considérations d'un tout autre ordre.
« Quelle action vous préparez-vous à retracer sur la
« scène française? Un illustre général, persécuté,
« condamné, proscrit par un empereur! — C'est un
« fait historique sur lequel douze siècles ont passé. —
« C'est un événement contemporain, dont nous ve-
« nons d'être témoins. » — L'exposé de mon plan ne
fit que prêter de nouvelles forces à cette terrible
objection, et comme j'étais loin alors de prévoir les
événements qui devaient bientôt faire disparaître de
notre scène politique les objets et les motifs de semblables applications, j'abandonnai le héros de Byzance, pour retracer les derniers moments du sultan
de Myzore [1].

Quelques années après, tout était changé parmi
nous ; l'opprimé en mourant avait en quelque sorte
pris soin de justifier l'oppresseur; celui-ci avait vu
son sceptre se briser avec son épée; la France, acca-
blée sous sa propre gloire, respirait avec peine
sous le poids d'une paix achetée par de cruels revers; l'occasion me parut du moins favorable pour
offrir à son admiration le modèle des guerriers citoyens, et la victime héroïque de la tyrannie; de
montrer Bélisaire sacrifiant ses ressentiments à ses
devoirs, sa vengeance à sa patrie, et fidèle à son
prince ingrat, jusqu'à mourir pour lui.

[1] Tippô-Saeb, tragédie du même auteur.

Dans l'état actuel de la France, quels intérêts de pareilles maximes pouvaient-elles blesser? quels amours-propres l'éloge ou le blâme qu'on en peut déduire pouvaient-ils atteindre? aucun. Ce n'est donc point contre l'ouvrage, mais contre l'auteur seul que cette misérable intrigue a été dirigée.

Je sais que des inimitiés de parti, peut-être aussi des jalousies littéraires, avaient calomnié d'avance l'intention et le but de cette pièce; mais je sais aussi que des bruits perfides avaient été répandus par la voie des journaux soumis à la censure; j'ai donc quelque raison de croire que l'autorité ministérielle n'est pas complètement étrangère à des insinuations qu'elle pouvait empêcher, et qui ont servi de prétexte aux premiers témoignages de sa malveillance.

Un journal avait dit avec aussi peu de bonne foi que de bon sens, qu'au lieu de *Bélisaire,* ma tragédie devait être intitulée *Bonaparte :* sans s'arrêter à l'absurdité palpable d'un pareil rapprochement, on motiva sur cette inculpation la sévérité de l'examen auquel ma tragédie fut soumise.

Le rapport des censeurs avait fait évanouir jusqu'à l'ombre d'un pareil soupçon, il fallait un autre prétexte aux délais qu'on voulait du moins me faire subir. Les mêmes journaux, *censurés,* annoncèrent que la représentation de Bélisaire était *suspendue indéfiniment;* le fait était faux, mais le moyen était bon; les comédiens avaient accordé à ma tragédie

PRÉFACE.

le tour de faveur dont ils peuvent disposer; l'auteur de l'ouvrage qui devait passer immédiatement après le mien s'autorisa, avec raison, de l'impossibilité où je me trouvais d'user de mon droit, pour réclamer le sien, et sa pièce allait être mise à l'étude, lorsqu'il fut constaté que la mienne, approuvée à la censure, conservait la priorité qui lui était acquise.

Certain que ma pièce avait reçu l'approbation unanime des censeurs officiels et du chef de la librairie, la signature du ministre qui restait à apposer au bas de leur rapport ne me paraissait plus qu'une affaire de forme; mais cette forme n'était pas remplie; un mois s'écoula sans qu'elle pût l'être, et lorsque je me plaignis de ce retard, on me fit entendre que la représentation de Bélisaire dépendait de l'issue du congrès d'Aix-la-Chapelle : je ne concevais pas bien quel rapport il pouvait y avoir entre l'évacuation du territoire français et l'autorisation de jouer une pièce de théâtre; j'aurais rougi pour mon pays et pour son gouvernement de penser qu'une considération de ce genre pût être de quelque poids dans la balance de nos destinées ; néanmoins, comme la politique et la police s'entendent aujourd'hui, et se donnent la main d'un bout de l'Europe à l'autre, je n'insistai pas sur la singulière objection qu'on me faisait, et j'attendis l'effet de la grande représentation d'Aix-la-Chapelle, pour solliciter celle de ma tragédie.

Ce moment arrivé, je fis de nouvelles démarches auxquelles on répondit « que ma piéce était officiel-« lement approuvée, sauf les changements indiqués « sur le manuscrit par le ministre lui-même »; il ne s'agissait plus de changer quatre vers, mais d'en supprimer cinquante, et de faire disparaître une scène entière toute en situation, toute en mouvement, indispensable dans l'ordonnance d'un ouvrage dont elle forme le nœud. Un pareil sacrifice était impossible; les censeurs en convinrent dans le nouveau rapport qu'on leur demanda, et, par transaction, je rachetai ma scène aux dépens de quelques tirades isolées, que j'ai eu soin de faire imprimer en *caractères italiques*, pour mettre le public dans la confidence ministérielle : je serais étonné s'il n'en concluait pas comme moi, que le système des interprétations, adopté par quelques magistrats, a été si habilement perfectionné par les inquisiteurs de la littérature, qu'il est désormais impossible d'écrire pour la scène dix vers irrépréhensibles aux yeux de la police, si les mots *liberté*, *gloire* ou *patrie*, s'y trouvent prononcés sans correctif.

Quoi qu'il en soit, Bélisaire avait subi son nouveau supplice sur le lit de Procuste, dressé dans la rue des Saints-Pères; j'avais obtenu, *le 25 octobre* (les dates doivent être remarquées), l'autorisation formelle et par écrit de faire représenter ma tragédie : je cours au théâtre; la piéce est remise en répétition;

les rôles sont appris, le jour de la représentation est fixé du 15 au 20 du mois suivant. *Le 1ᵉʳ novembre on m'annonce officiellement, par ordre de S. E. le ministre de la police, que la représentation de Bélisaire ne peut avoir lieu.*

Après un premier mouvement d'indignation qu'on pardonnera sans doute au ressentiment d'un acte aussi franchement arbitraire, j'en ai recherché la cause, et je crois l'avoir trouvée dans le rapprochement des dates de l'autorisation et la défense que j'ai reçues, à cinq jours l'une de l'autre.

Nous approchions du jubilé ministériel, c'est-à-dire du jour des élections. Je suis électeur; on pouvait supposer que j'aurais quelque influence dans la section du collége électoral dont je faisais partie, et l'on ne doutait pas que la conscience du votant ne transigeât avec la reconnaissance du poete : j'obtins le 25 octobre, veille des élections, l'autorisation de faire jouer ma tragédie.

Mais si les ministres, en dernier résultat, avaient arraché de l'urne électorale le nom du candidat qu'ils desiraient, ou du moins qu'ils préféraient à son compétiteur, ce triomphe obtenu à Paris avec tant de peine et si peu de gloire était loin de compenser les défaites essuyées dans les départements, et auxquelles, en ma qualité d'un des auteurs de la *Minerve*, je n'étais peut-être pas tout-à-fait étranger : la vengeance a toujours été le plaisir des dieux, et des ministres : malheur à tous solliciteurs connus pour l'indépendance de leur vote, dans ces moments de crise où fermente la bile ministérielle! j'étais de ce nombre; n'était-il pas *juste* que ma tragédie permise *la veille* fût défendue *le lendemain* des élections?

On ne m'a point donné cette raison; je l'ai devinée, et, pour l'honneur même de l'autorité, j'aime mieux y croire qu'aux insinuations qui m'ont été faites, d'une cabale de théâtre dont le ministère ne serait pas cru assez fort pour mépriser les suites, ou pour réprimer les excès. Je sais qu'on aurait répandu le bruit que la première représentation de *Bélisaire* serait orageuse; qu'on y verrait se renouveler au parterre les scènes affligeantes de *Germanicus :* mais cette crainte était-elle bien réelle, ou du moins ne pouvait-on pas accuser de l'avoir fait naître, ceux qui permettaient de la propager dans des journaux soumis à leur censure?

Cette digression où je me suis laissé entraîner dans l'intérêt du premier des beaux-arts (si honteusement dégradé en France qu'il y est condamné à la surveillance de la haute police), cette digression, ai-je dit, ne m'a pas éloigné de mon sujet, trop connu d'ailleurs pour exiger de longs développements.

Je ne me justifierai pas d'avoir fondé l'action de mon drame sur un point historique, qui trouve encore de nombreux contradicteurs; ma tâche n'était point de concilier Procope, Suidas, Alciat, Pontanus, et tant d'autres historiens anciens et modernes dont les uns affirment, tandis que les autres nient le fait sur lequel repose cette tragédie. Justinien a-t-il poussé l'ingratitude au point de faire crever les yeux au héros dont les victoires ont illustré son règne, et qui fut surnommé, de son temps, *l'honneur du nom romain?* L'historien peut en douter, le poète dramatique doit en être sûr : c'est sur l'opinion reçue que se fonde la vérité théâtrale, et telle est à cet égard la force de l'habitude, ou si l'on veut même du préjugé, que l'erreur consacrée par la tradition doit être, à la scène, préférée à la vérité la plus incontestable contre laquelle les siècles et les arts ont armé les croyances populaires. L'idée de Bélisaire aveugle et proscrit est devenue si familière qu'on ne saurait s'en retracer à soi-même une autre image ; c'est ainsi que l'ont immortalisé Marmontel, David et Gérard ; c'est ainsi qu'il convenait de le présenter sur la scène, pour qu'il y fût reconnu.

L'histoire et la tradition se taisent également sur l'époque et sur les circonstances de la mort de ce grand homme ; j'ai donc été le maître d'en disposer l'événement de la manière la plus conforme à l'intérêt du drame et au caractère du héros.

Bélisaire était de quelques années plus jeune que Justinien ; j'ai eu besoin d'établir entre eux une différence d'âge beaucoup plus grande, afin de conserver au premier toutes les proportions héroïques, et de ménager au second cette espèce d'intérêt qui peut s'attacher encore au repentir d'un prince accablé sous le poids des ans et victime lui-même d'un forfait commis en son nom.

En me conformant à l'opinion bien vraisemblable de quelques historiens qui ont accusé *Narsès* ou *Théodora* de la disgrace et des malheurs de Bélisaire, j'ai dû m'abstenir de montrer ces deux personnages : l'impératrice Théodora, que Procope appelle *le fléau du genre humain*, est un de ces monstres odieux dont l'art doit repousser l'imitation ; Narsès, le plus grand des généraux de son siècle, après Bélisaire, n'est cependant point un personnage tragique ; l'impératrice Sophie en a dit fort ingénument la raison.

Je suis resté fidèle aux faits, aux détails et aux caractères donnés par l'histoire ; et je ne pense pas m'être écarté de ce que j'appelle la vérité dramatique, en faisant gagner une bataille à Bélisaire aveugle, dans les champs de la Thrace où il avait si long-temps combattu, et où Procope assure qu'il remporta sa dernière victoire, dans un âge fort avancé.

Les soins que j'ai apportés, le temps que j'ai mis à écrire cette tragédie, sont du moins garants des efforts que j'ai tentés pour obtenir, dans le silence du cabinet, un succès qu'on ne m'a point permis de briguer au théâtre. Quel que soit le jugement que le lecteur porte de cet ouvrage, j'ose espérer qu'il me tiendra compte de ce qu'il eût gagné à la représentation ; et qu'en se figurant Bélisaire et Antonine sous les traits de l'acteur sublime et de l'actrice inimitable qui devaient les représenter, il prêtera quelquefois à mes vers le pathétique et l'énergie que M. Talma et Mlle Duchesnois savaient leur donner.

PERSONNAGES.	ACTEURS QUI DEVAIENT JOUER DANS CETTE PIÈCE.
BÉLISAIRE, général romain.	MM. Talma.
THÉLÉSIS, roi des Bulgares.	Michelot.
JUSTINIEN, empereur d'Orient.	Desmousseaux.
MARCIEN, ami de Bélisaire.	Colson.
TIBÈRE, neveu de Justinien.	Saint-Eugène.
LÉON, réfugié romain.	Dumilatre.
VALÉRUS, PHOCAS, chefs de légions.	
ANTONINE, femme de Bélisaire.	Mlles Duchesnois.
EUDOXE, fille de Bélisaire.	Wenzel.
CHEFS, SOLDATS BULGARES ET ROMAINS.	

La scène est en Thrace, au commencement du sixième siècle.

BÉLISAIRE,

TRAGÉDIE.

ACTE PREMIER.

Le théâtre représente une galerie ouverte d'un château en ruines, au milieu des marais et des bois qui l'environnent et le séparent du pays qu'occupent les armées bulgares et romaines.

SCÈNE I.

MARCIEN, LÉON, VALÉRUS, PHOCAS,
OFFICIERS ROMAINS.

MARCIEN.

Quels changements, Léon, quelle étrange disgrace
Nous rassemble aujourd'hui dans les champs de la Thrace!
LÉON.
Depuis près de dix ans qu'un sévère destin
M'éloigna sans retour des murs de Constantin,
Des factions du cirque instrument et victime,
J'abjurai sans regret mon pays qu'on opprime;
Des Romains avilis, d'une cour que je hais
Un éternel exil me sépare à jamais.
Mais, Marcien, mais vous, illustrés dans la guerre,

Amis et compagnons du vaillant Bélisaire,
Quels funestes desseins, que je ne connais pas,
Au fond de ces déserts ont pu porter vos pas?

MARCIEN.

Les malheurs d'un héros que l'univers admire,
Qui vengea son pays et qui sauva l'empire;
Que l'on vit dédaigner le pouvoir souverain;
Que le peuple appela l'honneur du nom romain!

VALÉRUS.

Oui, le vainqueur des Huns, des Goths et des Vandales,
Dans ces murs qu'ombrageaient ses palmes triomphales
Bélisaire est captif; des traîtres, des pervers
A ses augustes mains osent donner des fers.

LÉON.

Qu'entends-je, juste Dieu! d'une action si noire
Croirai-je que César ait pu flétrir sa gloire?
Qu'en ces jours de dangers l'ingrat Justinien
De son trône lui-même ait brisé le soutien?

MARCIEN.

La foule des méchants assiége sa faiblesse;
Une femme cruelle asservit sa vieillesse.
D'une ligue fatale et qui sert ses projets
Théodora conduit tous les ressorts secrets.

LÉON.

Théodora, grand Dieu!... La fille d'Anistère,
Voué dans l'Hippodrome au plus vil ministère :
Elle qu'on vit passer, bravant tous les regards,
Du lit d'un centenier au trône des Césars.

MARCIEN.

Ses attraits, son esprit, sa politique habile,
Du prince ont subjugué la volonté débile.

ACTE I, SCÈNE I.

Bélisaire, du peuple et l'amour et l'espoir,
Partageait son crédit, balançait son pouvoir.
Théodora le hait : son épouse Antonine,
Fière de ses vertus, de sa haute origine,
Près de l'impératrice, à des hommages vains
Ne pouvait asservir l'orgueil de ses dédains :
Leur perte est résolue ; avec art on conspire.
Le Bulgare s'avance aux portes de l'empire ;
Bélisaire peut seul arrêter ses progrès ;
L'armée en vain l'appelle ; on fait partir Narsès.
La victoire d'abord sourit à sa vaillance ;
Théodora saisit l'heure de la vengeance ;
Les amis de Narsès, artisans de complots,
D'un crime imaginaire accusent le héros :
« Celui qui des Persans a refusé le trône,
« De son maître, ont-ils dit, veut ravir la couronne ;
« Dans Byzance, traînant Gélimer à son char,
« On l'a vu déployer la pompe de César :
« Et déjà du succès Antonine certaine,
« Affecte insolemment la pourpre souveraine. »
Bélisaire se tait, et, dédaignant leurs cris,
A ses accusateurs répond par le mépris.
De ce noble dédain Justinien s'offense ;
La haine croît, l'intrigue accuse son silence.
Théodora surprend l'ordre qu'elle a dicté :
Dans le fond d'une tour Bélisaire est jeté.

LÉON.

Quoi, d'un pareil forfait tout un peuple complice
Ne s'est point soulevé contre cette injustice,
Et, dans ces jours affreux, un grand homme outragé,
D'un pareil attentat ne serait pas vengé ?

VALÉRUS.

Il le sera, Léon ; de sa chute informée,
Déja gronde, murmure et s'agite l'armée ;
Quelques chefs, comme nous, suspendant leurs travaux,
Pour suivre Marcien ont quitté leurs drapeaux ;
Les soldats à regret s'éloignent de Byzance,
Et de Justinien réclament la présence ;
Mais sous le poids des ans, au milieu des soldats,
Viendra-t-il dans la Thrace affronter les combats ?

PHOCAS.

Dans les murs, hors des murs, sa ruine est certaine.
Qui pourrait arrêter le torrent qui l'entraîne ?
Contre ses flots vainqueurs débordés dans leur cours
Le bras de Bélisaire était le seul recours.

LÉON.

Privé de ce grand homme, oui, j'ose le prédire,
Si vous l'abandonnez, c'en est fait de l'empire :
Les Romains fugitifs assemblés dans nos rangs
N'attendent que leurs chefs pour vaincre leurs tyrans.
Suivez moi...

VALÉRUS.

Du héros l'ami le plus fidèle,
Marcien en secret près de lui nous appelle ;
De nos communs destins sa voix décidera,
Et nous suivrons en tout l'ordre qu'il donnera.

LÉON.

Je vous laisse avec lui : que Marcien prononce ;
Au camp de Thélésis j'attends votre réponse.

(*Il sort.*)

SCÈNE II.

MARCIEN, VALÉRUS, PHOCAS.

MARCIEN.

Amis, vous savez trop à quel ressentiment
Nous obéissons tous en ce fatal moment.
Faut-il le rappeler? ô comble de l'outrage!
Du plus grand des humains voilà donc le partage[1]!
Une prison, des fers, à celui dont le bras
A sauvé son pays, a conquis tant d'états;
Par qui le nom romain qu'un tyran déshonore
De son antique éclat resplendissait encore!
Dans notre illustre chef nous sommes outragés,
Et nous portons les fers dont ses bras sont chargés.

PHOCAS.

Brisons-les, Marcien.

MARCIEN.

Le prince des Bulgares,
Thélésis, jeune roi de ces peuples barbares
Dont le nord enfanta les belliqueux essaims
Pour affranchir la terre esclave des Romains,
Thélésis, profitant des troubles de Byzance,
Accueille notre exil, nos vœux, notre espérance,
Et, de nos fugitifs se faisant un appui,
De leur haine avec moi veut traiter aujourd'hui.

VALÉRUS.

Qui peut nous arrêter?

---

[1] Tous les vers imprimés en italique dans le cours de l'ouvrage avaient été supprimés, non par la censure, mais par la police.

MARCIEN.
                    Cette voix qui nous crie
Que nous sommes Romains, qu'il est une patrie.
        PHOCAS.
Il n'en est plus pour nous.
                    MARCIEN.
                            Ce jour nous l'apprendra ;
Connaissez mon secret ; en vain Théodora
Poursuit de Bélisaire et la femme et la fille,
J'ai soustrait à ses coups cette illustre famille,
Et là, sous des débris, aux champs de ses aïeux,
Je suis venu cacher ce dépôt précieux.
        VALÉRUS.
Antonine!... elle!... ici, dans un désert sauvage!
        MARCIEN.
Vous connaissez son cœur, sa haine, son courage :
J'en saurai diriger les utiles transports ;
Mais le secret peut seul assurer nos efforts.
J'ai besoin pour agir d'un avis salutaire
Qu'apporte de Byzance un fidèle émissaire,
Affranus que j'attends... Antonine paraît.
        VALÉRUS.
Nous ne troublerons pas un entretien secret,
Mais songe, Marcien, que nous brûlons d'apprendre
Pour servir son courroux ce qu'il faut entreprendre.
                    (*Ils sortent.*)

SCÈNE III.

MARCIEN, ANTONINE.

ANTONINE.

Eh bien! cher Marcien, du sort de mon époux
Aucun indice encor n'est venu jusqu'à nous?
Chaque instant voit s'éteindre un reste d'espérance.
On se tait, et j'entends ce funeste silence.

MARCIEN.

Je connais vos tourments, madame; votre cœur
Presse le cours du temps, si long pour la douleur.
Cette ame que l'attente inquiète et dévore
Réalise les maux qu'elle redoute encore,
Quand le présent vous livre à des malheurs certains.
Osez à l'avenir confier vos destins;
Songez qu'en ce moment pour réparer nos pertes
Il nous montre à-la-fois mille routes ouvertes;
Votre époux confondra vos cruels oppresseurs.
Sa gloire, un peuple entier, seront ses défenseurs.

ANTONINE.

Le peuple! ah! n'attends rien de sa lâche faiblesse!
Jouet des passions qui l'agitent sans cesse,
Esclave impétueux, prodiguant tour-à-tour
Ses dédains, ses respects, sa haine ou son amour;
Il adopte un héros, l'immole par caprice;
Il pressait son triomphe, il presse son supplice.
Dans de vaines clameurs exhalant son courroux,
Ce peuple a dans les fers vu traîner mon époux;
Crois-tu que, plus sensible au coup qui le menace,

Pour défendre ses jours il montre plus d'audace?
MARCIEN.
Vos ennemis, sans doute, ont pu dans le secret
Du plus noir attentat méditer le projet;
Mais pour l'exécuter ils ont trop de prudence,
Et le danger du crime en fera l'impuissance.
ANTONINE.
De Bélisaire ils ont résolu le trépas.
MARCIEN.
Ils n'oseront frapper.
ANTONINE.
Tu ne les connais pas.
Narsès peut d'un forfait balancer l'avantage;
Mais de Théodora rien n'arrête la rage,
Pour sa férocité nul instant n'est perdu,
Et le sang qu'elle espère est déja répandu.
Dès long-temps sa fureur proscrivit Bélisaire :
Du nom de mes aïeux l'éclat héréditaire
Tourmentait sa bassesse, et forçait ses regards
A s'abaisser devant la fille des Césars,
Alors que l'héritier de leur grandeur suprême
Sur un front sans pudeur plaçait le diadème.
Narsès, pendant quinze ans maître de son courroux,
Médita sa vengeance et prépara ses coups :
Ils ont osé saisir cette grande victime;
Peuvent-ils, reculant devant leur propre crime,
S'imposer, Marcien, la terreur d'un forfait
D'autant plus dangereux qu'il demeure imparfait?
MARCIEN.
De vos fiers ennemis la rage envenimée
Brave Justinien, mais redoute l'armée :

ACTE I, SCÈNE III.

Déja sa voix s'élève, et donnant le signal,
Redemande à grands cris son ancien général.

ANTONINE.

Narsès, en éloignant nos guerriers de Byzance,
Saura d'une autre gloire occuper leur vaillance,
Et dans le bruit confus de quelques vains succès
D'une clameur lointaine arrêter les progrès.
De cette indigne cour j'ai fait l'apprentissage ;
Ne plaçons notre espoir que dans notre courage ;
Près d'un trône ébranlé laissons nos oppresseurs ;
Au fond de ces forêts j'ai trouvé des vengeurs.

MARCIEN.

Hélas ! qu'attendez-vous de ces hordes bulgares ?

ANTONINE

Je crains tout des Romains ; j'attends tout des barbares.
Je conçois tes soupçons ; ils vont être éclaircis :
Tu connais, Marcien, ce jeune Thélésis,
Ce chef des nations dont l'audace conspire
Pour affranchir le monde et renverser l'empire,
Chez qui notre infortune, au fond de ces forêts,
A trouvé tant d'appui, de secours, de bienfaits :
L'amour a subjugué ce fougueux caractère ;
Il aime avec transport, ma fille a su lui plaire ;
Des feux de Thélésis que partage son cœur
Eudoxe avec effroi m'a révélé l'ardeur :
Dans ce timide aveu si cher à ma tendresse,
De nos destins nouveaux j'accepte la promesse ;
Pour sauver mon époux du ciel abandonné,
Faisons-nous un appui d'un gendre couronné.

MARCIEN.

Hé quoi, de votre rang trahissant le mystère...

ANTONINE.

Je sais qu'à Thélésis je dois encor le taire ;
Il l'apprendra d'Eudoxe en recevant sa main.

MARCIEN.

Votre époux dans les fers n'en est pas moins Romain ;
S'il refusa jadis dans les murs de Ravenne
Des mains de Vitigès la pourpre souveraine,
Pour sa fille aujourd'hui voudra-t-il accepter
Le trône où Thélésis doit la faire monter?

ANTONINE.

Je ne prends plus ici conseil que de moi-même ;
Nos malheurs sont comblés, le péril est extrême,
Et dans ce grand naufrage au moment de périr
J'accepte le secours que le sort vient m'offrir.
Thélésis, que j'attends, en ces lieux va se rendre ;
Sur ces nobles desseins j'ai promis de l'entendre.

MARCIEN.

Sans doute, dans les maux que vous semblez prévoir,
Vous avez pu, madame, embrasser un espoir
Digne dans son objet du grand cœur d'Antonine ;
Mais savez-vous le sort que le ciel vous destine?
Votre époux à nos vœux pourrait être rendu ;
Affranus, de Byzance à toute heure attendu,
D'un heureux changement que la patrie appelle
Peut-être en ce moment apporte la nouvelle ;
Je cours m'en informer.

SCÈNE IV.

ANTONINE, *seule*.

Hélas! soins superflus.
Que sert de s'aveugler? nous ne le verrons plus :
Nos prières des dieux fatiguent l'inclémence;
Sourds aux cris du malheur, aux vœux de l'innocence...

SCÈNE V.

ANTONINE, EUDOXE.

ANTONINE.
Viens, ma fille; toi seule, en ces jours de douleurs,
Me retiens à la vie et charmes mes malheurs.
Eudoxe est tout pour moi.

EUDOXE.
Nous reverrons mon père,
Les dieux m'en sont garants; il respire, et j'espère...

ANTONINE.
Qu'il en coûte, ma fille, en un commun danger,
D'affaiblir un espoir qu'on n'ose partager !
Quand ton cœur se repaît de consolants mensonges,
Mes esprits sont troublés par d'effroyables songes;
Je crois voir mon époux épuisant les revers,
Courbé dans un cachot sous le poids de ses fers;
De son sang généreux (ô spectacle funeste!)
Sur un vil échafaud je vois couler le reste.

EUDOXE

Ma mère !

ANTONINE.

C'est trop peu de gémir sur nos maux ;
Je suis l'épouse et toi la fille d'un héros :
Bravons le sort ; s'en plaindre est d'une ame commune ;
La mienne s'agrandit avec notre infortune.
Un abyme est ouvert, prêt à nous engloutir :
J'y plonge mes regards, nous pourrons en sortir.
Théodora proscrit les jours de Bélisaire,
Nous avons tout perdu, tout ; l'exil, la misère,
Telle est de nos destins la rigoureuse loi :
Et tu peux la changer...

EUDOXE.

Que dites-vous ? qui ? moi !

ANTONINE.

Eudoxe, mieux que toi j'ai su lire en ton ame ;
J'ai surpris le secret d'une innocente flamme :
Le vaillant Thélésis... (à ce nom la pudeur
Imprime sur ton front sa modeste rougeur).....
Il commande, il est roi ; sa valeur, son empire
Le rend digne du cœur où sa tendresse aspire ;
A tes seules vertus prodiguant son amour,
Sans connaître le sang où tu puisas le jour,
Il abaisse à tes pieds l'orgueil de sa couronne :
La fille d'un proscrit a pour asile un trône ;
Qu'elle y monte : à l'instant nos destins sont changés,
Nos ennemis vaincus, nos outrages vengés :
Tu rends au nom d'un père illustré par la gloire
Plus d'éclat qu'il n'en eut des mains de la victoire ;
Tu consoles ta mère, et recouvres les droits

ACTE I, SCÈNE V.

Que ma fille a puisés dans le sang de nos rois.

EUDOXE.

Quelque reproche ici que mon cœur ait à craindre,
Ce n'est pas devant vous qu'il m'est permis de feindre,
En cherchant à cacher un sentiment secret
Dont vos yeux dès long-temps ont distingué l'objet.
Je chéris Thélésis, j'en fais l'aveu sincère;
Sa valeur, ses bienfaits, son respect pour ma mère,
Cette noble fierté, ces farouches vertus,
Trésors de nos aïeux, à leurs fils inconnus;
Cette ardeur d'un héros qu'un amour pur enflamme,
Par autant de liens ont enchaîné mon ame :
Je l'aime, et vous pouvez juger de mon bonheur
Quand je trouve un appui dans votre propre cœur;
Mais, puisqu'à vos regards mon ame se déploie,
Voyez-y quels tourments se mêlent à ma joie :
Oubliant mon pays, mon père malheureux,
Puis-je écouter l'amour qui les trahit tous deux ?
Du fond de sa prison je l'entends qui me crie :
« Ma fille, sois fidèle à ta triste patrie.
« Pour elle j'ai vécu, j'ai juré de mourir;
« Ma gloire t'appartient, voudras-tu la flétrir? »

ANTONINE.

Sur quels vains souvenirs s'arrête ta pensée?
Hélas! que parles-tu d'une gloire passée?
Vois quel en est le prix au fond de ces déserts;
Ta mère est dans l'exil, ton père est dans les fers;
Théodora l'accuse, et sa fureur apprête
Le théâtre sanglant où doit tomber sa tête :
Voilà quel est son sort, et quel est l'avenir
Qu'Eudoxe dans ce jour tremble de prévenir.

10.

EUDOXE.

Ma mère, lisez mieux dans ce cœur qui vous aime,
Qui brûle d'obéir...

ANTONINE.
C'est Thélésis lui-même.

SCÈNE VI.

LES MÊMES, THÉLÉSIS.

THÉLÉSIS.

Les enfants de la guerre ont suivi mes drapeaux ;
La victoire par-tout couronne leurs travaux,
Et fidèle à ma voix, dans sa course certaine,
Aux rives du Bosphore atteint l'aigle romaine.
Un seul combat encore, et ce peuple odieux,
Qui proscrit ses héros, qui proscrivit ses dieux,
Aura vu s'écrouler sa funeste puissance ;
Tout présage la fin de cet empire immense ;
Sans force, sans appui, de son poids accablé,
Jusqu'en ses fondements ce colosse ébranlé
Va bientôt, chancelant sur sa base profonde,
Du fracas de sa chute épouvanter le monde.
Cette vaste espérance où se livre un vainqueur,
Seule ne suffit pas au besoin de mon cœur,
Et l'amour, dont un Scythe ignore le langage,
A de plus douces lois asservit mon courage ;
Eudoxe, que le ciel a promise à mes feux,
Me dispute à la gloire et partage mes vœux ;
Je l'aime, je la vois, c'est assez la connaître :
Je ne m'informe point du sang qui l'a fait naître ;....

ACTE I, SCÈNE VI.

La candeur, la beauté, qui décident mon choix.
Chez les enfants d'Odin sont les premiers des droits.

ANTONINE.

Thélésis d'un héros porte l'illustre marque ;
J'admire le guerrier, j'honore le monarque ;
Mais de quelque splendeur que brille un pareil rang,
Il peut s'accroître encor de l'éclat de mon sang.
De la race des rois la plus haute origine
Peut s'allier sans honte à celle d'Antonine ;
Et si je tais un nom que je cache à regret,
N'imputez qu'au devoir ce pénible secret.

THÉLÉSIS.

Ce mystère n'a rien qui m'offense, madame,
Et je ne veux ici lire que dans son ame ;
Je vous ouvre la mienne, Eudoxe est tout pour moi ;
D'un sentiment nouveau, qui m'impose la loi,
J'expose à vos regards toute la violence ;
Jusqu'ici, de l'amour dédaignant la puissance,
Je n'ai connu d'ardeur que celle des combats ;
J'ai cherché des périls, j'ai soumis des états ;
De déserts en déserts j'ai poursuivi la gloire ;
Et sur les pas d'un père instruit à la victoire,
Héritier de son trône et de ses grands desseins,
J'ai juré d'achever la perte des Romains :
Je n'interroge pas votre illustre infortune,
Mais contre eux, je le sais, notre haine est commune ;
Et pour garant d'un bien à mon espoir promis
Le ciel nous a donné les mêmes ennemis.
Victimes du tyran qui règne dans Byzance,
Des maux qu'il vous a faits, je nourris ma vengeance,
Et du nord soulevé les peuples en courroux

Ainsi que Thélésis, vont combattre pour vous :
C'est à vous, belle Eudoxe, à vous qui dans mon ame,
Allumez d'un regard une nouvelle flamme ;
A vous que j'idolâtre, à qui j'offre en ce jour
Les vœux mal exprimés d'un indomptable amour ;
C'est à vous, d'un seul mot, sous les yeux d'une mère,
D'avouer les serments qu'à vos pieds je viens faire.

EUDOXE.

Quand je songe à l'espoir que vous m'avez rendu,
Quel retour à mon cœur peut-être défendu ?
Une mère, seigneur, objet de ma tendresse,
De ce qu'elle vous doit en me parlant sans cesse,
Et de votre valeur retraçant les hauts faits,
M'enhardit à compter sur de nouveaux bienfaits :
Près d'elle chaque jour j'apprends à vous connaître ;
Tant d'éclat, de vertus, qu'en vous on voit paraître,
Ces exploits d'un héros, ce renom d'équité,
De vos ennemis même en tout temps respecté,
Tout justifie en vous sa noble confiance ;
Tout me fait un devoir de la reconnaissance :
Et s'il était encor des sentiments plus doux,
Je l'avouerai, seigneur, je les prendrais pour vous.
Mais lorsque vous régnez sur mon ame attendrie,
Telle est notre infortune, un père, une patrie,
Prescrivent à mon cœur un devoir rigoureux ;
Je crains de disposer de mes destins sans eux.

THÉLÉSIS.

Vous n'éloignerez point le bonheur que j'espère ;
L'aveu de votre cœur, celui de votre mère,
Sont ici mes garants, mes titres et mes droits ;
Je ne reconnais plus, Eudoxe, d'autres lois :

ACTE I, SCÈNE VI.

Nos ames désormais l'une à l'autre enchaînées,
C'est à moi de régler vos belles destinées,
Et de presser le jour où mes heureux sujets
Pourront sous la couronne admirer vos attraits.
Les soins que mon armée en ce moment réclame
M'éloignent de ces lieux, où je reviens, madame,
Abjurant des délais que je ne connais plus,
Attester des serments que vous avez reçus.
(Il sort.)

SCÈNE VII.

EUDOXE, ANTONINE.

ANTONINE.
Oui, ma fille, je dois prescrire à ta tendresse
L'heureux engagement de remplir ma promesse,
De céder à ton cœur, de combler son espoir;
Le vœu de ton amour est encore un devoir.

EUDOXE.
Trop de charme se mêle à mon obéissance;
Et peut-être...

SCÈNE VIII.

LES MÊMES, MARCIEN.

MARCIEN.
Affranus arrive de Byzance;
Bélisaire, madame, à nos vœux est rendu!

EUDOXE.
O bonheur!

ANTONINE.
Se peut-il?... ai-je bien entendu?
MARCIEN.
L'empereur dans la Thrace a rejoint son armée;
Théodora gouverne; et la ville alarmée
Qui connaît sa fureur, sa haine et ses complots,
S'indignait en songeant aux dangers du héros :
On apprend que Darès, le ministre fidèle
Des ordres clandestins d'une femme cruelle,
Est commis à sa garde, et qu'en ce même jour
Près de son prisonnier il se rend à la tour.
Le peuple en est instruit; il s'inquiète, il tremble :
Déjà de tous côtés on s'agite, on s'assemble,
La foule se grossit; l'accent de la fureur
Jusque dans le palais a porté la terreur :
Cédant à son effroi la fille d'Anistère
De la tour en secret fait sortir Bélisaire;
Il est libre, madame, et vous ne doutez pas
Qu'instruit de votre asile il n'y porte ses pas.

ANTONINE.
Courons vers Affranus, dans mon bonheur extrême
Je veux, cher Marcien, l'interroger moi-même.

FIN DU PREMIER ACTE.

ACTE SECOND.

SCÈNE I.

BÉLISAIRE, AVEUGLE; UN ENFANT (*qui le conduit*).

BÉLISAIRE.

Au milieu des rochers, et près d'un bois épais
Ne découvres-tu pas les débris d'un palais?
L'ENFANT.
Nous avons descendu la pente des collines,
Et déja nous marchons au milieu des ruines;
Un château dont le temps à détruit les remparts,
Au bord d'une forêt se présente aux regards.
BÉLISAIRE.
C'est ici!... je m'arrête en ce lieu solitaire.
Toi, généreux enfant, mon guide tutélaire,
Pénètre en ce séjour, et ramène vers moi
Celui qui le premier s'offrira devant toi.

(*L'enfant sort.*)

SCÈNE II.

BÉLISAIRE, *seul*.

Où suis-je? Dieu puissant! quel destin effroyable!
D'injustice et de haine objet épouvantable!
Ma fille, mon épouse!... en m'approchant de vous...

Je frémis de terreur à l'espoir le plus doux!...
Première œuvre de Dieu, pure et noble lumière,
Vers ta source brillante en vain de ma paupière
Je souléve en pleurant le voile ensanglanté :
Mes yeux sont pour jamais fermés à ta clarté!...
Sous les feux du soleil, Dieu! quelle nuit profonde!...
Banni de la nature, à jamais seul au monde,
Vivant, j'ai vu du jour s'éteindre le flambeau :
Je ne suis plus qu'un spectre errant sur un tombeau !
Ingrat Justinien, despote sanguinaire,
Qui du haut de ton trône insultes Bélisaire,
Des maux que tu m'as faits tu ne jouiras pas!
La terreur, les remords attachés à tes pas
Te saisissent déja, te poussent vers l'abyme
Où le tyran bientôt rejoindra la victime :
De cent rois ennemis sur ces bords attirés
Ma voix peut exciter les efforts conjurés,
Je puis livrer Byzance à leur haine farouche...
Malheureux, quel blasphème est sorti de ta bouche!...
Pardonne, ô mon pays, pardonne, Dieu clément,
Ce parricide vœu que tout mon cœur dément.
Tu gémis sur tes maux... songe, songe à Carthage [1]*,*
De Gélimer vaincu contemple le courage.
Sur ce mont Pasuca qu'illustrent ses revers,
A ses royales mains j'ose donner des fers,
Il perd avec son trône une épouse chérie :
Il lui reste sa lyre, il chante sa patrie :
Son front sans diadème en a plus de splendeur,
Et sa chute sublime atteste sa grandeur.

[1] R. P. L. P.

SCÈNE III.

BÉLISAIRE, MARCIEN, L'ENFANT.

L'ENFANT, *à Marcien.*

Secourez un soldat privé de la lumière.

MARCIEN.

Ce soldat, quel est-il?

BÉLISAIRE.

Ton ami.

MARCIEN, *avec un cri d'effroi.*

Bélisaire!

BÉLISAIRE.

Lui-même.

MARCIEN, *approchant.*

Quel forfait!

BÉLISAIRE.

Approche... sur mon cœur.

MARCIEN.

Je n'en puis donc douter; cet horrible malheur...

BÉLISAIRE.

Ami, je le supporte, imite ma constance,
Et songe que la plainte irrite ma souffrance;
Qu'en toi seul j'ai recours, et que de ton appui
Antonine et ma fille ont besoin aujourd'hui.

MARCIEN.

Qu'elles sont loin de croire à ce malheur extrême!

BÉLISAIRE.

Où sont-elles, dis-moi, dans quels lieux?...

MARCIEN.

         Ici même :
En ce moment encor, leur vertueux amour
Par les plus tendres vœux pressait votre retour;
De cet espoir si cher je partageais les charmes;
Que ce jour desiré va leur coûter de larmes!
Hélas! en vous voyant comment les retenir?
Comment sonder l'horreur d'un affreux souvenir?

BÉLISAIRE.

Je puis le rappeler en ta seule présence :
A peine l'empereur avait quitté Bysance
La révolte déja marchait le front levé :
Au bruit de mes périls, le peuple soulevé,
En invoquant mon nom, avec des cris de rage,
Jusqu'aux murs du palais s'est ouvert un passage;
Je désavoue en vain de criminels efforts.
Rien ne peut de la foule arrêter les transports :
Théodora commande; un peuple téméraire
Lui répond par ce cri : Rendez-nous Bélisaire!
Bélisaire!... et ce nom désormais si fatal
Du plus affreux tumulte a donné le signal.
On s'arme, et de la garde affrontant les cohortes,
Le peuple de la tour allait briser les portes;
La fille d'Anistère, en cette extrémité,
Prend le ciel à témoin, promet ma liberté.
« Je jure, a-t-elle dit, qu'au lever de l'aurore
« Byzance reverra le guerrier qu'elle adore : »
Tout cède à cet espoir, et le calme le suit.
Mais le crime veillait; et, tandis que la nuit
Autour de ma prison étend ses voiles sombres,
Dont mes regards jamais ne perceront les ombres,

Un bruit sinistre et sourd a troublé mon repos :
Marcien, je m'éveille au milieu des bourreaux ;
Darès, d'un fer brûlant sillonnant ma paupière,
Dans mes yeux desséchés a tari la lumière ;
Je frappe en vain les airs de cris qu'on n'entend pas ;
Loin des murs de Byzance ils conduisent mes pas,
Et, délaissé par eux, sur la terre où nous sommes
Ils me livrent, aveugle, à la pitié des hommes.

MARCIEN.

A ce cruel récit, dans mon cœur oppressé
D'épouvante et d'horreur tout mon sang s'est glacé ;
L'excès de l'injustice a révolté mon ame.

BÉLISAIRE.

Marcien, je rends grace au zéle qui t'enflamme.
Dans l'état où je suis, quel autre mieux que moi
Pourrait sentir le prix d'un ami tel que toi?
J'en ai déja reçu la preuve la plus tendre ;
Je te dois le seul bien où je puisse prétendre :
Par tes soins généreux, au fond de ces déserts,
Je retrouve en ce jour tous ceux qui me sont chers ;
Mais ce bonheur cruel, mêlé de tant d'alarmes,
A des objets chéris va coûter bien des larmes.
Préparons par degrés leur cœur à supporter
Le coup trop violent qu'il ne peut éviter :
Va, préviens Antonine : instruite avec prudence,
Qu'elle-même à ma fille annonce ma présence.

(*Marcien sort.*)

SCÈNE IV.

BÉLISAIRE, *seul.*

Mon épouse, ma fille, objets de tous mes vœux,
Je vais donc vous revoir!.. les revoir, malheureux!...
Ce mot exprime seul le tourment qui m'accable.
Autour de moi la nuit, la nuit irrévocable...
Non, non, j'en puis encor percer l'obscurité;
Les autres sens et l'ame ont aussi leur clarté.
Je ne succombe point sous le Dieu qui m'opprime:
Il aime à contempler cette lutte sublime
De l'extrême vertu dans l'extrême malheur.
Il soutient mon courage, il ranime mon cœur.

SCÈNE V.

BÉLISAIRE, MARCIEN, ANTONINE, EUDOXE.

ANTONINE, *cherchant à retenir sa fille.*
Eudoxe!

EUDOXE, *s'échappant des bras de sa mère.*
Laissez-moi, je sais tout!... ô mon père!...
Mon père!..

ANTONINE.
Cher époux!

EUDOXE.
Quoi! se peut-il?.. ma mère!..

BÉLISAIRE.
Calme-toi, mon enfant.

ACTE II, SCÈNE V.

MARCIEN.
Spectacle de douleurs!

ANTONINE.
La foudre m'a frappée.

EUDOXE.
A vos pieds je me meurs!

BÉLISAIRE, *pressant sa femme dans ses bras, tandis que sa fille embrasse ses genoux.*

Je vous retrouve enfin, ô bonheur! ô délice!
Mais je ne puis vous voir!... effroyable supplice.
Chère Eudoxe, Antonine, en ces cruels moments
Je ne vous reconnais qu'à vos gémissements.
Ranimez près de vous mon ame toute entière;
Parlez, et votre voix me rendra la lumière.

ANTONINE.
Votre fille en pleurant embrasse vos genoux.

BÉLISAIRE, *la relevant et la pressant sur son cœur.*
Viens... plus près... mon Eudoxe!

MARCIEN, *à part.*
O malheureux époux!

EUDOXE.
Quelle source, grand Dieu, d'éternelles alarmes!
Je succombe à vos maux... j'expire dans les larmes...
J'invoque en vain le ciel... mes vœux sont superflus.
Ah! j'abhorre ce jour que vous ne voyez plus.

BÉLISAIRE.
Modère un désespoir où ton ame s'abyme;
Payons à la douleur un tribut légitime;
Gémissons sur nos maux, mais par de vains transports
N'épuisons pas notre ame en pénibles efforts.

ANTONINE.[1]

« Monstres cruels! eh quoi! voilà sa récompense,
« Le fruit de ses travaux, le prix de sa vaillance,
« Des combats où cent fois nous l'avons vu courir!

BÉLISAIRE.

« C'est en servant l'état que j'aurais dû mourir.

EUDOXE.

« Sur votre cœur encor votre fille se presse.

ANTONINE.

« Quelle rage, grand Dieu! quelle horrible bassesse!
« Du vertueux Justin, indigne successeur,
« Lâche Justinien...

BÉLISAIRE.

Épargnez l'empereur:
« Il n'a point commandé ce forfait détestable.

ANTONINE.

« Des crimes qu'il permet un monarque est coupable.
« Lorsqu'il prêtait l'oreille à nos vils ennemis,
« N'a-t-il pas avoué tous ceux qu'ils ont commis?
« Il n'a point ordonné cette affreuse injustice!
« Mais de Théodora n'est-il pas le complice?
« Mais en d'indignes mains il remit son pouvoir.
« Il doit compte aujourd'hui des maux qu'il dut prévoir. »

BÉLISAIRE.

Le soupçon fut injuste, il ne dut pas le croire;
Il a changé mon sort sans atteindre ma gloire;
Ma gloire fut d'aimer et de servir l'état,
Et l'on doit tout encore à son pays ingrat.

---

[1] Ces vers d'abord retranchés par la police avaient été rétablis à la demande réitérée des censeurs.

ACTE II, SCÈNE V.

ANTONINE.

Le courage n'est point dans cet effort sublime,
Non, la vertu connaît un courroux légitime.

BÉLISAIRE.

Justinien, trente ans, m'a comblé de bienfaits.

ANTONINE, *avec indignation.*

De sa reconnaissance adorons les effets!

BÉLISAIRE.

Nos ennemis n'ont point consommé ma ruine.
Il me reste un ami, je suis près d'Antonine :
Ma fille, sur mes mains je sens couler tes pleurs,
Je puis porter ma peine et non point vos douleurs.

EUDOXE.

Ah! par combien de soins mon active tendresse
Saura calmer vos maux, charmer votre tristesse!
Du destin rigoureux l'arrêt ne peut changer,
Je saurai l'adoucir...

ANTONINE.

Nous saurons vous venger.

MARCIEN.

Par des signes certains la colère céleste
Contre vos oppresseurs déja se manifeste;
Sur la foi de Narsès, jusqu'en ces régions,
Justinien conduit ses faibles légions.
Il approche...

BÉLISAIRE.

Je sais qu'il marche à sa défaite,
Que l'ennemi s'apprête à fermer sa retraite,
Que le piége est ouvert sous ses pas incertains;
Mais je sais que César commande à des Romains.

ANTONINE.

A des Romains!... Eudoxe, à ton malheureux père.
Je dois seule en ces lieux révéler un mystère
D'où dépend notre sort en ces tristes climats :
Laisse-nous... Marcien, accompagnez ses pas.

SCÈNE VI.

ANTONINE, BÉLISAIRE.

ANTONINE.

Bélisaire, j'oublie un moment mes alarmes ;
Je suspends mes douleurs, et fais trêve à mes larmes ;
Victime des fureurs d'un monstre couronné,
A la nuit, à l'oubli, vous êtes condamné.
Épouse, fille, ami, du coup qui nous rassemble
Frappés en même temps, nous périssions ensemble ;
Pour adoucir nos maux et changer les destins,
Les dieux ont suscité l'ennemi des Romains :
Du jeune Thélésis votre fille est chérie ;
Il ignore le sang dont elle tient la vie :
Satisfait d'être aimé, sur son trône aujourd'hui
Son amour généreux l'appelle auprès de lui :
En connaissant par vous cet objet qu'il adore,
Jugez de quelle ardeur ses feux croîtront encore ;
Jugez de quels serments il s'impose la loi...
Qu'il meure, le tyran !

BÉLISAIRE.

Qu'il vive ! il est mon roi.

ANTONINE.

Je ne le connais plus, après un tel outrage :

ACTE II, SCÈNE VI.

Le malheur m'affranchit du plus lâche esclavage,
Et j'ai payé trop cher le droit de le haïr.

BÉLISAIRE.

Je puis ne plus l'aimer, mais non pas le trahir.

ANTONINE.

Le trahir! est-ce vous dont la rage envieuse
Forma contre sa gloire une trame odieuse?
Est-ce vous qui, pour prix de trente ans de bienfaits,
Avez payé ses soins du plus noir des forfaits?
Est-ce donc vous enfin dont la main meurtrière
Pour jamais dans ses yeux éteignit la lumière.

BÉLISAIRE.

Chère Antonine, hélas! que me proposez-vous?
Qu'à ma fille, qui? moi! je donne pour époux
Un Bulgare, un des chefs de ces hordes sauvages
Qui sur l'empire en deuil promènent les ravages;
Le fils d'un de ces rois que mon bras a vaincus?
Je connais Thélésis, j'estime ses vertus,
Mais jamais l'ennemi de Rome et de Byzance
Ne peut de Bélisaire obtenir l'alliance.

ANTONINE.

Quel étrange langage! Au fond de ces déserts
Sur des bords étrangers quand nous traînons nos fers,
Quand les fils d'Attila règnent au bord du Tibre,
S'il me souvient encor qu'il fut un peuple libre,
Et vers le capitole en reportant mes yeux,
Si j'ose interroger nos illustres aïeux:
Elles me répondront, ces ombres magnanimes:
« Des tyrans, les Romains savaient punir les crimes;
« Leur noble ambition, qui ne put s'assouvir,
« Aspirait à régner et non pas à servir. »

11.

BÉLISAIRE.

Il est d'autres leçons, Antonine l'oublie ;
J'appris des vieux Romains à chérir ma patrie,
A lui sacrifier tous mes ressentiments,
A respecter les lois, à garder mes serments ;
C'est à ces grands devoirs que ma haine s'immole ;
Laissez-moi ma vertu, qui seule me console :
Pour réparer l'erreur dont gémit un soldat,
Faut-il saper le trône et renverser l'état?
Quand de mon innocence échappée à leur rage
J'ai sur mes ennemis l'immortel avantage,
Veut-on que, par un crime excusant leurs forfaits,
Je mérite les maux que leur haine m'a faits?

ANTONINE.

Quoi ! vous ne voulez pas que par un juste échange...

BÉLISAIRE.

Je veux que l'on me plaigne, et non pas qu'on me venge ;
Je veux que l'avenir, instruit de mes malheurs,
S'élève tout entier contre mes oppresseurs ;
A nos derniers neveux en exposant ma vie,
Qu'on y lise par-tout : Il aima sa patrie.

ANTONINE.

Des hommes et des Dieux également trahis,
La terre de l'exil, voilà notre pays :
La patrie est pour nous aux lieux où la puissance
Accueille nos malheurs et sert notre vengeance ;
Où la gloire et l'amour par des liens nouveaux,
Pour changer l'univers, vont unir deux héros ;
Où de celui qu'elle aime obtenant la couronne...

BÉLISAIRE.

Ma fille de mes mains put obtenir un trône :

Si j'ai dû refuser ce prix de mes exploits,
L'honneur qui me parlait a-t-il une autre voix?
Pour ma fille, pour vous, demandez-moi ma vie :
Je suis prêt à la mort, jamais à l'infamie.
ANTONINE.
Moi qui ne connais plus, en des malheurs si grands,
Que l'humaine vertu de haïr les tyrans,
De venger mon époux, de protéger ma fille,
De la soustraire au bras qui poursuit ma famille;
Moi qui n'embrasse pas le chimérique honneur
De bénir l'assassin qui me perce le cœur,
Je m'arme contre vous, dans ce péril extrême,
De mes droits, de nos pleurs, de notre malheur même ;
J'appelle des vengeurs, j'implore Thélésis ;
Je l'adopte pour roi, je l'adopte pour fils;
Au milieu de son camp je choisis ma patrie,
J'excite ses guerriers, je guide leur furie :
Et bientôt leur victoire expiant nos revers,
Par un terrible exemple instruira l'univers.
BÉLISAIRE.
Je ne souscrirai point à ce projet coupable :
Mon ame est inflexible.
ANTONINE.
Et la mienne implacable.
Fidèle à Thélésis, Antonine aujourd'hui
Va serrer le lien qui nous unit à lui.
BÉLISAIRE.
Si tels sont vos desseins, que tardez-vous encore?
Pour former sans obstacle un lien que j'abhorre,
De ces lieux à l'instant chassez-moi sans pitié;
Du seul bien que Narsès ne m'a point envié

Privez-moi sans retour; et, comblant ma misère,
Repoussez loin de vous le triste Bélisaire.
Antonine, je pars... vous n'avez plus d'époux.
Qu'on me rende mon guide...

              ANTONINE.

                            O ciel, que dites-vous?
Est-ce à moi que s'adresse un reproche barbare!
Reconnaissez l'erreur où votre esprit s'égare,
Et pardonnez l'espoir que mon cœur alarmé
Pour Eudoxe, pour vous, en ce jour a formé.
Je puis braver l'opprobre, endurer la misère,
Mais la nature aussi parle au cœur d'une mère;
Elle peut condamner un devoir criminel.
Venez la consulter sous le toit paternel,
Et sourd à cette voix, près de votre famille,
Dictez, si vous l'osez, l'arrêt de votre fille.

FIN DU SECOND ACTE.

ACTE TROISIÈME.

SCÈNE I.

THÉLÉSIS, LÉON, GARDES DE THÉLÉSIS.

THÉLÉSIS.

La fortune sourit à mes hardis desseins,
Et prépare le piége où j'attends les Romains :
En fuyant devant eux de contrée en contrée,
De ces vastes déserts je leur livre l'entrée.
Ces vainqueurs d'un moment, triomphant sans combats,
Jusqu'au fond de la Thrace osent suivre mes pas ;
Qu'ils apprennent enfin quel sort je leur destine :
Devant eux est la mort, derrière eux la ruine ;
Qu'ils choisissent : ou fuir, et leurs fers sont tout prêts ;
Ou conquérir leur tombe au fond de ces marais.
Une seule bataille, à laquelle j'aspire,
Va décider enfin la chute de l'empire.

LÉON.

Qu'il périsse l'état dont le chef oppresseur
Abandonne aux méchants son noble défenseur !

THÉLÉSIS.

Celui qui de mon père arrêta la fortune,
Qui fatigua mon cœur de sa gloire importune,
Et dont la renommée a rempli l'univers,
Dans Byzance gémit sous le poids de ses fers.
Je fus son prisonnier sur les rives de l'Èbre ;
Et peut-être bientôt à ce guerrier célèbre

Pourrai-je, en imitant sa générosité,
Rendre à mon tour l'honneur avec la liberté!
Bélisaire proscrit, ma victoire est certaine:
Avec lui va finir la majesté romaine.

LÉON.

Les transfuges romains, de tous côtés épars,
Accourent à l'envi sous vos fiers étendards.

THÉLÉSIS.

Rassemblée à ta voix leur troupe auxiliaire
Du Rhodope à l'Hémus fermera la barrière;
Et lorsque l'ennemi, s'avançant au trépas,
Dans ces longs défilés aura porté ses pas,
Qu'ils descendent des monts, et resserrent l'espace
Où d'un dernier combat je lui laisse la place.
De l'enceinte de fer où j'enferme Narsès,
Ce guerrier courtisan ne sortira jamais;
Et la victoire même, espoir de l'imprudence,
Ne saurait lui rouvrir la route de Byzance.
D'une ligue terrible instrument et soutien,
De cent peuples divers j'ai formé le lien:
Les nations du Nord, phalanges intrépides,
Les Bulgares, les Huns, les Goths, et les Gépides,
Contre nos ennemis marchent de toutes parts;
Et, présentant par-tout la mort à leurs regards,
S'attachent sans relâche à leurs traces sanglantes.
Vers le Bosphore en vain les légions tremblantes
Conquièrent le chemin qu'elles veulent s'ouvrir;
Pour elles désormais vaincre est encor mourir.

LÉON.

Narsès, qui d'un retard sait tout ce qu'il doit craindre,
Au combat dès ce jour peut vouloir vous contraindre.

Et je crains...
THÉLÉSIS.
Totila marche au-devant de lui;
Sur le revers des monts il l'attaque aujourd'hui.
LÉON.
Mais César accouru des champs de la Mésie,
Et s'avançant, suivi d'une troupe choisie,
De votre propre armée a débordé le flanc;
Du haut de ces rochers on découvre son camp.
THÉLÉSIS.
Dans une heure j'y vole, et si l'on me seconde,
Une nuit, un combat, changent le sort du monde.
Rassemble sans tarder ces guerriers malheureux
Qui, de la liberté défenseurs généreux,
Et du grand Bélisaire embrassant la querelle,
Désertent leur patrie à sa gloire infidéle.
Que leur troupe se joigne à ces braves Gaulois
Qui composent ma garde et marchent à ta voix.
Dis-leur que, pour former une plus forte chaîne,
Dès ce jour Thélésis épouse une Romaine,
Et qu'Eudoxe, élevée au trône qui l'attend,
De mes bienfaits pour eux est le gage éclatant.
LÉON.
Je desire, seigneur, cette noble alliance;
Mais craignez d'y placer trop tôt votre espérance;
Vous ignorez encor quelle sévère loi
Impose à son amour...
THÉLÉSIS.
Je sais qu'elle est à moi...
Sa mère vient... au camp hâte-toi de te rendre.
(Léon sort.)

SCÈNE II.

ANTONINE, BÉLISAIRE, THÉLÉSIS.

(*Antonine arrive la première, Bélisaire vient ensuite:
Bélisaire reste sur le second plan.*)

THÉLÉSIS (*sans voir Bélisaire.*)
Madame, il en est temps, il faut, sans plus attendre,
Quitter une retraite où mes soins inquiets
Veilleraient de trop loin sur d'aussi chers objets :
Hâtez-vous de chercher un abri sous mes tentes ;
C'est là que le destin, par des faveurs constantes
Signalant son pouvoir et réparant vos maux,
Doit d'un hymen auguste allumer les flambeaux.

ANTONINE.
Seigneur...

THÉLÉSIS.
   Mon camp docile à ma voix souveraine
S'apprête à reconnaître Eudoxe pour sa reine.
Vous vous taisez...

ANTONINE.
  Je dois...

THÉLÉSIS.
    Ces vœux irrésolus
Semblent me faire craindre un indigne refus.

ANTONINE.
Attendez tout, seigneur, de ma reconnaissance :
Cet hymen glorieux faisait mon espérance ;
Mais, contrainte...

ACTE III, SCÈNE II.

THÉLÉSIS.

D'où naît ce trouble, cet effroi?
A mes vœux aujourd'hui qui peut s'opposer?

BÉLISAIRE.

Moi!

THÉLÉSIS.

Quel est cet étranger? quel est ce téméraire?

BÉLISAIRE.

Un soldat comme vous.

THÉLÉSIS.

Et ton nom?

BÉLISAIRE.

Bélisaire.

THÉLÉSIS.

Est-il vrai! grands dieux!

ANTONINE.

Oui: vous voyez devant vous
Le vainqueur des héros, un proscrit, mon époux.
A ses rares vertus l'univers rend hommage,
Et César dans Byzance a payé son courage...
Je vous laisse le soin de modérer l'ardeur
De sa reconnaissance envers son bienfaiteur.
C'est à vous d'obtenir de ce cœur inflexible,
Qu'à l'excès de nos maux il se montre sensible.

(*Elle sort.*)

SCÈNE III.

THÉLÉSIS, BÉLISAIRE.

THÉLÉSIS.

Bélisaire, est-ce toi? la pitié, le respect,
La terreur ont glacé mes sens à ton aspect.
Je n'en crois point mes yeux; la nature offensée
D'un pareil attentat repousse la pensée.
C'est toi qu'ils ont proscrit; sans espoir, sans retour,
C'est toi qu'ils ont privé de la clarté du jour!

BÉLISAIRE.

Dans ce triste tableau que Thélésis contemple
De l'équité des cours un mémorable exemple;
Que mon malheur signale à ses yeux étonnés
Les hommes dont les rois marchent environnés.

THÉLÉSIS.

Depuis que la victoire, à mes drapeaux fidèle,
M'avait de ta disgrace apporté la nouvelle,
Je pouvais m'applaudir de l'indigne repos
Où de vils ennemis condamnaient un héros;
Mais, quelque ingrats enfin que je dusse les croire,
Pouvais-je supposer une action si noire?

BÉLISAIRE.

Dès long-temps détrompé des humaines vertus,
Le crime m'épouvante et ne m'étonne plus.

THÉLÉSIS.

De tant de mouvements où mon ame est en proie,
S'échappe, je l'avoue, une secrète joie,
En songeant au bienfait de cette liberté

ACTE III, SCÈNE III.

Que jadis m'imposa ta générosité.
Mon cœur en ses desseins, qu'agrandit ta présence,
Mesure ton malheur et ma reconnaissance ;
Écoute, Bélisaire, et contemple avec moi
Le nouvel avenir qui s'ouvre devant toi :
Les Romains affectaient l'orgueil d'un double empire ;
Mais déjà l'un n'est plus, et bientôt l'autre expire.
Les Césars d'Orient tremblent dans leurs palais ;
Ce n'est plus qu'à prix d'or qu'ils achètent la paix ;
Et si Justinien du trône qui l'accable
Retarda quelque temps la chute inévitable,
Succombant sous la main du sort qui l'asservit,
Il s'agite sans force, à sa gloire il survit ;
A sa gloire : que dis-je ? elle n'est que la tienne ;
Et des âges futurs quelque nom qu'il obtienne,
C'est de toi, qu'empruntant sa funeste clarté,
Il attend désormais son immortalité.

BÉLISAIRE.

Il attend de lui seul, cette gloire durable,
Dont seul il a posé la base inébranlable ;
Les ans ont affaibli le grand Justinien,
Mais dans sa renommée il conserve un soutien,
Et ce beau monument qu'éleva sa jeunesse (1).
D'un abri glorieux protège sa vieillesse ;
On y contemple encor ce roi des nations
Dont la main imposa le joug aux factions,
Éteignit la fureur des guerres intestines,
De l'état dispersé rassembla les ruines ;
Qui d'un encens plus pur honorant les autels,

' R. P. L. P.

Releva du vrai Dieu les temples immortels,
Ressaisit à-la-fois le sceptre des deux Romes;
Dont la seule parole enfanta de grands hommes,
Et de qui la sagesse expiant nos exploits,
Aux siècles à venir ira donner des lois.

THÉLÉSIS.

Je ne le juge point: j'abandonne à l'histoire
Le soin d'apprécier les travaux et la gloire
D'un prince faux, cruel, nourri loin des combats,
Illustre par ton nom et vainqueur par ton bras.
Qu'importe ce qu'il fut, quand il a cessé d'être;
S'il gouverna la terre, il n'en est plus le maître;
De nos antres glacés franchissant les remparts,
C'est à nous qu'appartient l'empire des Césars :
Tout change au gré du sort, et sa faveur nouvelle
Au partage du monde aujourd'hui nous appelle;
Tes vertus, tes malheurs, et sur-tout tes exploits,
A ce grand héritage ont assuré tes droits;
Ose les réclamer, et sur ton front moi-même
J'attache dès ce jour le sacré diadème.

BÉLISAIRE.

Mes yeux s'ouvriront-ils sous le royal bandeau?
Et parle-t-on d'un trône à qui cherche un tombeau?
Mais laissons mes malheurs; je leur dispute encore
La gloire d'un refus dont ma vertu s'honore :
La tienne en ce moment est de me présenter
Un appui généreux que je dois rejeter,
En te désabusant sur ce rêve de gloire
Qui t'offre l'univers pour prix d'une victoire.
Tu crois l'empire éteint, il n'est que languissant;
Sous de noires vapeurs ce flambeau pâlissant,

ACTE III, SCÈNE III.

Au souffle d'un héros recouvrant sa lumière,
Peut resplendir encor de sa clarté première.
Bélisaire n'est plus; mais Marcien, Hermès,
Phocas, Mundus, Tibère, et ce même Narsès,
Dont j'accuse l'honneur et non pas le génie,
Se disputent l'espoir de sauver la patrie :
Les valeureux Gaulois, les Francs et les Germains,
Bientôt vont accourir au secours des Romains,
Ces peuples de César embrassent la querelle.

THÉLÉSIS.

Jamais prince vaincu n'eut d'allié fidéle.

BÉLISAIRE.

Le temps doit arriver où cet état vieilli,
Par la corruption, par le crime assailli,
De ces torrents du nord éprouvant le ravage,
Perdra jusqu'à son nom dans ce vaste naufrage;
Mais, Thélésis, ce temps n'est pas encore venu.

THÉLESIS.

De nos premiers efforts le prix est obtenu :
L'Italie est à nous, et le ciel nous seconde.

BÉLISAIRE.

Rome esclave est encor la maîtresse du monde.

THÉLÉSIS.

Byzance va bientôt revoir mes étendards.

BÉLISAIRE.

Tu trouveras Narsès au pied de ses remparts.

THÉLESIS.

Je n'irai pas si loin ; en ce moment, peut-être
La victoire ou la mort te venge de ce traître.
Sois mon guide; unissons nos efforts conjurés.

BÉLISAIRE.

Nos drapeaux malheureux n'en sont que plus sacrés :
Quand la patrie en pleurs de deuil les environne,
Éternelle infamie à qui les abandonne !

THÉLÉSIS.

Je ne te presse plus ; jusque dans son erreur
J'admire en le plaignant cet élan d'un grand cœur ;
Et de mon seul amour que l'on t'a fait connaître,
Je demande le prix ; tu me le dois peut-être :
Ta fille dans ce jour a reçu mes serments ;
J'en suis aimé : je l'aime, et nos engagements
Ont pour garants son cœur et le vœu de sa mère.

BÉLISAIRE.

Cet hymen n'aura point l'aveu de Bélisaire ;
J'épargne à Thélésis des discours superflus,
Il m'estimait assez pour prévoir mon refus.

THÉLÉSIS.

Il eût pu m'offenser, quand, rivaux de puissance,
La victoire entre nous effaçait la distance.

BÉLISAIRE.

Elle sépare encor, quel que soit mon destin,
D'un monarque bulgare un général romain.

THÉLÉSIS.

A Gélimer crois-tu que ce discours s'adresse ?

BÉLISAIRE.

Non, c'est à Thélésis.

THÉLÉSIS.

               Tant de fierté me blesse :
Romain, de ton langage abaisse la hauteur ;
Qui pourrait t'inspirer tant d'orgueil !

ACTE III, SCÈNE III.

BÉLISAIRE.

Mon malheur.
Fidèle à mon pays, je me suis fait entendre,
Jamais son ennemi ne deviendra mon gendre.

THÉLÉSIS.

Ne me rappelle pas, je voulais l'oublier,
Que tout soldat romain est ici prisonnier.

BÉLISAIRE.

Tu fus le mien jadis par le droit de la guerre.

THÉLÉSIS.

Je n'ajoute qu'un mot, entends-moi, Bélisaire;
Mes ordres sont donnés; ces lieux me sont soumis,
Et je sais comme on traite avec des ennemis.
La victoire est mon droit.

BÉLISAIRE.

Je la prends donc pour juge :
Les conseils d'une femme et la foi d'un transfuge
N'en sont pas, Thélésis, un gage assez certain
Pour qu'un héros lui dût confier son destin?
Retourne à tes guerriers, ce conseil salutaire
De tout ce qu'il te doit acquitte Bélisaire.

THÉLÉSIS.

Plus tôt que tu ne crois, j'en saurai profiter;
Mais Eudoxe est à moi, j'ai su la mériter;
Et s'il faut achever de me faire connaître,
Choisis de voir en moi son époux ou son maître.

(*Il sort.*)

SCÈNE IV.

BÉLISAIRE, EUDOXE.

BÉLISAIRE (*seul d'abord*).
A souffrir un affront me voilà donc réduit!
C'est trop peu de mes maux; le sort qui me poursuit
M'atteint dans les objets de l'amour le plus tendre.
Faut-il perdre ma fille?

EUDOXE, *arrivant.*

Ah! que viens-je d'entendre?

BÉLISAIRE.

A mes droits opposant son pouvoir, ses bienfaits,
Thélésis de mes bras veut t'arracher.

EUDOXE.

Jamais!

BÉLISAIRE.

Pourrai-je t'imposer un cruel sacrifice?
Mais l'honneur nous l'ordonne.

EUDOXE.

Eh bien! qu'il s'accomplisse!
Je n'en murmure point: mon cœur vous est ouvert.

BÉLISAIRE.

On te présente un trône, et je t'offre un désert!

EUDOXE.

Près de vous la nature a fixé ma demeure.

BÉLISAIRE.

Thélésis t'adorait.

EUDOXE.

Je le quitte, et je pleure...

ACTE III, SCÈNE IV.

Ces larmes de l'amour, je les condamne en vain.
BÉLISAIRE.
Non, laisse-les couler, verse-les dans mon sein ;
J'y vois de ta vertu les preuves les plus chères.
Dans les champs de l'honneur j'ai vu tomber tes frères,
Mourant pour leur pays ; tu fais plus en ce jour,
Eudoxe à sa patrie immole son amour.
Fidèle à mon exil, par un effort suprême,
La fille d'un proscrit rejette un diadème.
EUDOXE.
Cet auguste proscrit est un père adoré.
Qu'il est doux à remplir ce devoir si sacré
Qu'impose la nature à mon ame ravie,
De dévouer mon être à qui je dois la vie,
De soulager ses maux par mes soins assidus,
De lui rendre les biens que de lui j'ai reçus,
Et pour prix de mon zéle, oubliant sa souffrance,
De l'entendre bénir l'heure de ma naissance !
BÉLISAIRE.
Le ciel sur moi n'a point épuisé les malheurs ;
Tu me restes, ma fille !
EUDOXE.
O nouvelles douleurs !
Que deviendra ma mère ?... à notre destinée
Pourra-t-elle jamais ?...
BÉLISAIRE.
Va, dans cette journée
D'où peut-être dépend le sort de l'univers,
D'une famille en pleurs qu'importent les revers ?
En implorant le ciel où mon cœur se confie,
Ma fille, tous nos vœux sont dus à la patrie :

Elle seule réclame en ces cruels moments
Notre amour, notre espoir, nos vœux, et nos serments.

SCÈNE V.

LES MÊMES, MARCIEN..

MARCIEN.

De tous côtés s'engage une lutte sanglante :
Déja des rois du nord la ligue triomphante
Dans les champs de la Thrace enferme les Romains.
De Byzance ce jour peut finir les destins :
Du combat de l'Hémus la nouvelle est semée ;
Totila de Narsès a dispersé l'armée ;
Justinien lui-même au sein de ces marais,
Pressé par Thélésis, séparé de Narsès,
Ne saurait éviter une entière défaite.

BÉLISAIRE.

Il peut sur ces rochers s'ouvrir une retraite :
Il sait que Thélésis, qui l'observe et le suit,
Doit dans ce défilé l'attaquer cette nuit ;
César, s'il est vaincu, n'a plus que ce passage ;
Je l'en ai prévenu par un secret message :
C'est mon dernier effort. Pour nous, avant le jour
Hâtons-nous, Marcien, de quitter ce séjour ;
Je compte encor sur toi.

MARCIEN.

              La fuite est votre perte :
Ces murs sont investis ; la campagne est couverte
De soldats ennemis, Bulgares ou Romains ;
Chaque pas vous expose à tomber dans leurs mains :

Ne quittez point l'asile où le ciel vous protége,
Où d'amis éprouvés un belliqueux cortége,
Rassemblés à ma voix...
BÉLISAIRE.
Qui?
MARCIEN.
Valérus, Phocas,
Au bruit de vos malheurs, accourus sur mes pas,
Des nombreux exilés qui marchent à leur suite
Vous aménent ici la redoutable élite.
BÉLISAIRE.
Qu'ils viennent; leur présence en ces cruels moments
Ranime de mon cœur tous les ressentiments.
Ils ont vu mon triomphe, ils verront ma misère.
MARCIEN.
Ils accourent en foule.

SCÈNE VI.

LES MÊMES, **VALÉRUS, PHOCAS**, TROUPE DE SOLDATS ROMAINS.

BÉLISAIRE.
Approchez...
PHOCAS.
Bélisaire!
VALÉRUS.
C'est lui! notre héros! le plus grand des humains.
BÉLISAIRE.
Répondez, suis-je encore au milieu des Romains?
PHOCAS.
Méconnais-tu la voix de tes soldats?

BÉLISAIRE.
                Peut-être
Un signe plus certain va les faire connaître.
VALÉRUS.
Ah! n'en doute jamais, tous nos cœurs sont à toi.
BÉLISAIRE.
J'y compte, et Valérus me répond de leur foi.
VALÉRUS.
Je réponds de leurs vœux; je réponds de leur haine.
PHOCAS.
Le même sentiment près de toi nous amène,
Commande, nous marchons, et tes bourreaux punis
Vont tomber à-la-fois sous nos coups réunis.
VALÉRUS.
Qui pourrait en voyant ce changement extrême...?
BÉLISAIRE.
Vous seuls êtes changés, je suis toujours le même.
Mais dites; dans l'état où m'a réduit le sort,
Suis-je encor votre chef?
VALÉRUS.
            Oui, jusques à la mort.
BÉLISAIRE.
La reconnaisez-vous cette voix affaiblie
Qui parlait à vos cœurs au nom de la patrie?
VALÉRUS.
Le doute est une injure.
PHOCAS.
          Ordonne sans tarder.
BÉLISAIRE.
Je l'accepte, Romains, ce droit de commander
Où je fonde aujourd'hui ma dernière espérance;

ACTE III, SCÈNE VI.

Mais j'exige un garant de votre obéissance :
Quelque hardi dessein qu'il vous faille accomplir,
Soldats, sans hésiter, jurez de m'obéir.

VALÉRUS.

Nous le jurons par toi !

PHOCAS.

Par toute la nature !

VALÉRUS.

En présence du dieu qui punit le parjure !

MARCIEN.

Nos volontés, nos cœurs, nos bras te sont soumis.

TOUS.

Que faut-il ?

BÉLISAIRE.

Me venger de tous mes ennemis.

TOUS.

Nous sommes prêts.

BÉLISAIRE.

Eh bien ? vengez moi des barbares,
Des Vandales, des Huns, des Perses, des Bulgares :
Du sein du capitole évoqués en ces lieux,
Écoutez, entendez vos illustres aïeux :
C'est leur sang généreux qui coule dans vos veines :
Souvenez-vous des jours de Naples, de Ravennes ;
De ces jours où Carthage admirant vos exploits
Revoyait Scipion pour la troisième fois ;
Ce n'était point jadis pour la cause d'un homme
Que s'armaient à l'envi les défenseurs de Rome :
Ces fils de Romulus, ce peuple de héros,
Habiles aux combats, ignoraient les complots,
Et ne s'informaient pas, en admirant sa gloire,

Si dans l'exil Camille expiait sa victoire;
A l'aspect du danger toujours plus affermis,
Vaincus, ils imposaient à leurs fiers ennemis :
Par le triomple seul, ils vengeaient leurs défaites.
Voyez ce qu'ils étaient: voyez ce que vous êtes.
De la patrie en deuil ardents persécuteurs,
Sous l'abri de mon nom vous mettez vos fureurs.
Plus que moi vous voulez ressentir mon offense!
Mais vous ai-je chargés du soin de ma vengeance?
Et quand j'ai mérité par trente ans de vertu
L'amour de mon pays, pour qui j'ai combattu,
Avez-vous dû penser qu'aigri par l'injustice,
Des barbares du Nord je devinsse complice?
Qu'écoutant les conseils d'une lâche fureur,
Bélisaire trahît l'état et l'empereur?
Non, mes nobles amis, non, ce complot infame,
Ce parricide affreux n'entre point dans votre ame;
J'ai reçu vos serments, vous connaissez le mien :
Combattre pour l'empire et pour Justinien,
Aux barbares garder une haine éternelle :
Voilà quels sont mes vœux, et j'y mourrai fidéle.

VALÉRUS.

Ah! comment résister à tes augustes lois?
La vertu, la patrie, ont emprunté ta voix.

PHOCAS.

Bélisaire, sur nous vois quel est ton empire :
Notre haine se tait, notre courroux expire.

BÉLISAIRE.

Vous ferez plus, amis, j'ai reçu vos serments.

VALÉRUS.

Ta bouche a prononcé nos saints engagements.

ACTE III, SCÈNE VI.

BÉLISAIRE.

Courez, ralliez-vous sous les aigles romaines;
Vous n'avez qu'un moment; dans ces arides plaines
Le vainqueur de Narsès presse ses bataillons,
Justinien lui-même est attaqué.

TOUS.

Marchons.

FIN DU TROISIEME ACTE.

ACTE QUATRIÈME.

—

SCÈNE I.

JUSTINIEN, TIBÈRE, *sous l'habit de soldats romains.* (*Il fait encore nuit.*)

JUSTINIEN.

Dieu! quelle nuit!

TIBÈRE.

César, l'ennemi dans sa rage
D'une attaque nocturne a saisi l'avantage;
Mais le jour qui renaît, propice à la valeur,
Peut d'un pareil revers réparer le malheur.

JUSTINIEN.

Il en est un plus grand, et que rien ne répare,
Que m'avait réservé la fortune barbare.
O souvenir affreux qui trouble ma raison!
Bélisaire innocent!... leur lâche trahison
Cherche en vain dans mon cœur un indigne complice.
Tibère, je n'ai point ordonné son supplice.

TIBÈRE.

En exposant ici mes sentiments secrets,
J'ajouterais encore à vos justes regrets.
Bélisaire est frappé d'un coup irréparable.
Et vous avez besoin de le croire coupable.

JUSTINIEN.

Il ne le fut jamais.

BÉLISAIRE.

TIBÈRE.

Quand le peuple en courrroux,
Assiégeant le palais et s'armant contre vous,
Osa de la révolte, en son nom proclamée,
Arborer l'étendard au milieu de l'armée...?

JUSTINIEN.

Je devais repousser des témoins odieux,
N'en pas croire Narsès, n'en pas croire mes yeux.
Mais le crime est commis, et déja je l'expie ;
Bélisaire, frappé par une main impie,
Aux vengeances du ciel a donné le signal ;
Le trône est ébranlé par ce combat fatal.
Ah ! s'il faut succomber dans cette lutte affreuse
Que j'y trouve du moins une mort glorieuse ;
Et, puni d'une erreur, que le monarque ingrat
Dans l'abyme avec lui n'entraîne point l'état !

TIBÈRE.

J'entends un bruit confus ; cette forêt obscure
Vous offre sous son ombre une retraite sûre.
Moi, je cours rassembler en hâte nos soldats,
Autour de ces marais où s'égarent leurs pas ;
Et mettant à profit un avis salutaire,
Dont la nuit couvre encor le généreux mystère,
M'assurer le passage, où, sur ce mont voisin,
Un sentier escarpé nous ouvre le chemin.

(*Il sort.*)

JUSTINIEN.

Je t'attends en ce lieu.

SCÈNE II.

JUSTINIEN, seul.

O destin qui m'entraîne !
O songe fugitif d'une vie incertaine !
Hier, maître du monde, au faîte des grandeurs,
De l'abyme aujourd'hui sondant les profondeurs !
De superbes palais j'ai surchargé la terre,
Et j'invoque l'abri d'un rocher salutaire !
J'ai des premiers Césars reconquis tous les droits,
Et consacré mon nom par d'immortelles lois.
Du premier Constantin j'ai consommé l'ouvrage ;
L'homme n'adore plus des Dieux à son image ;
Sur un culte épuré l'heureux Justinien
A fondé la grandeur de l'empire chrétien :
J'approchais du tombeau chargé d'ans et de gloire,
Croyant léguer au monde une illustre mémoire ;
La mort a trop tardé ; j'expie en quelques jours
Les faveurs dont le ciel avait fixé le cours.
En proie aux noirs chagrins où mon ame succombe,
Sans force, sans appui, sur le bord de la tombe,
Qui suis-je maintenant ? que peut-on voir en moi ?
Sous un linceul de pourpre un fantôme de roi,
Succombant sous le poids de la grandeur suprême,
Et qui, le sceptre en main, se survit à lui-même.
Mais déja de la nuit les voiles moins obscurs
Laissent percer le jour. Quels sont ces tristes murs
Dont le temps a détruit la splendeur passagère ?
Je crains d'y pénétrer.

SCÈNE III.

JUSTINIEN, EUDOXE.

EUDOXE (*sans voir Justinien*).
          Je vous suivrai, mon père ;
Entre ma mère et vous, dans ces moments affreux,
Mon cœur s'est déclaré pour le plus malheureux.

JUSTINIEN, *s'approchant*.
D'une femme la voix ici s'est fait entendre.
C'est l'habit des Romains : d'elle tâchons d'apprendre
Quels sont les habitants de ces sauvages lieux ?
Approchons.

EUDOXE, *l'apercevant*.
          Quel vieillard se présente à mes yeux ?

JUSTINIEN.
D'un vieux guerrier, madame, accueillez la souffrance :
Des légions la nuit a trompé la vaillance,
Et, séparé des miens au milieu des combats,
J'ignore en ce moment où je porte mes pas.

EUDOXE.
Dans ces lieux, où du sort la main s'est étendue,
La plainte du malheur est toujours entendue ;
De mon père jamais, un soldat, un Romain
Invoquant le secours, ne le réclame en vain.
Je l'amène vers vous.
                              (*Elle sort.*)

SCÈNE IV.

JUSTINIEN, seul. (*Le jour commence à paraître.*)

Il peut me reconnaître :
Me trahir?... quel est-il?... un transfuge, peut-être?
Si cet avis secret, que je ne conçois pas,
Dans un piège fatal avait conduit mes pas...

SCÈNE V.

JUSTINIEN, BÉLISAIRE, EUDOXE.

BÉLISAIRE (*dans le fond avec sa fille*).
Marcien près de nous tarde bien à se rendre.
EUDOXE.
De ce soldat, seigneur, vous pourrez tout apprendre.
BÉLISAIRE.
Veille sur nous, ma fille, et songe qu'aujourd'hui
La foi due au malheur est notre seul appui.
(*Eudoxe s'éloigne.*)

SCÈNE VI.

BÉLISAIRE, JUSTINIEN.

BÉLISAIRE.
Je connais vos revers; de Narsès l'imprudence
Compromet en ce jour le salut de Byzance,

ACTE IV, SCÈNE VI.

Et de ces défilés, à ses pas inconnus,
S'il ne rejoint Tibère, il ne sortira plus.
    JUSTINIEN (*à part, en écoutant Bélisaire qui
    s'approche en parlant*).
Est-ce un songe? une erreur?
    BÉLISAIRE.
              Mais vous qui, du Bulgare
Fuyez auprès de moi la victoire barbare,
Venez, je puis bénir mon funeste destin
Puisqu'il m'offre l'espoir de sauver un Romain.
    JUSTINIEN.
J'ai reconnu ses traits, sa voix... douleur amère!
    BÉLISAIRE.
Qu'entends-je? il se pourrait...
    JUSTINIEN.
              C'est lui! c'est Bélisaire!
Ah! fuyons, son aspect me déchire le cœur.
    BÉLISAIRE.
Qui peut encor me fuir, si ce n'est l'empereur?
    JUSTINIEN.
Juste ciel! ce moment a comblé ta vengeance.
    BÉLISAIRE.
Tu me vois innocent.
    JUSTINIEN.
             Mon supplice commence;
Le peux-tu concevoir? d'un forfait éternel
Darès a révélé le mystère cruel.
Victime ainsi que toi d'un complot exécrable,
J'ai pu croire un moment Bélisaire coupable;
Sur de vaines clameurs prompt à le condamner,
A ses vils ennemis j'ai pu l'abandonner,

Celui que j'ai nommé sauveur de la patrie,
Qui m'avait consacré sa fortune et sa vie !...
BÉLISAIRE.
Et qui cette nuit même, au milieu des combats,
A détourné la mort attachée à vos pas.
JUSTINIEN.
C'est de toi que nous vient cet avis salutaire?
BÉLISAIRE.
Le fer n'a point éteint le cœur de Bélisaire.
JUSTINIEN.
Quoi ! je n'en puis douter, des monstres furieux
Ont commis en mon nom ce forfait odieux ;
Ils ont pu, soulevant l'inexorable histoire,
Attacher à jamais leur honte à ma mémoire?
Je ne puis plus mourir !
BÉLISAIRE.
     A mes maux étranger,
De la patrie en vous je dois voir le danger,
Je veux vous y soustraire en ce séjour tranquille.
JUSTINIEN.
La victime au bourreau vient offrir un asile.
BÉLISAIRE.
Le temps presse, écoutez: dans ces lieux où jadis
J'ai vaincu tant de fois vos nombreux ennemis,
J'avais prévu le sort d'un combat téméraire ;
Par un avis secret j'en instruisis Tibère :
Ou parvenu trop tard, ou trop tard écouté,
Le piège qu'il montrait ne fut point évité :
L'armée est dispersée, elle n'est point détruite ;
Par un jeune héros, ralliée en sa fuite,
S'il peut de ce passage atteindre les hauteurs,

La retraite est certaine, et ne laisse aux vainqueurs
Du combat de la nuit que le frêle avantage.
Mais la victoire en vous leur présente un otage;
C'en est fait de l'état, c'en est fait des Romains,
Si l'empereur vivant tombait entre leurs mains :
Parmi ces ennemis que la fureur domine,
Il en est un sur-tout... l'implacable Antonine.

JUSTINIEN.

Qu'elle doit me haïr!

EUDOXE, *arrivant.*

On marche vers ces lieux.

BÉLISAIRE.

De l'étranger, Eudoxe, écarte tous les yeux,
Et de l'asile obscur ouvert à ma misère
Qu'Antonine sur-tout ignore...

EUDOXE.

C'est ma mère.

SCÈNE VII.

LES MÊMES, ANTONINE.

ANTONINE.

Le ciel s'est déclaré : notre persécuteur
Est vaincu, fugitif... que vois-je? l'empereur.

BÉLISAIRE.

Sous ma garde, Antonine.

ANTONINE.

Eh bien! si ma présence
Pouvait en ce moment alarmer sa prudence
Et des droits du malheur si j'osais abuser,

BÉLISAIRE.

Bélisaire, est-ce moi qu'il faudrait accuser?
JUSTINIEN.
Non, madame, le ciel arme votre colère.
BÉLISAIRE.
Je commande en ce lieu.
ANTONINE.
Je suis épouse et mère.
L'injustice en mon cœur fait taire le devoir;
Et je n'écoute rien que mon seul désespoir.
Je m'acquitte, César, en causant ta ruine.
JUSTINIEN.
J'excuse vos fureurs.
ANTONINE.
C'est moi, c'est Antonine,
Qui, du courroux du ciel déplorable artisan,
Dois venger un époux et punir un tyran.
Cruel Justinien, regarde ton ouvrage,
Dans l'excès de nos maux vois l'excès de ta rage;
Contemple des malheurs l'assemblage odieux:
Sur Bélisaire aveugle ose lever les yeux.
Le voilà ce guerrier que l'univers admire,
Qui fonda ta grandeur, qui releva l'empire,
Dont le bras, signalé par d'immortels exploits,
Du sceau de la victoire a consacré tes droits.
Toi, qu'avec tant d'ardeur a servi Bélisaire,
Dis-nous, Justinien, quel sera le salaire
De son sang tant de fois versé dans les combats?
Du sang de ses deux fils arrachés de mes bras,
Que moissonna la guerre au sortir de l'enfance?
Quel prix pourra suffire à ta reconnaissance?
Quel prix!... un fer brûlant sillonnera ses yeux;

Il ne reverra plus la lumière des cieux ;
Il vivra séparé de la nature entière ;
Dans un exil affreux achevant sa carrière,
Et sa femme et sa fille, exemple de malheur,
Mendieront avec lui le pain de la douleur.
BÉLISAIRE.
Madame, à des tourments qu'on ne saurait comprendre,
Deviez-vous ajouter celui de vous entendre ?
Songez qu'en accusant ici Justinien,
C'est trahir son malheur, c'est insulter au mien.
Le ciel pour réparer les maux de Bélisaire,
Des jours de l'empereur l'a fait dépositaire ;
De ce dépôt sacré qu'il remit en mes mains,
Je dois compte à ma gloire, à l'empire, aux Romains.
D'un si noble destin j'ose me croire digne.
Qui cherche à me priver de cet honneur insigne
Est mon seul ennemi.
ANTONINE.
Le mien, c'est l'empereur,
De nos calamités, l'ingrat, l'injuste auteur ;
Celui qui, sans pitié pour ma triste famille,
Proscrivit et l'époux, et la mère, et la fille,
Qui livra sans remords le plus grands des héros
Aux fureurs d'une femme, au fer de ses bourreaux.
Bientôt, instruit par moi du lieu qui te recèle,
Oui, César, ton vainqueur, que mon courroux appelle,
Armé, pour te punir, de mes droits et des siens,
De l'aspect de tes maux consolera les miens :
Je ne me plaindrai plus, dans mon malheur extrême,
Si, partageant mon sort et succombant moi-même,
Je laisse à tes pareils un cruel monument

De ton ingratitude et de ton châtiment.

(Elle sort.)

SCÈNE VIII.

BÉLISAIRE, JUSTINIEN.

JUSTINIEN.

C'est le cri du malheur : je m'y devais attendre.
BÉLISAIRE.
Sa plainte à Thélésis ne peut se faire entendre :
Tout est prévu, César.
JUSTINIEN.
De sa juste fureur
L'excuse, Bélisaire, est au fond de mon cœur,
Et lorsque de remords ta présence m'accable
Est-ce à moi de trouver Antonine coupable?
Ah! si ma mort du moins prévenant ses projets...
BÉLISAIRE.
Justinien ici n'en craint pas les effets.
JUSTINIEN.
A ce pressant danger qui pourra me soustraire?
Sans défenseurs qui peut me sauver?
BÉLISAIRE.
Bélisaire.
D'Antonine j'ai su prévenir les desseins,
Et César est encore au milieu des Romains.
JUSTINIEN.
Qu'une heure seulement recouvrant ma puissance,
Je puisse Bélisaire, assurer ta vengeance;
Que l'indigne Narsès amené devant toi...

ACTE IV, SCÈNE VIII.

BÉLISAIRE.

Il a servi l'état, il n'a trahi que moi.
Je lui pardonne.

JUSTINIEN.

Eh bien, qu'un effort plus sublime
Étende jusqu'à moi ce pardon magnanime.

BÉLISAIRE.

Ah! ce mot convient-il...?

JUSTINIEN.

Mon cœur l'a répété :
La honte est, je le sens, de l'avoir mérité ;
Mais songe, en me jugeant dans ta rigueur extrême,
Aux fléaux que le ciel attache au diadème,
A ces tristes soupçons, à ces longues terreurs,
Que de vils courtisans nourrissent dans nos cœurs.

BÉLISAIRE.

Une seule pensée à mon ame est présente,
Et la patrie en vous est encore vivante :
Votre salut commun, dans ces cruels moments,
Fait taire de mon cœur tous les ressentiments.

JUSTINIEN.

Tu m'arraches en vain au destin qui m'entraîne ;
Pour moi tu n'as rien fait en me laissant ta haine ;
Contre le désespoir et contre le trépas
Je n'ai plus de refuge ailleurs que dans tes bras.

BÉLISAIRE, *après un moment d'hésitation, lui tend les
bras, où il se jette.*

Justinien!... la peine a donc aussi ses charmes.
Mon prince!

JUSTINIEN.

Mon ami!

BÉLISAIRE.
Je sens couler vos larmes.
JUSTINIEN.
En puis-je assez verser en voyant ton malheur?
Qui suis-je devant toi?
BÉLISAIRE.
Vous êtes empereur.
Au jour de l'infortune où le ciel le contemple,
Justinien aux rois doit un dernier exemple,
Et dans son propre cœur retrouvant un appui,
Il doit sauver l'empire, ou périr avec lui.

SCÈNE IX.

MARCIEN, TIBÈRE, JUSTINIEN, BÉLISAIRE,
SOLDATS ROMAINS.

TIBÈRE.
César, auprès de toi Marcien me ramène,
Et m'annonce un bonheur que je conçois à peine :
Bélisaire en ce lieu!
JUSTINIEN.
Près de Justinien,
Qui de l'état en lui retrouve le soutien,
Et qui se ranimant au saint nom de patrie,
Aspire à lui donner le reste de sa vie.
TIBÈRE.
Je ne puis te cacher, César, que tes soldats
Tout prêts à revoler à de nouveaux combats,
Pour tenter des périls qu'affronte leur vaillance,
Du héros des Romains invoquent la présence;

ACTE IV, SCÈNE IX.

Qu'il se montre un moment, le succès est certain :
Bélisaire est pour eux le garant du destin.

JUSTINIEN.

O toi, de la vertu la plus sublime image,
Bélisaire, en ce jour achève ton ouvrage :
Du feu de ton courage embrase nos soldats,
Et comble ta vengeance en sauvant des ingrats.

BÉLISAIRE.

De quoi vous peut servir le zèle qui m'enflamme?

JUSTINIEN.

Tu conserves encor la lumière de l'ame,
Et ta seule présence, arbitre des hasards,
Va rendre la victoire à l'aigle des Césars.

BÉLISAIRE.

Je ne résiste plus : un nouveau jour m'éclaire,
Je suis, je suis encor le même Bélisaire;
Une invisible main écarte de mes yeux
L'ombre qui me voilait la lumière des cieux :
De ces vastes déserts j'embrasse l'étendue,
Et du haut de ces monts où s'élève ma vue,
Je les revois ces lieux, où de Rome jadis
Mon bras extermina les nombreux ennemis.
Nous les vaincrons encor! dans les champs de la Thrace,
Romains, de nos exploits je reconnais la trace,
Et de Justinien les glorieux enfants
Dans Byzance avec lui rentreront triomphants.

JUSTINIEN.

Amis, vous l'entendez.

BÉLISAIRE.

Conduisez-moi.

SCÈNE X.

les mêmes, ANTONINE, EUDOXE.

EUDOXE, *se jetant aux pieds de son père.*
>Mon père!

ANTONINE, *accourant.*
Que vois-je....? Il se pourrait.... Malheureux Bélisaire?
Hélas! où courez-vous dans ces flots d'ennemis?

BÉLISAIRE, *en sortant.*
Achever de mourir en sauvant mon pays.

FIN DU QUATRIEME ACTE.

ACTE CINQUIÈME.

SCÈNE I.

EUDOXE, *seule*.

Quelle horreur me poursuit! quel trouble me dévore!
Est-il quelque tourment que ma jeunesse ignore?
Je frémis d'espérer; j'envie à mon malheur
Un moment que l'espoir dérobe à la douleur.
Je repousse des vœux qu'une indigne faiblesse
Aux dépens de ma gloire arrache à ma tendresse;
De larmes, de regrets mon cœur doit se nourrir;
Hélas! j'aurai vécu pour aimer et souffrir.
C'est lui.

SCÈNE II.

EUDOXE, THÉLÉSIS, LÉON, GARDES.

THÉLÉSIS, *aux soldats qui le suivent*.
 De ces hauteurs que ma garde s'empare:
L'ennemi fugitif que la terreur égare,
Errant sur ces rochers sans chef et sans appui,
Ne saurait à nos fers échapper aujourd'hui.
 (*à Eudoxe*.)
Eudoxe, j'ai vaincu, mon triomphe commence,
Et mon camp glorieux attend votre présence.

Les Romains fugitifs, sur ces monts retirés,
Ont porté vainement leurs pas désespérés,
Mon courroux les poursuit : mais, avant leur défaite,
Ils pourraient, malgré moi, troubler cette retraite :
Hâtez-vous d'en sortir.

EUDOXE.

Thélésis voit mes pleurs,
Il sait quel est mon père, il connaît ses malheurs,
Et son cœur généreux ne me fait pas l'injure
D'imposer à l'amour l'oubli de la nature;
Je n'examine pas si quelque autre devoir
Aurait dû m'interdire un criminel espoir;
Si du sort ennemi la main irrésistible
N'a pas mis entre nous un obstacle invincible;
Contre le sentiment où vous puisez vos droits
J'invoque auprès de vous la plus sainte des lois :
Abandonné, proscrit, l'aveugle Bélisaire,
Pour guide, pour appui, n'a que moi sur la terre;
Et, fière d'un destin dont je sens moins l'horreur,
J'accepte mon partage en un si grand malheur.

THÉLÉSIS.

Le venger est le soin dont j'ai brigué la gloire,
Et vous devez me suivre aux champs de la victoire.

EUDOXE.

Seigneur, je vous l'ai dit, je reste dans ces lieux;
C'en est fait, Thélésis, recevez mes adieux :
Le ciel ne nous a point destinés l'un à l'autre;
Ma gloire est désormais d'échapper à la vôtre;
De ce cœur où vivront vos vertus, vos bienfaits,
S'exhalent malgré moi de coupables regrets,
Mais c'est là que s'arrête une indigne faiblesse.

ACTE V, SCÈNE II.

THÉLÉSIS.

Non; vous cherchez, madame, à tromper ma tendresse;
Malheur à votre père, à vous-même! en ce jour
On n'aura pas en vain outragé mon amour:
Sans consulter un cœur, qui m'était dû peut-être,
Pour la première fois ici je parle en maître;
Je n'interroge pas vos dédains, vos refus,
J'ordonne.

EUDOXE.

Épargnez-vous des ordres superflus,
Et craignez d'ajouter à mes vives alarmes
La honte de rougir de l'objet de mes larmes;
Sur moi n'essayez pas un injuste pouvoir:
La nature et le ciel m'ont prescrit un devoir
Préférable au bonheur que je lui sacrifie:
Je saurai le remplir au péril de ma vie.

THÉLÉSIS.

Eudoxe, à mon amour vous réserviez ce prix!
Vous me fuyez en vain; je prétends...

SCÈNE III.

THÉLÉSIS, EUDOXE, ANTONINE.

ANTONINE.

Thélésis,
Tandis que sur la foi d'une incertaine gloire
Vous réclamez ici les droits de la victoire,
Peut-être qu'infidèle en ses jeux inhumains
Elle fuit sur ces monts, au milieu des Romains.

THÉLÉSIS.

C'est tarder trop long-temps, la résistance est vaine:

Gardes, que dans mon camp sur l'heure on les emmène.
ANTONINE.
Dans ton camp! les Romains y seront avant toi.
EUDOXE.
Ah, ma mère! craignez de trahir...
THÉLÉSIS.
Quel effroi!
Bélisaire avec vous, devenu ma conquête,
Va, des Romains vaincus...
ANTONINE.
Il s'avance à leur tête.

SCÈNE IV.

LES MÊMES, LÉON.

LÉON.
L'ennemi rallié sur nous marche à grands pas,
THÉLÉSIS.
Pour éviter les fers il cherche le trépas;
Accordons aux Romains d'illustres funérailles;
Que l'on donne par-tout le signal des batailles.
Henrick, par vos archers que ces lieux soient gardés;
Dans ces murs investis d'elles vous répondez.
(*Il sort avec Léon.*)

SCÈNE V.

ANTONINE, EUDOXE.

ANTONINE.

Au comble du malheur nous voilà parvenues,
Et du destin cruel les rigueurs inconnues,
Quel que soit l'ennemi qui triomphe aujourd'hui,
Nous laissent sans espoir, sans secours, sans appui.
Quels vœux puis-je former dont le succès impie
N'ajoute à tant d'horreurs dont mon ame est remplie?
Quel prix espères-tu des triomphes nouveaux
Que ton génie encor promet à tes bourreaux,
Bélisaire? veux-tu lasser leur indulgence?
N'es-tu pas satisfait de leur reconnaissance?
Et de Justinien les augustes bienfaits
Peuvent-ils ajouter aux présents qu'il t'a faits?
Vertueux insensé! quelle triste démence
T'arme contre un héros qui prenait ta défense,
Et d'un rêve d'orgueil enfantant les desseins,
Te range du parti de tes vils assassins!

EUDOXE, *allant vers le fond de la scène.*

Quel spectacle, grand Dieu! tous mes sens en frémissent;
D'armes et de soldats les rochers se hérissent:
Les voyez-vous?

ANTONINE.

Tes pleurs, tes cris sont superflus.

EUDOXE.

Ciel, protège mon père!

ANTONINE.

Il ne nous connaît plus.

Désormais insensible à la voix la plus chère,
Il brise tous les nœuds et d'époux et de père.

EUDOXE.

Ah! loin de l'accuser en ce jour de terreur,
Invoquons pour lui seul un Dieu consolateur;
Et croyons qu'à sa gloire, à nos larmes propice...

ANTONINE.

Ta prière, ma fille, accuse sa justice :
L'innocence gémit; le crime vit en paix,
Il frappe Bélisaire, il épargne Narsès.

EUDOXE.

Dans ce combat fatal, où choisir la victime?
O douloureux pensers où mon ame s'abyme.
Mon père, Thélésis...! ah, détournez, grands dieux,
D'un semblable forfait le présage odieux!

ANTONINE.

L'air au loin retentit de cris épouvantables;
Du clairon des Romains les accents formidables
De rocher en rocher grondent avec fracas :
C'est la voix de la mort.

EUDOXE.

    J'expire dans vos bras.

ANTONINE.

Qui viendra m'arracher le reste de ma vie?
Je meurs dans les tourments d'une longue agonie.

SCÈNE VI.

ANTONINE, EUDOXE, PHOCAS.

PHOCAS.

J'ai rempli de César l'ordre victorieux,
Et déja nos soldats sont maîtres de ces lieux.

EUDOXE.

Cher Phocas, dissipez la crainte qui me tue;
Mon père...

PHOCAS.

Du combat j'ignore encor l'issue;
Mais nous marchons, madame, à des succès certains;
Bélisaire commande, et nous sommes Romains.

ANTONINE.

Pour tout autre le sort n'est point inexorable :
Hélas ! notre infortune est seule irréparable.

SCÈNE VII.

LES MÊMES, TIBÈRE.

TIBÈRE.

Madame, plus d'effroi ; rassurez votre cœur,
César est triomphant, Bélisaire est vainqueur.

ANTONINE.

Il triomphe ! et pour qui ?

TIBÈRE.

                Sa dernière victoire
D'un exploit sans égal a couronné sa gloire,

Et parmi les guerriers fameux par leurs travaux
Elle a marqué sa place au-dessus des héros.
Au sein de ces rochers, où d'une voix secrète
Votre époux dans la nuit guida notre retraite,
Nos soldats ralliés, la honte sur le front,
Jurent en frémissant de venger leur affront :
Tandis que dans son camp le vainqueur de la veille
Sur ses frêles lauriers imprudemment sommeille,
Nous marchons en silence; et bientôt sur nos pas
L'aurore avec le jour ramène les combats :
Déja nous franchissions les lignes des Barbares;
Déja la mort volait aux tentes des Bulgares.
A notre seul aspect de terreur abattu
Tout fuyait ou mourait sans avoir combattu;
L'aigle victorieuse allait saisir sa proie :
Mais Thélésis accourt, et devant nous déploie
Des Scythes indomptés les escadrons nombreux,
L'essaim des fugitifs se rallie autour d'eux :
Une lutte inégale au même instant s'engage,
Et le nombre bientôt accable le courage.
Résolu de mourir dans ce dernier effort,
Chacun ne songe plus qu'à signaler sa mort :
Quel Dieu nous apparaît sur ce mont solitaire;
Quel cri frappe les airs? Romains, c'est Bélisaire !
Il agite à nos yeux le casque du guerrier
Où la gloire attacha son immortel laurier :
Vous eussiez vu soudain, à ce signal terrible,
Nos soldats enflammés d'un courage invincible,
La foudre dans les yeux et le glaive à la main,
Vers leur chef adoré se frayer un chemin :
Près de lui rassemblés en montagne mouvante,

ACTE V, SCÈNE VII.

Compagnons, leur dit-il d'une voix éclatante,
Je vous vois, et vos cœurs vous répondent du mien;
Vous combattez pour Rome et pour Justinien,
La victoire est à vous; je l'entends qui vous crie :
Si vous êtes Romains, César et la patrie !
A ces mots glorieux mille fois répétés,
Les glaives tout sanglants dans l'air sont agités ;
Nos guerriers, dont sa voix dirige la furie,
S'élancent en criant : César et la patrie !
Et dix mille Romains, avides de trépas,
Présentent la bataille à cent mille soldats :
De ce grand mouvement que le héros dirige
Que ne puis-je à vos yeux retracer le prodige :
Bélisaire, au milieu d'un bataillon sacré,
De ses vieux compagnons pas à pas entouré,
Partageait le terrain et mesurait l'espace ;
Par-tout à la victoire il assigne sa place :
Elle hésite un moment entre ses favoris.
Comme un torrent fougueux s'avance Thélésis.
Les Romains ont frémi d'un choc irrésistible ;
Ils vont fuir; Bélisaire, avec un cri terrible :
Honte à qui m'abandonne ! il dit, et le premier
Dans les rangs ennemis il pousse son coursier.
Nous volons sur ses pas d'une ardeur unanime,
Chacun est emporté dans cet élan sublime;
Les Bulgares rompus, à nos fougueux efforts,
Déja n'opposent plus que des monceaux de morts ;
« Seuls alors les Gaulois redoublent de furie,
« Le vainqueur vainement leur offre encor la vie ;
« Un dernier cri de gloire annonce leur trépas :

« Ils meurent les Gaulois, ils ne se rendent pas [1] ».
Sur ce théâtre affreux d'horreur et de carnage,
Du chef des ennemis l'invincible courage
Brave seul une armée et combat pour mourir.

EUDOXE.

Oh, ma mère...! il n'est plus !

TIBÈRE.

      Thélésis va périr ;
De ce dernier espoir sa grande ame est frappée :
Bélisaire paraît... il remet son épée.

EUDOXE.

Mon père est triomphant ! Thélésis voit le jour !

SCÈNE VIII.

LES MÊMES, MARCIEN.

MARCIEN.

Le sort nous a vendu son funeste retour.

EUDOXE.

Ah ! parlez... Je frémis.

MARCIEN.

     Mon courage chancelle...
D'un javelot lancé par une main cruelle
Bélisaire est atteint !

ANTONINE.

    Il est blessé... grand Dieu !

EUDOXE.

Ah ! ma mère courons...

---

[1] Ces quatre vers, marqués d'un guillemet, sont les seuls dont les censeurs avaient demandé la suppression dans leur premier rapport.

ACTE V, SCÈNE VIII.

TIBÈRE.

On l'amène en ce lieu.
(*Elles sortent, et vont au-devant de Bélisaire,
tandis que Justinien entre suivi d'un nombreux
cortége.*)

SCÈNE IX.

THÉLÉSIS, JUSTINIEN, TIBÈRE, VALÉRUS, PHOCAS, OFFICIERS ET SOLDATS ROMAINS, PRISONNIERS BULGARES.

JUSTINIEN.

Romains, cette journée où triomphent nos armes
Condamne la patrie à d'éternelles larmes;
Bélisaire a paru pour vaincre et pour périr,
Sa dernière victoire est son dernier soupir.
Satisfait du triomphe où son grand cœur aspire,
Il tombe le soutien, le vengeur de l'empire,
Il tombe, et cette mort qui le frappe aujourd'hui,
Cruelle pour vous seuls, est un bienfait pour lui :
Pour moi, c'est le moment d'un aveu déplorable.
Trompé par des méchants, votre empereur coupable
Leur a livré les jours de ce grand citoyen;
Bélisaire proscrit sauva Justinien :
L'état allait périr avec l'armée entière,
Il revole au combat privé de la lumière,
Et, changeant les destins à ses ordres soumis,
Il triomphe en un jour de tous ses ennemis;
Ce mortel vertueux, ce guerrier magnanime,
Couronne en expirant sa carrière sublime,

Et vainqueur du trépas descendra chez les morts,
Heureux de vos regrets, vengé par mes remords.

SCÈNE X.

LES MÊMES, BÉLISAIRE, ANTONINE, EUDOXE, MARCIEN. (*Bélisaire est porté par des soldats.*)

EUDOXE, *auprès de son père.*

Mon père !

ANTONINE.

Cher époux, quel destin est le vôtre?

BÉLISAIRE.

Celui qui m'était dû; je n'en voulais point d'autre :
Vainqueur, libre, et Romain, mes vœux sont satisfaits;
J'ai vécu sans reproche et je meurs sans regrets.

EUDOXE.

Le ciel sera touché des pleurs de votre fille.
Mon père, rassurez votre triste famille.

BÉLISAIRE.

Dans des vœux sans espoir que sert de s'égarer?
Chère Eudoxe, Antonine, il faut nous séparer.
La flèche meurtrière à mon sein attachée,
Sans épuiser mon sang n'en peut être arrachée.
Mais, loin de l'accuser, je dois bénir mon sort,
Il devait à ma vie une aussi belle mort;
Mourant pour mon pays, ma dernière journée
Achève dignement ma noble destinée.
Les Romains sont vainqueurs, César triomphe encor;
Mon ame vers les cieux peut prendre son essor.
Jusqu'au dernier moment fidèle à ma patrie,
Ma gloire d'un soupçon ne sera pas flétrie :

ACTE V, SCÈNE X.

Et toi, dont les regards comblent mes derniers vœux,
Prince, un moment injuste, et trente ans généreux,
Permets-moi d'usurper ta bonté souveraine,
Et souffre d'un héros que je brise la chaîne.

JUSTINIEN.

Oui, Thélésis est libre ; et puisse l'amitié
D'un si fier ennemi nous faire un allié !

THÉLÉSIS.

Grands Dieux, qui m'entendez, de toute ma puissance,
Laissez-moi de ses jours acheter l'espérance.

BÉLISAIRE.

Il en est une encor que ton cœur peut nourrir :
Sois l'ami des Romains ; mon ombre sans frémir
Apprendra chez les morts qu'un heureux hyménée
Au sang de Bélisaire unit ta destinée...
Mes amis, approchez. Adieu Justinien,
Tibère, Thélésis, toi mon cher Marcien !...
Mon épouse ! ma fille...

EUDOXE.

O mon Dieu, je t'implore !

BÉLISAIRE.

Par-delà le tombeau si vous m'aimez encore,
Honorez ma mémoire, et ne me vengez pas.
Songez, en m'écoutant, au moment du trépas,
Que d'un nom glorieux qui vivra d'âge en âge
Je lègue à votre amour l'immortel héritage :
Rendons graces au ciel, les Romains ont vaincu ;
Adieu, vous que j'aimais... Eudoxe... j'ai vécu.
(Il arrache la flèche, et meurt.)

FIN DU CINQUIÈME ET DERNIER ACTE.

SYLLA,

TRAGÉDIE

EN CINQ ACTES ET EN VERS,

REPRÉSENTÉE POUR LA PREMIÈRE FOIS SUR LE THÉATRE FRANÇAIS, LE 27 DÉCEMBRE 1821.

ÉPITRE DÉDICATOIRE

A M. LACRETELLE AINÉ.

Mon respectable ami,

Si je connaissais un meilleur citoyen que vous, un homme qui honorât par plus de vertus, par un plus noble caractère, par l'emploi d'un talent plus estimable, le siècle philosophique dont vous avez vu la dernière moitié, c'est à cet homme que je dédierais mon ouvrage.

Elevé à l'école des Diderot, des d'Alembert, des Turgot, des Malesherbes, de tous ces philosophes d'une immortelle renommée, votre jeunesse s'est formée sous leurs yeux à la pratique des hautes vertus, à la méditation des grandes pensées qui ont consacré ces noms illustres dans la mémoire des hommes.

On n'oubliera pas que dans la carrière du barreau, où vous avez laissé de si honorables souvenirs, vous avez offert un des premiers modèles de cette éloquence judiciaire qui rattache aux grands intérêts de la société la cause du dernier citoyen.

Ami d'une sage et patriotique liberté, vous n'avez point abandonné sa défense au milieu des discordes civiles, et vous avez traversé la plus terrible révolution sans avoir transigé sur aucun principe, et sans avoir reculé devant aucun péril.

Parmi les écrivains français qui ont survécu à cette lutte mémorable, et qui ont pris la parole dans cette grande question politique, vous êtes du très petit nombre de ceux dont on peut dire : « Ils n'ont pas eu un reproche à se faire ; ils n'ont pas soutenu une opinion qu'ils ne défendent encore. »

Depuis long-temps, mon respectable ami, j'éprouvais le besoin de vous offrir un témoignage public des sentiments que vous m'avez inspirés, et qui doivent vous rendre cher à tout ce qui porte un cœur français.

JOUY.

Paris, 27 décembre 1821.

PRÉAMBULE HISTORIQUE.

Les réputations se forment au hasard; les contemporains les reçoivent toutes faites, et les transmettent pour l'ordinaire sans discussion et sans examen. Les années, les siècles s'écoulent; et l'écho des passions du moment, en se répétant d'âge en âge, forme ce bruit équivoque et monotone que l'on appelle l'histoire.

Cyrus, Alexandre, Sylla, César, Mahomet, Gengiskan, ces noms frappent l'oreille et la pensée d'une idée de grandeur vague et mal comprise. Mille écrivains nous ont entretenus de leurs vertus, de leurs crimes, de leur gloire; leur caractère personnel n'en reste pas moins un problème.

Les mêmes nuages qui enveloppent la destinée des hommes couvre celle des nations. Que fut l'Égypte? un vaste monastère où quelques centaines de moines hypocrites, dont les rois n'étaient que les premiers sujets, gouvernaient un peuple crédule et stupide. Les historiens qui en ont porté ce jugement ont-ils raison contre ceux qui nous représentent le royaume des Pharaons comme une admirable théocratie fondée sur les principes de la plus haute sagesse?

Que penser de Rome? Cette république, souveraine du monde, eut une caverne pour berceau; mais elle produisit des héros, comme les autres états produisirent des hommes, et la grandeur en toute chose paraît avoir été son élément. Rappelons ses crimes, on nous oppose ses vertus inouïes; abandonnons-nous à l'enthousiasme que ses vertus inspirent, et l'on ne manquera pas de nous prouver que ses crimes, comme nation, ont surpassé ceux que la justice des tribunaux, chez tous les peuples de la terre, poursuit et punit du dernier supplice.

En élevant de pareils doutes, mon intention n'est pas de les résoudre, mais de montrer qu'ils sont également applicables et à Rome et à l'homme le plus extraordinaire qu'elle ait vu naître, au terrible et mystérieux Sylla.

On pourrait croire qu'il entrait dans les destinées de la république romaine de se personnifier elle-même sous la figure de ce dictateur. Il fut grand comme elle ; elle fut atroce comme lui : il voulut comme elle être libre, et, comme elle, se faire une immortelle renommée : elle parvint à ce double but par l'asservissement et la ruine des autres nations ; il l'atteignit par la proscription et les meurtres de ses concitoyens, et par son héroïque abdication.

Les premières années de Sylla s'étaient passées au milieu des discordes publiques. La dépravation du peuple, l'impunité des crimes des tribuns, la vénalité passée en usage dans les classes élevées, l'intolérable orgueil d'une aristocratie corrompue dans sa source, enfin le brigandage des proconsuls, annonçaient que, fatigués des vertus, enivrés de gloire, affamés de richesses et de pouvoir, également incapables de supporter le travail et le repos, les citoyens de Rome n'étaient plus que les descendants dégénérés des Brutus et des Paul Émile. Dans cet état de dépravation ils n'attendaient qu'un chef pour se lancer dans la carrière sanglante que la mort des Gracques avait ouverte devant eux.

Marius se présenta. Un courage farouche avait révélé l'existence de ce soldat obscur ; la nature l'avait fait insatiable et jaloux. « Les honneurs, dit Plutarque, tombaient « dans son ame comme dans un gouffre sans fond. » C'était un brigand ivre, que le sang et les triomphes ne pouvaient désaltérer, et qu'irritait toute gloire étrangère. Marius,

PRÉAMBULE HISTORIQUE.

vainqueur des ennemis de l'état, voulut se rendre maître de la république, et pour y parvenir il flatta l'hydre du peuple, brisa tous ses liens, souleva toutes ses passions, et devint le chef d'une anarchie sanglante, à laquelle le descendant des Scipions, l'orgueilleux Sylla, avait dès-lors résolu de mettre un terme.

Jaloux du pouvoir de Marius, Sylla voulut d'abord se créer dans les camps une gloire rivale, et faire oublier les exploits du vainqueur des Cimbres. Tandis que le soldat d'Arpinum souillait ses trophées au milieu des sanglantes orgies où s'écoulaient ses derniers jours, Sylla détruisait des armées entières, s'attachait par toutes les ruses d'une politique habile les légions qu'il commandait, prenait d'assaut toutes les villes ennemies sous les murs desquelles il se montrait, et déjà se proclamait lui-même le favori de la fortune et l'homme du destin.

A soixante-dix ans Marius reprend les armes, et veut marcher contre le plus redoutable ennemi des Romains; il s'abaisse à briguer le commandement des troupes envoyées contre Mithridate; Rome se partage en deux grandes factions; le sénat se prononce en faveur de Sylla, et le nomme au commandement de l'armée d'Asie.

Cet acte du sénat a donné le signal de la guerre civile: Marius déchaîne ses sicaires, à la tête desquels s'élance le tribun Sulpicius; le Forum est inondé de sang. Sylla, dont l'élection est faite, dont la cause cette fois est juste, rejoint son armée dans la Campanie, la ramène dans Rome; et, content d'avoir frappé de terreur ses adversaires, d'avoir vu fuir Marius, il vole à de plus glorieux triomphes contre les ennemis de sa patrie: Marius y rentre à la faveur des dissensions survenues entre les deux consuls, et les plus horribles vengeances signalent son retour dans la cité de Romulus.

Ce n'est qu'après avoir surpassé la gloire de son rival, après avoir vaincu à Orchomène, à Chéronée, après avoir triomphé de Mithridate et subjugué la Grèce, que Sylla reparaît sous les murs du Capitole à la tête de ses légions victorieuses.

Marius n'existait plus; son fils ne craignit pas de s'opposer aux progrès du vainqueur de l'Asie: il fut défait et forcé de s'enfermer dans Préneste, où il se donna la mort.

Sylla mit le siège devant cette ville, s'en rendit maître, en extermina tous les habitants, et rentra triomphant à Rome, où il se proclama lui-même dictateur perpétuel.

Marius avait ouvert le champ des proscriptions, et s'y était lancé comme un monstre furieux qui égorgeait pour assouvir sa rage: Sylla parcourut plus froidement cette affreuse carrière; il s'y montra plus vindicatif que cruel, plus politique que féroce. Indifférent aux maux de ses ennemis, une ironie amère semblait guider son poignard; on eût dit, au choix des victimes, qu'il punissait les Romains de leur lâcheté. Cinq cents patriciens sont immolés; les deux premiers noms inscrits sur cette liste sont ceux des consuls.

Il poussa au-delà des bornes de toute vraisemblance son triomphe sur la bassesse de ses concitoyens, et crut ne pouvoir réveiller en eux le sentiment de l'existence que par la douleur et les supplices. Les proscriptions dévastèrent Rome, Spolette, Sulmone, Boviane, Érnésie, Télésie, Florence, Préneste; et cependant, parmi tant d'hommes immolés à la voix de l'inexorable dictateur, les deux historiens de cette terrible époque, Plutarque et Appien, ne citent pas un seul nom véritablement célèbre.

Sylla, dominateur des nations subjuguées par ses armes,

maître de Rome, où il avait fondé son pouvoir sur la ruine des factions qu'il avait étouffées dans leur sang; sans autre appui contre tant de haines et de vengeances amoncelées sur sa tête, que l'autorité dictatoriale dont il s'est revêtu lui-même, Sylla prend tout-à-coup la résolution la plus sublime, la plus audacieuse que le génie de la puissance ait jamais conçue : il convoque le peuple au Forum, et *abdique insolemment le pouvoir souverain*. « Me voici semblable « au dernier d'entre vous, dit-il, et prêt à rendre compte de « tout le sang que j'ai versé. »

Tels sont les grands traits de la vie de Sylla; je les ai recueillis dans Plutarque, Appien, Florus, Valère-Maxime, Velleius-Paterculus, etc. Quant à son terrible caractère, aucun de ses historiens n'a su le pénétrer, et Montesquieu est le seul qui ait éclairé cet abyme d'un rayon de son génie.

Sous la plume de l'auteur immortel du *dialogue d'Eucrate*, Sylla devient le réformateur de Rome; il asservit les Romains pour leur faire haïr l'esclavage; il veut les ramener à l'amour de la liberté par les horreurs de la tyrannie; et quand il a suffisamment abusé du pouvoir dans l'intérêt de la république, qu'il ne sépare pas de ses vengeances personnelles, satisfait de la leçon sanglante qu'il a donnée à ses compatriotes il brise lui-même la palme du dictateur, qu'il a usurpée, et vient, avec un sourire effrayant, se confondre parmi les citoyens dont chacun peut lui demander compte d'un acte de sa cruelle dictature.

Ainsi toute cette vie est une combinaison; toute cette tyrannie est un calcul; toute cette audace est du sang froid et du raisonnement.

Plus j'ai médité sur l'étonnante contradiction du caractère de Sylla, plus je me suis convaincu que le génie de la mière qui avait su expliquer l'énigme de la grandeur des Romains avait également pénétré l'ame de cet homme extraordinaire.

Ce n'est point le Sylla si imparfaitement esquissé par Plutarque, c'est le Sylla si admirablement indiqué par Montesquieu que j'ai voulu reproduire sur la scène.

Après avoir suffisamment établi la vérité de l'ensemble, je m'arrêterai sur quelques traits particuliers du modèle, que m'ont fournis les auteurs anciens que j'ai consultés.

Sylla, dans l'exercice du pouvoir, était aussi sombre, aussi sévère, qu'il était facile et communicatif dans la vie privée.

Il ne cherchait pas le péril, il le méprisait; il se croyait protégé par un génie qui veillait à sa fortune : il avait pris le surnom de *Faustus* (heureux), qu'il avait transmis à son fils.

Plein de mépris pour les prêtres, il était superstitieux, et consultait sans cesse les devins et les oracles. Rien ne lui plaisait davantage que l'aspect des troupes s'essayant aux manœuvres sous les murailles de Rome. Le luxe des camps était le seul qu'il favorisât, et l'on n'était jamais plus sûr d'en être accueilli qu'en se présentant devant lui à la tête d'un escadron hérissé d'or et d'acier.

Tour-à-tour superbe et familier, il effrayait d'un regard, ou séduisait par un sourire quand il s'abaissait à vouloir plaire.

Remarquable par une éloquence brusque, par un langage heurté, ses discours se bornaient presque toujours à quelques phrases.

Au commencement de la plus célèbre bataille qu'il ait gagnée, ses troupes fuyaient; il se jette au-devant d'elles. « Je meurs ici, dit-il; vous, retournez à Rome; et si l'on

PRÉAMBULE HISTORIQUE.

« vous demande où vous avez abandonné votre général,
« vous répondrez : A Orchomène. »

Crassus lui demandait une escorte pour remplir une mission périlleuse qu'il lui donnait. « Pour escorte, répond « Sylla, je vous donne votre frère, vos parents et vos amis, « égorgés par Marius, et qu'il faut venger aujourd'hui. »

Une plaisanterie sèche, une ironie sanglante, décelaient l'amertume de son ame ; il parlait avec un froid mépris de sa gloire et de sa puissance.

Jamais homme n'a exercé plus d'empire sur les esprits et même sur les cœurs : ses soldats l'adoraient. Ce *lion-renard*, comme le nommait Carbon, était, suivant l'occasion, féroce, généreux, adroit, souple, d'une force d'application sans exemple, ou d'une activité sans bornes.

Sylla, dans le cours de sa dictature, disposa de cinq ou six royaumes ; chaque mot de sa bouche devenait proverbe, et avait pour ainsi dire force de loi ; les surnoms qu'il donnait, le plus souvent sans intention, aux hommes de sa cour, s'attachaient irrévocablement à leur personne ; il dit un jour : *Salut, grand Pompée !* On n'appela plus Pompée que MAGNUS ; et l'histoire a consacré très sérieusement cette flatterie de circonstance.

La superstition de Sylla n'avait rien de vulgaire : il consultait les aruspices, et cependant il ne pouvait les regarder sans rire ; avant le combat il sacrifiait aux dieux, et pillait leurs temples après la victoire. Les statues d'Olympie, de Delphes, d'Epidaure, consacrées par la vénération des peuples, furent enlevées par Sylla et transportées à Rome ; il s'emparait du trésor des temples, qu'il distribuait à ses soldats, en disant d'un ton moqueur qu'*il ne pouvait manquer de remporter la victoire, puisque les dieux soldaient ses troupes.*

La fortune n'abandonna jamais celui qui s'était déclaré lui-même son favori; et tel était le bonheur de Sylla, qu'il semblait se communiquer à ses partisans : il est à remarquer que dans le cours des guerres dont il eut la conduite aucun de ses lieutenants n'éprouva le moindre échec.

Sylla fut le nouveau législateur de Rome : il fit des lois sages dont il assura l'exécution par des supplices; il s'empara violemment du pouvoir, et signala son avènement à la dictature par l'affranchissement de dix mille esclaves, dont il composa sa garde.

Les historiens ont parlé avec une juste et profonde indignation de la tyrannie de Sylla; un seul d'entre eux a fait mention de la position désespérée où se trouvait Rome à l'époque où le vainqueur de Marius s'en rendit maître. Florus est forcé d'avouer que Sylla *fut regardé comme un sauveur, qu'il ferma les plaies cruelles de la république. Ce vieux corps,* ajoute-t-il, *avait besoin d'une main ferme, habile et cruelle; Sylla fut le médecin, et l'horrible méthode de guérison qu'il employa n'en fut que plus efficace*[1].

Sylla, mort dictateur, aurait pu être comparé à plusieurs tyrans habiles, à plusieurs conquérants célèbres; mais il abdiqua, et dans les annales de tous les peuples ce trait le distingue et l'isole; il abdiqua, et *tout l'univers,* dit naïvement Rollin, *en fut étrangement surpris.*

Les parallèles historiques ne sont, pour la plupart, qu'un abus de l'esprit : on peut les comparer à ce jeu de société connu sous le nom de *Marmontel,* et qui consiste à trouver, entre des mots indiqués au hasard, des rapports d'autant plus ingénieux que les objets sont plus disparates.

Plutarque a plus abusé qu'aucun autre écrivain de ces

[1] Florus, Hist. III, 28.

rapprochements forcés, qu'on a comptés pendant longtemps parmi les nécessités de l'art d'écrire ; mais c'est surtout dans son parallèle entre Lysandre et Sylla qu'on peut remarquer tous les défauts inhérents à ce genre de composition.

En retraçant, pour la scène, le portrait de Sylla, je n'ai pas un moment détourné les yeux de mon modèle, et j'étais loin de croire qu'on pût me supposer l'intention de calomnier, sous un pareil nom, des souvenirs récents qu'une gloire et des malheurs inouis ont consacrés dans la mémoire des Français.

Mais puisque la tragédie de Sylla est devenue, pour quelques écrivains, le motif ou plutôt le prétexte d'un parallèle entre le vainqueur d'Orchomène et celui d'Austerlitz, j'examinerai en quelques lignes les rapports que ces grandes renommées peuvent avoir entre elles, et les oppositions bien plus frappantes qui leur assignent dans l'histoire une place si différente.

Enfants de leurs œuvres, ardents amis de la liberté avant l'époque de leur grandeur, tous deux crurent avoir acheté, à prix de gloire et de triomphes, le droit d'asservir leur pays. L'un s'empara violemment du pouvoir, l'autre le reçut comme un dépôt, et en usa comme d'un héritage.

Napoléon et Sylla marchent à leur but sans ostentation comme sans mystère ; ils prennent l'empire comme un bien que la fortune leur restitue ; et les hommes semblent reconnaître la marque du pouvoir sur le front de ces deux dominateurs du monde.

Sylla, dans l'exercice de la puissance, déploya une ame implacable et féroce : sa cruauté froide et réfléchie n'était pour lui qu'un moyen plus simple et plus prompt d'arriver à son but.

La politique de Napoléon, dans le cours d'un règne beaucoup plus long, n'eut à se reprocher qu'un acte sanguinaire. Sa volonté, non moins inébranlable que celle du dictateur romain, prenait sa source dans un génie d'un ordre supérieur, et dans les conseils d'une raison sublime : j'entends ici par raison sublime la faculté de combiner, avec autant d'audace que de sagesse, les éléments de succès. Même indifférence pour l'opinion contemporaine, même besoin de l'estime de la postérité, même sang-froid dans le péril, même dédain des hommes, même force et même faiblesse d'une intelligence qui ne pouvait se soutenir constamment à la même élévation.

La froideur systématique de ces deux hommes était le résultat de principes différents : il y avait chez l'un égoïsme de vengeance, et chez l'autre égoïsme de grandeur.

Le besoin de renommée qui les dévorait tous les deux avait entièrement desséché l'ame de Sylla ; celle de Napoléon était restée accessible aux plaisirs purs, aux douces affections de la vie domestique.

Napoléon ramena la sévérité dans les mœurs, et donna lui-même l'exemple du respect pour la morale publique, dans un temps où elle avait été corrompue par le gouvernement directorial auquel il avoit succédé : pour Sylla, au contraire, la puissance suprême ne fut qu'une occasion de donner un éclat scandaleux à la dépravation de ses mœurs.

L'un, pensif et réfléchi, fuyait la société que ses compatriotes adorent ; l'autre, déréglé, ami des plaisirs, d'un commerce facile, s'entourait de courtisanes, de bouffons et d'artistes grecs que ses concitoyens méprisaient : peut-être néanmoins trouverait-on au fond de ce contraste une sympathie intérieure et un mépris commun de l'estime commune.

Sylla, dont le but était le rétablissement de l'ancienne aristocratie et le triomphe des patriciens sur le parti populaire, n'employa d'abord que des nobles et des hommes consulaires; mais bientôt, averti de la légèreté de leurs affections, et du peu de fond qu'il pouvait faire sur eux, il se jeta du côté du peuple, et s'entoura de gens obscurs. Napoléon suivit une marche contraire; on sait quel en fut le résultat.

Sylla fut le général le plus heureux, et Napoléon le plus grand capitaine qui ait encore paru sur la terre.

Sylla fatigué de sa propre tyrannie dit aux Romains : « Vous que j'ai égorgés comme de vils troupeaux, je suis « las de vous commander, soyez libres : je redeviens l'un de « vous ! »

Il abdiqua le pouvoir; Napoléon le perdit : et cette seule circonstance, tout entière à l'avantage du dictateur romain, rétablit une sorte d'équilibre entre deux caractères dont l'inégalité se refuse d'ailleurs à un autre parallèle.

L'un rendit la liberté aux Romains, qu'il avait massacrés et avilis; l'autre couvrit la France des monuments de sa gloire, et arbora sur tous les clochers de l'Europe l'étendard de la liberté dont il avait déshérité son pays.

Sylla termina paisiblement ses jours à Rome qu'il avait inondée de sang et de larmes, au milieu d'une génération d'enfants dont il avait proscrit les pères. Napoléon mourut, prisonnier des Anglais, sur un rocher perdu au sein des mers, où il traça lui-même l'espace de son tombeau.

Après avoir établi sur des faits historiques et sur la pensée de Montesquieu la vérité du caractère de Sylla, que j'ai osé produire sur la scène française, me sera-t-il permis de répondre aux critiques, et j'ose dire même aux éloges dont cette tragédie a été l'objet, par l'exposé succinct d'une théorie où j'ai cru entrevoir la solution de la grande question dramatique qui partage en ce moment le monde littéraire?

Le théâtre est une représentation de la vie humaine: on veut y retrouver une copie fidèle de la scène du monde. Pourquoi cette représentation, dont le but est par-tout le même, est-elle considérée, sur divers points de la terre, sous des aspects si différents? L'homme est le même sous toutes les latitudes, mais le portrait de l'homme en société varie d'une latitude à l'autre; passez un détroit, un fleuve, une chaîne de montagnes, le système théâtral est changé.

Les causes de cette variété sont évidemment dans le génie des peuples, dans le plus ou moins de liberté des institutions, dans le degré de civilisation qu'ils avaient atteint à l'époque de l'établissement de leur théâtre.

Chez les uns, c'est une peinture fougueuse et sans choix des événements de la vie, un choc perpétuel d'événements et de passions, qui semble constituer l'art dramatique. Demandez à l'homme des bords de la Tamise la définition du beau idéal dans les jeux de la scène; il vous répondra: Variété, mouvement, succession rapide de situations tendres, fortes, nobles ou vulgaires; contrastes philosophiques résultant du conflit des caractères de toute espèce, des caprices de la fortune, des bizarreries du cœur humain.

A l'aspect de ce chaos, l'homme des bords de la Seine sourit avec dédain: pour lui la beauté dramatique est simple et régulière; une action claire, unique, toujours croissante, une habile distribution des parties, un art profond dans la conduite de l'ouvrage, un intérêt progressif dont la puissance se combine de manière à converger, si j'ose m'exprimer ainsi, sur un seul point et sur un seul personnage; une élégance soutenue, un style constamment noble et châtié; telles sont parmi nous les conditions inséparables du beau dans l'art dramatique.

Instruit à l'école des Corneille, des Molière, des Voltaire et des Racine, j'indique et je ne mesure pas l'immense intervalle qui les sépare à mes yeux des adversaires que les Anglais, les Allemands, et même les Espagnols, voudraient en vain leur opposer.

Chez le seul peuple élève des Grecs, l'art de la scène s'est naturellement divisé en trois classes : *mœurs, intrigue, caractère;* cette classification si simple, si réelle, n'est pas moins applicable à la tragédie qu'à la comédie, et l'on peut s'étonner qu'aucune poétique n'ait songé à les soumettre à cette division commune.

La comédie de MOEURS, c'est *Turcaret,* ce sont *les Femmes savantes, les Précieuses ridicules, le Philosophe sans le savoir,* etc., etc.; la tragédie de MOEURS, c'est *l'Orphelin de la Chine, Bajazet, Britannicus, Alzire,* où Racine et Voltaire ont eu pour objet principal de peindre les mœurs du peuple chez lequel se passe l'action de leur drame.

Le *Mariage de Figaro* est le chef-d'œuvre de la comédie D'INTRIGUE; la tragédie D'INTRIGUE a pour modèle unique la sublime énigme d'*Héraclius.* Voltaire a réchauffé de toute l'ardeur des passions *Zaïre* et *Tancrède,* qui ne sont que des tragédies d'intrigue heureusement modifiées par une légère peinture de mœurs.

La comédie de CARACTÈRE est la plus haute des conceptions dramatiques; aussi le *Tartufe* et le *Misanthrope,* où le génie de Molière a dépassé les hauteurs de son art, restent-ils au-dessus de toute comparaison. Saisir un caractère entier, arracher, suivant l'énergique expression de Locke, le *monstre à sa caverne;* creuser le cœur humain, le montrer dans un seul individu, sous toutes ses faces, dans sa force, dans sa faiblesse, dans son orgueil, dans sa honte; quelle tâche et quelle admiration pour l'homme prodigieux qui a su la remplir!

La tragédie de CARACTÈRE a été entrevue par Racine dans le personnage de *Néron;* cependant il n'offre sous ce rapport qu'une admirable esquisse jetée au milieu d'une composition d'un autre ordre. Le *Mahomet* de Voltaire pourrait être considéré comme le type de la tragédie de caractère, si dans cet admirable tableau la vérité historique n'avait été volontairement sacrifiée à la haute pensée philosophique qui domine dans ce chef-d'œuvre de la scène. Le caractère d'*Auguste*, dans la tragédie de Cinna, est plus historique : mais, au milieu des passions et des évènements dont ce personnage est le pivot et non pas la cause, Corneille, qui n'a réservé qu'un seul monologue au développement du caractère d'Octave, n'a pu nécessairement l'approfondir.

Séduit par l'idée, que je tentais une route nouvelle qu'avaient néanmoins indiquée les trois grands maîtres de la scène, j'ai essayé de peindre pour le théâtre un des plus grands caractères qui aient étonné le monde. Si j'ai dû croire qu'une pareille entreprise était au-dessus de mes forces, j'ai pu espérer que le public me tiendrait compte de mes efforts.

Quelques critiques, dérangés dans leurs habitudes, et semblables à ces Parisiens *désheurés* dont parle le cardinal de Retz, ont été fort embarrassés de cette pièce : les uns l'ont qualifiée de *romantique*, d'autres l'ont trouvée trop *sévère;* ici l'on a blâmé la faiblesse de l'*intrigue*, que je ne pouvais rendre plus forte sans nuire au développement du caractère de Sylla; ailleurs on l'a trouvée embarrassée, obscure; sur ce point je n'ai rien à répondre, car je ne vois pas ce qui a pu donner lieu à ce reproche.

Dans l'incertitude où m'a laissé la diversité ou plutôt la contradiction de ces critiques, je dois en convenir, les encouragements du public ont acquis plus de prix à mes yeux.

On m'a reproché les *innovations* dont cette pièce est remplie, et l'on ne m'a pas permis de douter du sens défavorable que l'on attachait à ce mot: je dois en accepter tout le blâme. On avait jusqu'ici fait sortir du combat des passions, de la fatalité des événements, le pathétique et la terreur; j'ai essayé de les faire jaillir de la force d'un seul caractère, d'ouvrir au spectateur les abymes du cœur chez un homme extraordinaire, et de tirer de là seulement tout l'intérêt de mon ouvrage.

J'ai essayé de mettre en action l'exposition, qui s'est toujours faite en récit.

J'ai introduit au lever de Sylla des rois, des ambassadeurs, des clients de toutes les classes, qui viennent en silence faire leur cour au dictateur.

J'ai fait du peuple un personnage dans le dernier acte de ma tragédie, et j'ai même osé lui faire prononcer quelques uns de ces mots qui, dans tous les pays du monde, échappent simultanément à la foule.

La scène du sommeil d'un tyran, celle de l'abdication, sont autant d'innovations, dont le public a suffisamment accueilli la hardiesse pour encourager des essais du même genre dans l'intérêt d'un art enchanteur, dont le génie a fixé les règles, mais dont il n'a pas posé les bornes.

En rappelant ici le succès qu'obtient une tragédie où se trouvent tant de choses hasardées, c'est un devoir pour moi de reconnaître les obligations que j'ai aux acteurs du premier Théâtre-Français, dont le talent et le zèle ont triomphé si habilement des difficultés que cet ouvrage présentait à l'exécution.

Mais l'élément le plus décisif de la faveur que le public accorde à cette tragédie, c'est le jeu sublime de l'acteur qui ne représente pas, mais qui ressuscite sur la scène le personnage de Sylla.

Il est rare que l'on rende une justice entière au mérite vivant, et jusqu'ici les admirateurs de ce grand comédien se sont bornés à le comparer à Lekain, à Garrick, à cet illustre Roscius que j'ai introduit dans ma pièce, et que M. Damas représente avec tant de chaleur et d'entraînement. En plaçant Talma au-dessus de tout ce que les annales de la scène offrent de plus grand, je crois être à son égard l'interprète le plus fidèle de l'admiration publique. Il n'est point acteur; il ne porte ni la pourpre ni le diadème de théâtre : il vit chaque jour, pendant deux heures, de la vie du personnage qu'il représente, c'est Auguste, c'est Hamlet, c'est Néron, c'est Sylla. Jamais transformation ne fut plus complète.

Ces gestes étudiés, ces poses géométriques, ces accents combinés, tout cet art de convention, il le rejette : c'est la nature dans toute sa simplicité; c'est la passion dans toute sa fougue; c'est le sentiment dans tout son abandon, qu'il expose aux yeux d'un public idolâtre.

Il s'avance d'un pas tranquille; son manteau, négligemment croisé sur son sein, n'offre qu'une draperie d'un goût sévère; sa figure est calme : cependant, à mesure qu'il approche, l'effroi se répand autour de lui. Pourquoi cette attention passive, immobile? Il ne fait pas un geste, il ne dit pas un mot; il regarde.

Il s'assied, il s'appuie sur son fauteuil : on dirait que David a tracé la courbe heureuse de son bras. Sa voix forte, brève et profonde, laisse échapper des oracles.

Par quelle faculté merveilleuse cet acteur parvient-il à

rendre le dédain terrible, l'ironie épouvantable ? Comment cet œil ardent semble-t-il à la fois avide de gloire, de sang et de repos? Par quel prestige lit-on sur sa figure l'ennui du pouvoir dans une ame atroce et fière, les combinaisons politiques de l'esprit le plus vaste, l'audace d'un guerrier, et les craintes d'un enfant timide ?

La profession de comédien, que l'on s'est avisé de mépriser depuis qu'elle est honorable, ne fut exercée pendant long-temps à Rome que par des hommes de la dernière classe de la société ; et cependant cette profession, dans laquelle on comptait les *baladins* et les *cynèdes*, les *mimes*, les *chorèges*, les *embasicètes*, les *tripudiants*, et les *bateleurs* de tout genre, laissait à celui qui se distinguait par du talent et de la conduite toute la considération personnelle dont il s'était rendu digne.

Roscius, que Cicéron appelle *l'homme le plus vertueux de son temps*, était l'idole de la jeunesse romaine, l'un des favoris du dictateur. Il n'usa de son crédit que pour tempérer, autant qu'il fut en lui, l'horreur des proscriptions, et ramener parfois à des sentiments plus humains l'ame inexorable de Sylla. Quel plus beau caractère que celui d'un homme célèbre par son talent, chez qui l'imitation d'une nature idéale, et l'expression des vertus héroïques, se joignent à leur pratique dans l'expérience de la vie réelle !

Par un singulier rapprochement, qui n'aurait point échappé à mes lecteurs, Talma fut, comme Roscius, l'honorable ami des personnages les plus distingués de son époque, et vécut dans l'intimité de l'homme qui pendant quatorze ans fut le dictateur de l'Europe.

PERSONNAGES.

CORNÉLIUS SYLLA, dictateur.	MM. Talma.
FAUSTUS SYLLA, fils du dictateur.	Firmin.
CLAUDIUS, ami de Faustus.	Michelot.
ROSCIUS, célèbre comédien.	Damas.
CATILINA, sénateur.	Ligier.
MÉTELLUS, consul.	S.-Aulaire.
LÆNAS, } sénateurs.	Dumilatre.
AUFIDIUS,	Caseneuve.
BALBUS,	Alphonse.
OFELLA,	Aristippe.
VALÉRIE, femme de Claudius.	{ Mlle Duchesnois. Mme Paradol. }

La scène se passe à Rome; dans les quatre premiers actes dans le palais du dictateur; dans le cinquième, au Forum.

SYLLA,

TRAGÉDIE.

ACTE PREMIER.

(La scène n'est éclairée que par une lampe antique qui brûle encore dans le palais.)

SCÈNE I.

ROSCIUS, MÉTELLUS.

ROSCIUS.
Un ordre inattendu que je n'ose comprendre,
Cette nuit, au palais, m'avertit de me rendre :
Je ne m'en défends pas ; un invincible effroi
A cette heure, en ces lieux, s'est emparé de moi.

MÉTELLUS.
La crainte, Roscius, ne peut être permise
A celui que Sylla protége et favorise.
Pour toi le dictateur adoucit sa fierté,
Que l'insolent vulgaire appelle cruauté ;
Il se plaît à t'entendre ; il souffre que ta bouche
Prête à la vérité ce charme qui le touche ;
Admis à ses conseils tu jouis entre tous

Du privilége heureux de fléchir son courroux ;
Et j'ai vu quelquefois cette ame sombre et fière
S'amollir à ta voix, céder à ta prière.
Sylla recherche en toi le peintre ingénieux
Des grandes actions de nos premiers aïeux.

ROSCIUS.

Oui ; de nos vieux Romains il se montre idolâtre ;
Sylla permet encor leur éloge au théâtre ;
Il admire Scævole, il honore Brutus ;
Mais dans leurs descendants il proscrit leurs vertus.

MÉTELLUS.

Désormais notre asile est dans la tyrannie ;
Rome accepte le joug de ce puissant génie.
Sans lui tout périssait ; plus de frein, plus de droits ;
La force avait soumis la majesté des lois ;
Au Forum, au sénat, dans nos champs, dans nos villes,
Tout s'embrasait au feu des discordes civiles,
Quand Marius, guidant un peuple de bourreaux,
De l'état avec eux partageait les lambeaux :
Mais Sylla reparaît ; la fortune ramène,
Des rives du Mélas, le vainqueur d'Orchomène ;
Il combat, il triomphe, il monte au premier rang ;
Marius et les siens, étouffés dans leur sang,
Expirent ; aussitôt la paix renaît dans Rome :
Ce que n'ont pu les dieux est l'ouvrage d'un homme.

ROSCIUS.

Ah ! puisse la nature épargner aux Romains
Ces sublimes esprits au-dessus des humains !
Trop de maux, trop de pleurs attestent le passage
De ces astres brûlants nés du sein de l'orage.
J'admire, Métellus, l'homme prodigieux

ACTE I, SCÈNE I.

Qu'un éclat inconnu signale à tous les yeux;
Son génie est pour moi cette fournaise ardente
D'où s'exhale d'Ætna la flamme dévorante,
Sans qu'aucun bruit annonce au monde épouvanté
Les profondes fureurs dont il est tourmenté.
Nous cédons l'un et l'autre à l'ascendant suprême
Qui soumet et le peuple et le sénat lui-même;
Et du faîte où s'assied le héros dictateur
Nos yeux avec respect mesurent la hauteur:
Mais, de nos sentiments en recherchant la cause,
Cette admiration que Sylla nous impose
Laisse au fond de nos cœurs des regrets bien amers;
L'arbitre des Romains leur a donné des fers.
La liberté n'est plus. O fils de Cornélie!
Dans la tombe avec vous elle est ensevelie!

MÉTELLUS.

Qui peut la regretter, lorsque des factieux
Couvraient d'un nom sacré leurs complots odieux?
Quand un peuple sans frein, aveugle en sa furie,
A la voix d'un tribun immolait la patrie,
Renversait les autels, brisait le joug des lois,
Et des patriciens osait peser les droits?
Bénissons, Roscius, cette main tutélaire
Qui sut mettre une digue au torrent populaire.
Sylla guérit les maux que la discorde a faits:
Un glorieux repos doit payer ses bienfaits.

ROSCIUS.

Le repos de Sylla!... Je lis mieux dans cette ame
Que tourmente sa force, et que sa course enflamme.
Ce mortel intrépide, ardent, audacieux,
Cet Ajax, invincible à la clarté des cieux,

Toujours maître du sort que son grand cœur domine,
Des mondes écroulés braverait la ruine.
Dans ce désastre immense il ne pâlirait pas :
Mais la nuit il tressaille au seul bruit de ses pas,
De fantômes hideux il peuple les ténèbres,
S'endort péniblement dans des rêves funèbres :
Et s'arrache tremblant au sommeil des enfers :
Le jour renaît, Sylla gouverne l'univers.
Il parle, on obéit ; et le monde en silence,
A son terrible aspect...

MÉTELLUS.

Taisons-nous, on s'avance.

SCÈNE II.

ROSCIUS, MÉTELLUS, CATILINA, BALBUS,
CATULUS, OFELLA.

MÉTELLUS.

Vous avez bien tardé, Catulus, Ofella :
Cependant vous pouviez faire attendre Sylla.

OFELLA.

Le licteur près de nous chargé de son message
De notre empressement peut rendre témoignage.

CATILINA.

Catilina répond du zèle de Balbus.

SCÈNE III.

ROSCIUS, MÉTELLUS, CATILINA, BALBUS, OFELLA, CATULUS, SYLLA, chef des licteurs.

SYLLA.
(*A Roscius qui s'éloigne.*)
Approchez, sénateurs... Demeure, Roscius...
Vous semblez inquiets : d'où vient cette contrainte?
Qu'avez-vous? Devant moi bannissez toute crainte.
Prodigue de ma haine envers mes ennemis,
Nul de plus de bienfaits n'accabla ses amis.
Il n'est aucun de vous que mon aspect menace.
Écoutez donc sans trouble, et prenez votre place.

(Les sénateurs prennent place autour d'une table de marbre, où le chef des licteurs, sur un geste de Sylla, a déposé un rouleau de parchemin.)

Vous savez à quel prix j'ai conquis un pouvoir
Dont l'état expirant m'imposait le devoir.
Qu'importe que Sylla, s'illustrant dans la guerre,
Portât le nom romain aux bornes de la terre;
Que par moi Mithridate à fuir fût condamné;
Qu'en triomphe à mon char Jugurtha fût mené;
Que pour moi la fortune en miracles féconde
Affermît votre gloire et le repos du monde,
Si, recueillant ici le fruit de mes exploits,
Marius au sénat osait dicter ses lois,
Et, brisant les liens d'un peuple frénétique,

A ses lâches fureurs livrait la république?
Triomphante au dehors, Rome, esclave au dedans,
Expirait sous les coups de ses propres enfants.
Qui pouvait l'arracher à son destin funeste?
Sylla. L'heureux Sylla paraît devant Préneste;
Tout fuit, ou meurt; tout cède à mes premiers efforts;
Le fils de Marius le rejoint chez les morts.
J'abjure les conseils d'une fausse clémence,
Dans Rome entre avec moi la terreur, la vengeance;
Le salut de l'état veut des proscriptions,
Et dans des flots de sang j'éteins les factions.
Du peuple et du sénat je me proclame maître;
L'un apprend à me craindre, et l'autre à me connaître.
De cette liberté que j'opprime aujourd'hui
Mon pouvoir, que l'on hait, est le dernier appui.
Loin de Rome rugit le démon des batailles:
Le calme de la paix règne dans vos murailles.
Cependant on murmure, et quelques voix encor
A la plainte rebelle osent donner l'essor;
De la nuit de la tombe évoquant la tempête,
Le spectre d'Arpinum a soulevé sa tête.
De coupables soupirs, jusqu'à moi parvenus,
Annoncent des complots; ils seront prévenus.
Le salut de l'état impose à ma justice
Le devoir rigoureux d'un dernier sacrifice;
Examinez les noms sur cette liste inscrits;
Rome demande encor ce reste de proscrits;
C'est le dernier éclat d'un salutaire orage;
A la publique paix donnons encor ce gage.
Je veux savoir de vous, avant que de signer,
S'il est quelque Romain que l'on puisse épargner.

Voyez ; mais songez bien qu'en cette circonstance
Chacun de vous répond de sa propre indulgence.
(Il donne la liste à Métellus.)

MÉTELLUS, *après avoir jeté les yeux sur la liste.*
En faveur de Cimber j'ose élever la voix.
Il vit dans la retraite, et soumis à tes lois,
Protégé par les ans, dont le fardeau l'accable,
Il espérait, Sylla...

CATILINA.
Son espoir est coupable !
On sait que, dans l'exil aigrissant ses douleurs,
A ses fils chaque jour il donne encor des pleurs ;
Qu'il a de Marius conservé les statues...

SYLLA.
Le temps a consumé ses forces abattues ;
Métellus le protège ; il suffit... il vivra...

OFELLA.
Oserai-je à mon tour demander à Sylla
Quel pouvoir inconnu, quelle ombre protectrice
Peut dérober César à sa lente justice ?

SYLLA.
J'ai pesé comme vous ses vices, ses vertus,
Et mon œil dans César voit plus d'un Marius ;
Je sais de quel espoir son jeune orgueil s'enivre :
Mais Pompée est vivant, César aussi doit vivre.
Parmi tous ces Romains à mon pouvoir soumis,
Je n'ai plus de rivaux ; j'ai besoin d'ennemis ;
D'ennemis libres, fiers, dont la seule présence
Atteste mon génie ainsi que ma puissance :
L'histoire à Marius pourrait m'associer ;
César aura vécu pour me justifier.

CATILINA.

Sur d'obscurs criminels qu'épargne ta clémence,
Je me tais; mais mon zèle éclaire ma prudence :
Le nom de Claudius sur la liste est omis;
C'est le plus dangereux de tous tes ennemis.

SYLLA.

Je n'examine pas si ta haine enhardie
Poursuit dans Claudius l'époux de Valérie,
Et si Catilina, par cet avis fatal,
Prétend servir ma cause, ou punir un rival...

CATILINA.

Fils de Sulpicius, de ce tribun infame
Qui fit vendre tes biens, qui proscrivit ta femme,
Il menace, il conspire; et déja sa fureur
Aux mânes paternels a promis un vengeur.

MÉTELLUS.

Ah! de son amitié lorsque ton fils l'honore,
Sylla peut écouter cette voix qui l'implore;
Catilina l'accuse, et Faustus le défend.

CATILINA.

J'accuse ses desseins, sa haine; cependant
Je connais Métellus; ma docile jeunesse
Sur tout autre intérêt en croirait sa sagesse :
Mais qui peut aujourd'hui blâmer Catilina?
Que nous fait Claudius? il s'agit de Sylla.
Tel est le sentiment, le devoir qui m'inspire;
Il existe un complot, et Claudius conspire.

SYLLA, *écrivant le nom de Claudius sur la liste.*

Son aïeul est son crime, et c'est Sulpicius
Que ma justice atteint en frappant Claudius.

(*Il se lève.*)

ACTE I, SCÈNE III.

Que m'importe après tout l'existence d'un homme ?
Je n'ai vu, je ne vois que le salut de Rome ;
Nul intérêt privé n'excite ma rigueur ;
C'est pour venger les lois que je suis dictateur.
Les Romains quelque jour apprendront de moi-même
Jusqu'où va mon dédain pour le pouvoir suprême.
Licteurs, que cette loi devance le soleil.
(Il remet la liste au chef des licteurs.)
(Aux sénateurs.)
Vous m'en répondrez tous demain à mon reveil.
(Il congédie les sénateurs, et fait signe à Roscius de rester.)

SCÈNE IV.
ROSCIUS, SYLLA.

SYLLA.
Roscius, maintenant parle avec assurance.
ROSCIUS.
Ordonne-moi plutôt de garder le silence :
Il trahit à tes yeux la profonde douleur
Dont ce cruel moment vient de remplir mon cœur.
Hé quoi, toujours du sang ! hé quoi, toujours des larmes !
D'éternelles douleurs, d'éternelles alarmes !
Toi que le ciel créa pour vaincre les héros,
Pour consacrer ton nom par d'immortels travaux,
Dont la terre soumise atteste le génie ;
Quand tu règnes en maître au sein de ta patrie,
Quand tout y reconnaît tes ordres souverains,
De quels crimes, Sylla, punis-tu les Romains ?
SYLLA.
Du crime d'accepter les fers que je leur donne,

Du crime d'espérer que Sylla leur pardonne.
Tu ne me connais pas, Roscius, je le voi,
Et mon ame est encore un mystère pour toi.
Toujours la liberté, que mon pouvoir immole,
Fut l'objet de mes vœux et ma plus chère idole;
J'ai combattu pour elle au sénat, au Forum,
Aux champs de Chéronée, aux sables d'Arpinum;
Je la voulais pour tous. Mais sur les bords du Tibre
Je ne vis que moi seul qui voulus être libre.
Les tribuns des consuls se montraient les rivaux,
Et l'intrigue à prix d'or enlevait les faisceaux;
Je ne trouvais par-tout que dignités vénales,
Qu'esclaves insolents, que longues saturnales;
Des forfaits impunis, des cœurs dégénérés,
A leurs seuls intérêts impudemment livrés :
Un farouche soldat, trop fier de sa bassesse,
Sous son joug plébéien accablait la noblesse;
Au tribun Marius dès-lors je me promis
De demander un jour compte de ses mépris.
Son nom était fameux par plus d'une victoire,
Par des exploits plus grands je fis pâlir sa gloire,
Et je le vis contraint, ce rival odieux,
D'aller au Capitole en rendre grace aux dieux.
Sauver la république était mon espérance ;
La ruine, l'exil, furent ma récompense.
Je dérobai ma tête aux faisceaux du licteur;
Je m'éloignai proscrit, je revins dictateur.
Je n'ai dû consulter, dans le temps où nous sommes,
Que le sang d'où je sors, et mon mépris des hommes.
Les Romains n'avaient droit qu'à mon inimitié;
Je les jugeai sans haine ainsi que sans pitié.

Malgré vous, ai-je dit, je brise vos entraves,
Quoi, lâches citoyens! vous voulez être esclaves!
Non, je vous ai jugés dignes d'un meilleur sort.
Vous demandez des fers! je vous donne la mort.
Bénissez en tombant cette faveur dernière,
Et rendez à vos dieux une ame libre et fière !

ROSCIUS.

Sylla, laisse attendrir tes superbes dédains :
Il est, il est encor des cœurs vraiment romains.

SYLLA.

Je le sais ; et César, brillant par sa vaillance,
Que relève l'éclat d'une illustre naissance ;
Pompée, espoir de Rome, et le jeune Caton,
Le noble Métellus, l'éloquent Cicéron,
En appelant sur eux les regards de la terre,
Loin d'exciter ma haine ont vaincu ma colère.

ROSCIUS.

Ah! si tel est Sylla, si son cœur irrité
Nous veut à prix de sang rendre la liberté,
Qu'il soit donc satisfait : elle vit dans les ames ;
Au cœur de la jeunesse elle allume ses flammes,
Et son triomphe un jour peut surpasser tes vœux !
Vois cette foule ardente appelée à nos jeux !
Quand je montre aux Romains sous une toge antique
Ces grands hommes, l'honneur de notre république ;
Ces fiers enfants de Mars, des lois nobles soutiens,
Héros dans les combats, mais toujours citoyens ;
Curtius recherchant une gloire inconnue ;
Cincinnatus vainqueur, conduisant la charrue ;
Camille sauvant Rome et chassant les Gaulois ;
La mort de Décius couronnant ses exploits ;

Brutus, sous les dehors d'une vie insensée,
Du plus hardi dessein mûrissant la pensée,
Et du fer que Lucréce a plongé dans son sein
Armant la liberté pour frapper les Tarquin;
Régulus triomphant au sein de l'esclavage;
Ton aïeul Scipion le vengeant dans Carthage :
Par ces nobles récits tous les cœurs exaltés,
Dans les siècles de gloire avec moi transportés,
S'y pénétrent des feux d'une nouvelle vie,
Et renaissent au sein de la vieille patrie.

SYLLA.

Sur ces jeunes Romains exerce ton pouvoir :
Je ne tromperai pas tes vœux et leur espoir.

ROSCIUS.

Fils de Cornélius! rappelle à ta mémoire
Cet acte généreux qui commença ta gloire,
Ces citoyens sauvés aux remparts de Nola,
Qui d'un rameau civique honorèrent Sylla...
Pardonne à Claudius!

SYLLA.

                Je t'entends; je t'admire,
Roscius; sur les cœurs je connais ton empire;
Je m'y soustrais moi-même avec quelque regret,
Mais je dois écouter un plus grand intérêt.

ROSCIUS.

C'est l'ami de ton fils.

SYLLA.

            Sa sentence est portée.

ROSCIUS.

Ah! tu n'ignores pas quel homme l'a dictée!...

ACTE I, SCÈNE V.

SYLLA.

Je puis parfois changer mes desseins : mes décrets
Sont comme ceux du sort; ils ne changent jamais.
Cependant Claudius pourrait ne pas attendre
Un ordre rigoureux....

ROSCIUS.

Sylla, je crois t'entendre!

(*Il sort précipitamment.*)

SCÈNE V.

SYLLA, *seul.*

Va, cours; ton zèle ardent ne peut trop se presser :
Catilina plus prompt saura te devancer.
Je connais les agents de mes ordres sinistres :
Catilina! Balbus!... Voilà donc mes ministres!...
Ces esclaves cruels, vendus à mon courroux,
Romains dégénérés, étaient dignes de vous.
Pour rétablir les lois j'ai voulu la puissance;
J'ai vu la servitude et non l'obéissance,
Ah! tant de vains efforts m'ont enfin convaincu
Que je me suis mépris au siècle où j'ai vécu...
Aux Romains de nos jours, avides d'esclavage
Devais-je demander les vertus d'un autre âge?
Et par mon propre cœur ne suis-je pas instruit
De ce grand changement que le temps a produit?
Qui pourra m'expliquer cet ascendant suprême,
Ce bizarre destin qui m'arrache à moi-même?
Né pour les voluptés, je m'enchaîne au devoir:
Je veux la liberté; je trouve le pouvoir:

J'étouffe mes penchants; sensible, ardent, sincère,
Je m'instruis à tromper, je deviens sanguinaire :
J'abhorre Marius et les maux qu'il a faits;
Et pour les réparer j'imite ses forfaits...
La fortune m'absout!... Rentrons... la nuit moins sombre
Autour de ce palais semble éclaircir son ombre...
En cherchant le repos j'invoque le réveil...
La nature se venge à l'heure du sommeil.

FIN DU PREMIER ACTE.

ACTE SECOND.

—

SCÈNE I.

FAUSTUS, MÉTELLUS.

FAUSTUS, *entrant en désordre.*
Que dis-tu?... Claudius! sur cette liste infame?
MÉTELLUS.
Calme le désespoir où se livre ton ame,
Et songe que ton père est l'auteur de l'arrêt...
Que je trahis pour toi ce terrible secret...
FAUSTUS.
Mais cependant il meurt, si nous tardons encore!
MÉTELLUS.
Près de lui Roscius a devancé l'aurore.
FAUSTUS.
Qu'importe? c'est à moi de veiller sur ses jours,
De mourir avec lui, s'il le faut; et j'y cours.
MÉTELLUS, *l'arrêtant.*
Ah! vois dans quels périls ton amitié l'entraîne;
Ta présence rendra sa perte plus certaine.
FAUSTUS.
Tu m'arrêtes! hé bien, je vole chez Sylla...
Il verra ma douleur; mon père m'entendra.
Claudius, ne crains plus le coup qui te menace:
Ou je meurs à ses pieds, ou j'obtiendrai ta grace.

MÉTELLUS.

Le dictateur sommeille au fond de son palais,
Même à son fils sa garde en interdit l'accès.

FAUSTUS, *avec fureur.*

Traître Catilina! ta jalouse furie
Se promet d'immoler l'époux de Valérie :
Du crime le plus lâche abominable auteur,
De cent coups de poignard je percerai ton cœur,
Ce cœur ivre de sang, dont la rage homicide
Effraya les Romains du premier parricide!
Misérable instrument d'un pouvoir que je hais,
J'en saurai par ta mort expier les forfaits.

MÉTELLUS.

Faustus, au nom des dieux, espoir de l'innocence,
De tes fougueux transports gouverne l'imprudence.

FAUSTUS.

Eh bien! prends donc pitié du trouble où tu me vois;
Conseille ma douleur...

MÉTELLUS.

     J'y consens. Promets-moi
D'attendre mon retour au palais de ton père.
Je porte à Claudius le faisceau consulaire;
Sous l'habit d'un licteur échappant aux regards,
Avant une heure il fuit ces funestes remparts.

FAUSTUS.

Quel espoir tu me rends!...ô faveur infinie!...
Je reste, Métellus; vole et sauve ma vie...

SCÈNE II.

FAUSTUS, *seul.*

Dieux, qui réglez le sort des malheureux humains,
Avez-vous sans retour condamné les Romains?
Et, si vous les frappez, votre juste colère
Doit-elle armer contre eux une main qui m'est chère?
Ne puis-je, sans cesser de respecter Sylla,
Défendre Claudius, haïr Catilina?
Mais déjà le jour naît... ô clarté funéraire!....
Juste ciel! Claudius! ici que viens-tu faire?

SCÈNE III.

CLAUDIUS, FAUSTUS.

CLAUDIUS.

Te défendre.

FAUSTUS.

Qui? moi!

CLAUDIUS.

Ton danger me poursuit;
Autour de ce palais j'ai veillé cette nuit.
Il n'est point de Romain dont le cœur magnanime
N'ait juré de punir celui qui nous opprime;
Je connais les complots qui menacent ses jours;
Il les prévient sans cesse, ils renaissent toujours.
Sylla doit succomber sous la publique haine,
Et je sais quel devoir à son destin t'enchaîne.
D'un noir pressentiment en secret tourmenté,

Sous un portique obscur je m'étais arrêté :
On marche, on parle bas, des hommes s'introduisent;
J'ignore quels desseins, quel espoir les conduisent;
Si c'était!... je crois voir tous nos fiers conjurés
Dérobant à mes yeux leurs pas désespérés,
Et sur le dictateur fondant avec furie,
Venger la liberté, les lois et la patrie.
De ton bras filial tu lui devais l'appui;
J'ai tremblé pour Faustus, et j'accours près de lui.

FAUSTUS.

O généreux ami, quel sentiment t'égare!
Dans ce palais sais-tu le sort qu'on te prépare?
Étranger à tes maux, tu ne songes qu'aux miens;
Tu viens sauver mes jours où l'on proscrit les tiens.
L'affreux Catilina, dans sa rage infernale,
A fait placer ton nom sur la liste fatale;
Déja vers ta maison il a porté ses pas,
Et tu n'y peux rentrer sans trouver le trépas.

CLAUDIUS.

J'y cours. Depuis long-temps honteux de leur clémence
Je me plaignais aux dieux d'un oubli qui m'offense,
Quand Sylla, par pitié bien moins que par mépris,
Refusait de m'admettre au nombre des proscrits.

FAUSTUS, *l'arrêtant.*

Eh bien! va, Claudius, dispose de ta vie;
A mon nom que ta mort attache l'infamie :
Je sais comme on échappe aux derniers des malheurs.
Mais, hélas! Valérie expire si tu meurs!

CLAUDIUS.

Valérie!... à ce nom mon courage chancelle;
Tant d'amour, de vertus!...

FAUSTUS.
Tu dois vivre pour elle.
CLAUDIUS.
Vivre, mon cher Faustus!... Quel vœu formes-tu là?
Où fuirai-je? ce monde appartient à Sylla?
Vivant je le craindrais, et mourant, je le brave.
Obéir et haïr, c'est le sort d'un esclave.
Que je le bénirais, ce trépas attendu,
Si pour Rome mon sang eût été répandu!
Ah! que n'ai-je vécu dans ces temps où Carthage
Au pied du Capitole envoyait le ravage,
Où le fier Annibal autour de nos remparts
Faisait insolemment flotter ses étendards!
Dans les plaines de Canne, au bord de la Trébie,
Claudius serait mort en servant la patrie :
Mais tomber sans honneur! tomber au bruit des fers!

FAUSTUS.
Eh bien! défends-les donc ces jours qui nous sont chers,
Du sort jusques au bout fatigue l'inclémence,
Et laisse à ton ami sa dernière espérance.

CLAUDIUS.
A conserver mes jours quand je consentirais,
Où fuir, où me cacher?...

FAUSTUS.
Ici, dans mon palais.
A tes persécuteurs, en ce jour déplorable,
Opposons de ces murs l'asile inviolable.
Qu'ils viennent t'arracher aux foyers de Faustus!

CLAUDIUS.
Je pourrais t'exposer!...

FAUSTUS.

      Ah ! ne balance plus ;
Ou c'est moi qui t'accuse auprès de Valérie
De trahir l'amitié, l'amour et la patrie.

CLAUDIUS.

Va, je les trahirais, si j'osais accepter
L'asile que Faustus ose me présenter :
Du tyran, cette fois l'arrêt est légitime,
Il ne se trompe pas au choix de la victime ;
Sa perte est résolue ; apprends tout en un mot ;
Je suis l'ame et le chef du plus hardi complot.

FAUSTUS.

Je dois bénir le dieu qui protége mon père,
Il désarme en ce jour une main qui m'est chère ;
Mais lorsque sa justice a trompé ta fureur,
Te sauver est encore un devoir pour mon cœur.

CLAUDIUS.

Sous le toit de Sylla, tu veux que je repose !...
Tu le veux !...

FAUSTUS.

    Je connais la loi que je t'impose ;
Je connais Claudius.

CLAUDIUS.

     Ordonne de mon sort,
Je dévoue à Faustus et ma vie et ma mort.

FAUSTUS.

Hâtons-nous d'éviter une foule importune,
Qui vient, du dictateur adorant la fortune,
Aux portes du palais attendre son réveil.

CLAUDIUS.

L'auteur de tant de maux connaît donc le sommeil !

      (*Ils entrent chez Faustus.*)

SCÈNE IV.

CATULUS, OFELLA, BALBUS, ARCHÉLAUS, ambassadeur de mithridate; GORDIUS, ARIOBARZANE, rois de cappadoce; ambassadeurs des parthes, consuls, sénateurs, courtisans.

(*On ouvre les portiques.*)

MÉTELLUS, *à Balbus.* (*Ils sortent du palais de Sylla.*)
Le palais est ouvert. Le dictateur s'avance ;
Tu peux à ses clients annoncer sa présence.
BALBUS, *s'avançant vers le fond et parlant à la foule des clients.*
Rois, guerriers, citoyens, proconsuls, sénateurs,
Des Parthes indomptés premiers ambassadeurs,
Dans l'enceinte sacrée où brillent ses images
Sylla vient recevoir vos vœux et vos hommages.

SCÈNE V.

LES MÊMES, SYLLA.

SYLLA, *après avoir promené ses regards sur l'assemblée, et s'adressant à Gordius.*
Gordius ! qui t'amène encore devant moi?
La Cappadoce est libre, et tu n'es plus son roi.
(*à Ariobarzane.*)
D'un perfide allié, que le sénat condamne,
La couronne est à toi, noble Ariobarzane.

Rome, qui les défend, punit aussi les rois.
Retourne en tes états, fais-y régner nos lois.
Mon amitié t'élève au rang des plus grands princes;
En citoyen romain gouverne tes provinces;
Ferme de notre appui, fort de ma volonté,
Sous l'abri du pouvoir fonde la liberté.

(*Aux ambassadeurs des Parthes.*)

D'un peuple brave et fier j'estime la vaillance;
Des Parthes en ce jour j'accepte l'alliance.

(*Faustus Sylla entre avec une émotion visible, et va se placer auprès de son père.*)

(*A Archélaüs.*)

Pour toi, de Mithridate et l'agent et l'appui,
Retourne vers ton maître, Archélaüs : dis-lui
Que je ne traite plus avec un roi barbare.
Le sang qu'il a versé pour jamais nous sépare,
Et cent mille Romains, par son ordre égorgés,
Tant qu'il verra le jour ne seront point vengés.

(*On entend du bruit au dehors, et un mouvement de terreur s'empare de l'assemblée.*)

Mais d'où naît votre effroi?

OFELLA.

Des cris se font entendre.

SYLLA.

Calmez-vous; ils n'ont rien qui doive vous surprendre;
Mon ordre s'exécute et ne doit effrayer
Qu'un reste de proscrits que je fais châtier.

OFELLA.

Autour de ce palais la foule qui s'avance
Paraît du dictateur attendre la présence.

ACTE II, SCÈNE V.

SYLLA.

Eh bien ! que veulent-ils ?

BALBUS.

Lænas, qui les conduit,
En leur nom, près de toi desire être introduit.

SYLLA.

Lænas !... il s'est chargé d'un dangereux message.
Qu'espère-t-il ?... Licteurs, ouvrez-lui le passage.

SCÈNE VI.

LES MÊMES, LÆNAS.

LÆNAS, à Sylla.

Par le peuple romain député près de toi,
J'ose t'interroger....

SYLLA.

Interroger !... qui ?... moi !
Ton audace, Lænas, a droit de me surprendre...
Mais parle cependant ; je consens à t'entendre.

LÆNAS.

Le sang coule dans Rome ; et, s'armant de ta loi,
Un monstre furieux sème par-tout l'effroi :
Tu n'as point ordonné que dans sa rage extrême...

SYLLA.

Tout se fait en ces lieux par mon ordre suprême.

LÆNAS.

Sylla, l'incertitude est pire que la mort.
Dis-nous enfin, dis-nous quel sera notre sort.
N'es-tu pas satisfait de tant de funérailles ?
Veux-tu dans notre sang renverser nos murailles ?

Chaque jour verra-t-il de nouvelles horreurs?
Et ne mettras-tu pas de terme à tes fureurs?

SYLLA.

Tu vois; de mes transports je suis aussi le maître.
Je souffre tes discours, et c'est assez peut-être.

LÆNAS.

Quand j'entrai dans ces lieux, je ne me flattai pas
De pouvoir en sortir....

SYLLA.

Je t'écoute, Lænas!

LÆNAS.

Qu'ordonnes-tu de nous? qu'est-ce que tu décides?
Déroule en un seul jour tes tables homicides;
De tous les condamnés annonce le trépas.
Combien en proscris-tu, Sylla?

SYLLA.

Je ne sais pas.....
Je partage le doute où ton esprit se livre.

LÆNAS.

Eh bien! dis-nous donc ceux que tu veux laisser vivre.

SYLLA.

Lænas, en retournant vers ceux qui t'ont commis,
Prouve-leur que j'épargne aussi des ennemis...
Que de ma volonté seul confident, seul maître,
C'est en l'exécutant que l'on peut la connaître.
Dis-leur que mes décrets sauront les avertir,
Quand, pour eux, je croirai qu'il est temps de mourir.
Va-t'en.

LÆNAS.

Je sais mon sort; cet ordre me l'annonce :
Près du peuple romain il sera ma réponse.

SYLLA.

Va-t'en, te dis-je, avant que ma juste fureur
Des proscrits ne punisse en toi l'ambassadeur.

(*Après la sortie de Lœnas, et s'adressant à Métellus.*)

Consul, par Muréna l'Asie est occupée;
Contre Sertorius je fais marcher Pompée:
Il est temps de punir ce fourbe ambitieux,
Déserteur de nos lois, déserteur de nos dieux;
Cet autre Marius, mille fois plus perfide,
Qui, levant contre Rome une main parricide,
Et par la trahison souillant ses derniers jours,
*Va du fer étranger mendier le secours.

CATILINA.

Mais avec Mithridate il est d'intelligence.

SYLLA, *à Métellus.*

Je ne redoute rien de leur lâche alliance.
Un traître peut subir l'exemple qu'il donna.
Près de Sertorius il est des Perpenna.
César briguait la Gaule, et loin de l'Italie
J'ai dirigé ses pas; il marche en Bithynie.
Nicomède réclame un appui protecteur,
Et César a besoin d'occuper sa valeur.
Au sénat assemblé je vais bientôt me rendre;
Sur ces grands intérêts je pourrai vous entendre.

(Sur un geste de Sylla tout le monde sort. Les rois et les ambassadeurs se retirent après s'être inclinés devant Sylla. Deux licteurs marchent devant Ariobarzane, et devant les ambassadeurs des Parthes, à qui le dictateur témoigne une bienveillance particulière.)

SCÈNE VII.

SYLLA, FAUSTUS.

FAUSTUS.

Tu détournes les yeux; tu redoutes mes cris.
Sylla! ne me fuis pas, daigne écouter ton fils.
Seul entre les Romains, soumis à ta puissance,
Je n'ai point à rougir de mon obéissance;
La nature et l'amour m'en imposent la loi :
Mais ces devoirs sacrés ne sont-ils rien pour toi?
Je ne te parle plus de Rome, de patrie;
Non, c'est pour mon ami, c'est pour moi que je prie;
Je demande à genoux grace pour Claudius.

SYLLA.

Mon fils n'a point connu l'affreux Sulpicius :
Mais ignorerais-tu que ce fourbe exécrable,
De nos persécuteurs le plus inexorable,
Sur ta mère elle-même étendit ses forfaits;
Qu'il la força mourante à fuir de ce palais;
Qu'il y porta la flamme; et, pour comble d'outrages,
Des divins Scipions qu'il brisa les images?
Lâche flatteur du peuple, en ces jours pleins d'horreurs,
L'agent de Marius surpassa ses fureurs.
Tel fut Sulpicius, tel Claudius doit être;
Et mon fils, infidèle au sang qui l'a fait naître,
A mon rang, à ma gloire, à ma tendre amitié,
Pour le seul Claudius réserve sa pitié!

FAUSTUS.

Ah! sur ses sentiments Catilina t'abuse :

Cependant tu connais le monstre qui l'accuse ;
Tu sais l'indigne amour qui brûle dans son sein ;
C'est un rival heureux que poursuit l'assassin.
Sans doute Claudius à sa triste patrie
Voit avec désespoir la liberté ravie ;
Plein des grands souvenirs à son ame si chers,
L'élève de Caïus porte à regret tes fers :
Mais ce cœur généreux, tout à la république,
D'une liberté sainte adorateur antique,
Abjurant son aïeul dont la main l'accabla,
Condamne Marius plus encor que Sylla.
Ne sois pas insensible à la voix qui t'implore :
Grace pour Claudius! il en est temps encore...
Tu ne me réponds pas, et tu vois ma douleur!
Mon père, au nom des dieux, interroge ton cœur.

SYLLA.

La loi parle, Faustus ; et, si j'ai dû la rendre,
Ma propre volonté ne saurait la suspendre...
Mais, malgré sa rigueur, en des termes obscurs
Ma clémence s'y cache ; et si, loin de ces murs,
Claudius parvenait par une prompte fuite
De tous ses ennemis à tromper la poursuite,
Dans l'exil où le sort aurait porté ses pas
Mon courroux satisfait ne le poursuivrait pas.

FAUSTUS.

Ah! cet espoir suffit à mon ame oppressée,
Et sur tes seuls périls ramène ma pensée.
Ton pouvoir, ton courage, en surmontent l'horreur ;
Mais ils frappent mes yeux, et pèsent sur mon cœur.
Chaque jour, effrayé par de nouveaux présages,
Je vois autour de toi se grossir les orages,

Et cette liberté, l'idole des Romains,
S'armer des propres fers dont tu chargeas ses mains.

SYLLA.

Sous la fatalité qui pèse sur nos têtes,
Avec calme je marche au milieu des tempêtes.
Si nous vivions, Faustus, dans ces âges fameux
Où les enfants de Mars, libres et vertueux,
Fiers d'une pauvreté par la gloire ennoblie,
Combattaient, triomphaient, mouraient pour la patrie,
On me verrait, mon fils, rival des Décius,
De tous ces grands Romains surpasser les vertus.
Ces temps sont loin de nous : les lois n'ont plus d'empire;
L'antique liberté sous la licence expire;
Et Rome, après avoir dompté les nations,
N'est qu'une immense proie offerte aux factions.
Forcé de renoncer aux vertus d'un autre âge,
J'adorai la fortune, et je suis son ouvrage;
Sa faveur au pouvoir m'appela malgré moi;
Je reçus ses bienfaits sans accepter sa loi;
Je renversai l'état, mais pour le reconstruire :
J'étais né, je le sens, pour fonder et détruire;
J'accomplis mes destins, et vers la liberté
Je ramène en esclave un peuple épouvanté.

FAUSTUS.

Quel triomphe, grands dieux! quelle triste victoire !
Notre aïeul Scipion cherchait une autre gloire;
Au respect des Romains instruisant l'univers,
C'est aux Carthaginois qu'il réservait des fers.
D'un sénat orgueilleux l'affreuse politique
Amena tous les maux de notre république.
Quand le vieux Marius, avide de pouvoir,

Du peuple malheureux arma le désespoir,
Le proscrit de Minturne, évoquant la licence,
Aiguisa le poignard aux mains de la vengeance :
Tu parais, tu combats, et le peuple est soumis.
Ne pouvais-tu (pardonne à l'audace d'un fils),
En voyant la discorde à tes pieds abattue,
La punir en héros, comme tu l'as vaincue ?
Chacun s'offrait au joug : pourquoi l'ensanglanter ?
Vainqueur de Marius, devais-tu l'imiter ?

SYLLA.

Je n'ai point imité son aveugle furie,
Le sang que j'ai versé le fut pour la patrie ;
Et peut-être bientôt mon fils et les Romains
Démanderont celui qu'ont épargné mes mains.

SCÈNE VIII.

FAUSTUS, SYLLA, ROSCIUS.

SYLLA, *à Roscius qui entre.*

Eh bien ! que pense-t-on ? Sans doute on se récrie.
Sont-ils bien indignés contre ma tyrannie ?

ROSCIUS.

La terreur de ton nom glace encor les esprits ;
Mais déjà l'on craint moins la mort que le mépris.
Le peuple, au point du jour instruit de tes menaces,
Dans un morne silence assemblé sur les places,
S'inquiète, s'agite, et d'un œil empressé,
Interroge les murs où ton ordre est tracé.
Parmi les noms inscrits sur la liste sanglante
Il en est un plus cher à la foule tremblante ;

Le nom de Claudius, de ce jeune héros,
Vole de bouche en bouche au milieu des sanglots.
On vante sa valeur, ses talents, son jeune âge,
Tant de hautes vertus qu'il reçut en partage ;
Il semble que les cœurs, de regrets déchirés,
Perdent en lui les biens qu'ils avaient espérés ;
Et tout ce peuple, ému pour un ami qu'il pleure,
Bientôt de Claudius entoure la demeure.
Leur voix, qui frappe l'air en invoquant Sylla,
S'élève avec fureur contre Catilina.
J'arrivais en ces lieux, où d'une épouse en larmes
Je cherchais vainement à calmer les alarmes.
D'une tête si chère elle ignorait le sort ;
Son absence pour elle était déjà la mort.
Des cris se font entendre, et le peuple s'avance ;
Valérie à l'instant vers la porte s'élance,
Et, les cheveux épars, sur le seuil, à genoux :
« Romains, au nom des dieux, rendez-moi mon époux ! »
A ce cri déchirant la foule est transportée ;
Sur un socle d'airain Valérie est portée ;
Et vers cette tribune où s'élève sa voix
Tous les yeux, tous les cœurs se fixent à-la-fois.
Que ne puis-je, Sylla, sans blesser ton oreille,
De sa fière éloquence étaler la merveille !
Mais le respect...

SYLLA.

Poursuis... Elle a fait son devoir.
Je t'ai dit, Roscius, que je veux tout savoir.

ROSCIUS.

Citoyens, disait-elle (et l'accent qui l'anime
Semble ajouter encore à sa beauté sublime),

ACTE II, SCÈNE VIII.

Pour vous Sylla n'a point de fléaux inconnus;
Au jour de sa fureur nous voilà revenus.
Crois-tu que de ton sang il épargne le reste,
Rome? tu subiras le destin de Préneste.
Contre ses volontés quel serait ton espoir?
La force est le seul droit, mourir le seul devoir [1];
« L'excès de la terreur a banni les alarmes;
« Le cœur n'a plus de voix, les yeux n'ont plus de larmes;
« Le désespoir lui-même abjure ses transports,
« Et la tombe sans bruit se ferme sur les morts;
« Près du corps de son fils la mère est immobile :
« Sylla voit ce tableau d'un œil sec et tranquille,
« Et compte, sans pâlir, tous les infortunés
« Par son geste homicide à la mort condamnés.
Le passé nous apprend le sort qu'il nous destine,
Allons compter nos morts à la porte Colline;
Dans le sacré parvis, aux autels de Vesta,
Courons voir expirer un autre Scævola.
Ah! c'est pour vous, Romains, que ma voix vous implore.
Ivre de sang, Sylla veut en verser encore.
Unis par les regrets, unis par le danger,
Qui de vous à mes maux resterait étranger?
Qui de vous, en ce jour de honte et de misère,
Ne tremble pour un fils, ne gémit sur un père?
Deux femmes, en plongeant un poignard dans leur sein,
Jadis de la patrie ont changé le destin :
Osez d'un pareil prix me donner l'espérance,

---

[1] Les vers marqués d'un guillemet dans le cours de cette pièce ont été retranchés à la représentation, pour rendre l'action plus rapide. Ceux qui sont marqués d'un astérisque avaient été supprimés par la censure.

Tout mon sang va couler... A ces mots on s'élance,
On désarme son bras... et le peuple à grands cris
Fait serment dans ses mains de sauver les proscrits...
Les Gaulois ont paru, la terreur les escorte;
Catilina conduit leur farouche cohorte :
A ce terrible aspect, la foule au loin s'enfuit,
Et ces flots après eux ne laissent qu'un vain bruit.

SYLLA.

Tu le vois, Roscius; voilà bien leur audace !
Devant quelques Gaulois leur courage se glace.

FAUSTUS.

Ah ! crains le désespoir de la sœur de Caïus !
Si le peuple, qui l'aime, et qui plaint Claudius...

SYLLA.

Sans pitié pour les maux qui ne peuvent l'atteindre,
C'est quand il craint pour lui que le peuple est à craindre;
Toujours prêt à braver la loi du dictateur,
Toujours prompt à fléchir sous la main du licteur.

FAUSTUS.

Les Romains ont vengé Lucréce et Virginie.

SYLLA.

Ces Romains, où sont-ils?

FAUSTUS.

          O ciel ! c'est Valérie.

SCÈNE IX.

FAUSTUS, SYLLA, VALÉRIE.

VALÉRIE, *échevelée, et se débattant au milieu des licteurs.*
Laissez-moi!... De ces lieux qui pourra m'arracher?
Je veux voir le tyran...
   SYLLA, *froidement.*
    Elle peut approcher.
   VALÉRIE.
Assouvis le besoin de ton ame odieuse;
Contemple-moi, cruel! Je suis bien malheureuse!..
   SYLLA.
Qu'on s'éloigne, licteurs! Laisse-nous, Roscius.
   VALÉRIE.
Je connais trop Sylla, j'aime trop Claudius
Pour implorer ici le juge inexorable
Dont l'arrêt nous poursuit dans ce jour exécrable.
Ta clémence aisément peut contenter mes vœux;
Apprends-moi mon malheur, c'est tout ce que je veux.
Je ne demande pas quelle fut notre offense :
Le courage, la peur, les discours, le silence,
Tout est crime à tes yeux, et je ne prétends pas
Excuser mon époux et désarmer ton bras.
Quand tu le proscrivais tu lui faisais justice;
Nous conspirions ensemble et je suis sa complice;
Je partage ou plutôt j'excite dans son cœur
La haine généreuse et la profonde horreur

Qu'inspire à mon époux ta longue tyrannie ;
Tous deux nous implorions les dieux de la patrie,
Et, tous deux loin de toi, dans notre obscurité,
Nos vœux étaient pour Rome et pour la liberté :
Unis dans nos regrets et dans nos espérances,
Pourquoi nous séparer au jour de tes vengeances?
Oui, Sylla, Claudius est un garant pour toi :
Tremble si je n'ai plus à craindre que pour moi.

SYLLA.

Laisse, laisse éclater la fureur qui te presse,
De ton sexe en tout temps j'épargnai la faiblesse :
Mais ton époux conspire, et quand le dictateur
Sur l'ennemi des lois exerce leur rigueur,
Plus indulgent, Sylla pardonne à Valérie.

VALÉRIE.

Va, je crains ton pardon et non pas ta furie,
Et des maux que sur nous verse ta cruauté
Ton affreuse clémence est le plus redouté.
Épargne-moi du moins cet horrible supplice :
Auprès de mon époux souffre que je périsse.
Tu seras, quelque mort qu'il nous faille souffrir,
Moins prompt à l'ordonner que nous à la subir...
Hé quoi, Faustus, aussi tu gardes le silence ;
Tu détournes les yeux ? crains-tu que ma présence,
Dans le fond de ton cœur accusant la pitié,
Ne réclame en ce jour les droits de l'amitié?
Rassure-toi : je sais ce que tu peux entendre,
Et du fils de Sylla ce que je dois attendre.

FAUSTUS.

Valérie, en ces lieux, où tu portes tes pas,

ACTE II, SCÈNE IX.

Contiens ton désespoir et ne m'accuse pas...
VALÉRIE.
Quand mon époux périt!...
FAUSTUS.
Peut-être il vit encore...
VALÉRIE.
Où donc est Claudius? Ah! parle!
FAUSTUS.
Je l'ignore.
VALÉRIE.
Tu l'ignores? Non, non! De ton front indiscret
La pâleur me révèle un horrible secret;
Je t'entends, et j'abjure une lâche espérance.
Les Marius ont eu leur moment de clémence :
Sylla, l'affreux Sylla ne pardonne jamais.
Eh bien! frappe sa veuve au sein de ton palais;
Si j'en passe le seuil, ma douleur frénétique
Court armer contre toi la vengeance publique.
Je n'invoquerai pas ces faibles défenseurs
Que vient de disperser l'aspect de tes licteurs.
Pour punir un tyran et pour briser nos chaînes
S'il n'est plus de Romains, il reste des Romaines :
Ces mères dont ta rage assassina les fils,
Les épouses, les sœurs, les veuves des proscrits,
M'attendent; et nos bras, à défaut du tonnerre,
Du bourreau des Romains vont délivrer la terre.
FAUSTUS.
O ciel! où courez-vous?
VALÉRIE.
Me venger, ou périr.

FAUSTUS.

Gardes !.... Retenez-la....

SYLLA.

Qu'on la laisse sortir !

FIN DU SECOND ACTE.

ACTE TROISIÈME.

SCÈNE I.

CATILINA, ROSCIUS.

CATILINA.

Oui, le peuple s'agite ; une femme rebelle
A la sédition ouvertement l'appelle ;
Tout s'émeut à ses pleurs, tout s'irrite à ses cris ;
On ne craint plus d'ouvrir un asile aux proscrits ;
Et déja Claudius, averti par un traître,
Insulte dans sa fuite à l'ordre de son maître.

ROSCIUS.

Qu'importe que de Rome il ait franchi les murs ?
Sur les rochers déserts, dans les antres obscurs,
La haine le poursuit ; son malheur est son crime ;
Et par-tout les bourreaux atteignent leur victime.

CATILINA.

Roscius est habile à feindre des douleurs.

ROSCIUS.

Tu connais mieux que moi l'art d'arracher des pleurs.
Pour la faire haïr je peins la tyrannie,
La folle ambition, l'affreuse calomnie,
Le vice enorgueilli d'un triomphe odieux,
Jusqu'à l'heure tardive où se vengent les dieux.

CATILINA.

Ainsi de Roscius la sagesse suprême,

Condamnant le sénat, le dictateur lui-même,
Sans crainte d'un soupçon qui peut peser sur lui,
Pour des conspirateurs se déclare aujourd'hui,
Et vient, sûr de l'appui d'un public idolâtre,
Étaler au Forum ses vertus de théâtre.

ROSCIUS.

J'oppose à ce mépris, qui n'atteint pas mon nom,
La faveur de Sylla, l'amitié de Caton.
Aux sentiments qu'ici ma voix a fait entendre,
Catilina feindrait en vain de se méprendre.
J'abhorre les complots, quels qu'en soient les auteurs :
Mais je crains les pervers, je hais les délateurs ;
Je vois avec dédain ces flatteurs mercenaires,
Sous leur pourpre flétrie esclaves consulaires,
Destructeurs de l'autel où leur encens brûla,
Adorer tour-à-tour Marius et Sylla,
D'un rival innocent poursuivre le supplice,
Et forcer le pouvoir de s'en rendre complice.

CATILINA.

Je ne veux pas savoir où tendent ces discours.
A de vaines clameurs je laisse un libre cours.
Pour Sylla, que je sers, prêt à tout entreprendre,
Je n'examine rien quand il faut le défendre ;
Par son intérêt seul mon droit est limité ;
Je ne le pèse point au poids de l'équité.
L'arrêt d'un dictateur est toujours équitable :
Claudius est proscrit, Claudius est coupable.
Toi-même, avant le jour, surpris dans sa maison,
Tu protégeas sa fuite ; et de sa trahison
Tu deviendras complice en cachant sa retraite.
Songe que du sénat ma voix est l'interprète.

ACTE III, SCÈNE 1.

Réponds ; où Claudius a-t-il porté ses pas ?

ROSCIUS.

Si j'en étais instruit, tu ne le saurais pas.
Le doute où je te vois a vengé mon offense.
Au sénat, j'y consens, dénonce mon silence :
Dis-lui que Roscius, sous le fer du licteur,
Est prêt à répéter : Opprobre au délateur !

(*Il sort.*)

SCÈNE II.

CATILINA, *seul.*

Affecte, Roscius, une vertu hautaine :
Triomphe insolemment dans les jeux de la scène :
Du piége où tes amis ont engagé tes pas
La faveur de Sylla ne te sauvera pas.
Dans tes jardins d'Alba, d'Arpinum, ou d'Hersile,
Le traître Claudius va chercher un asile.
Mais il s'y cache en vain à mon regard fatal ;
Il en est un plus sûr où j'attends mon rival.
D'un temple révéré le ministre fidèle,
Artisan d'un complot que m'a vendu son zèle,
Offre à mon ennemi ce refuge sacré :
Il meurt s'il y paraît ; son crime est avéré,
Et la loi qu'au sénat le dictateur va rendre
Étend au loin l'abyme où je le fais descendre.

SCÈNE III.

CATILINA, FAUSTUS.

FAUSTUS.

O ciel! Catilina!....

CATILINA.

Croirai-je qu'en ces lieux
Mon aspect de Faustus puisse blesser les yeux ;
Que son inimitié repousse avec colère
Le défenseur, l'ami, l'élève de son père ?
Fidéle à son pouvoir, ardent à le servir,
Rome a reçu de moi l'exemple d'obéir :
Je craindrais de penser qu'à sa cause fidéle
La haine de son fils récompensât mon zéle.

FAUSTUS.

Ah ! si de grands travaux, des exploits inouïs,
Peuvent donner le droit d'asservir son pays ;
Si la liberté meurt dans l'excès de la gloire,
Sylla dut remporter cette triste victoire :
Mais toi, honte de Rome ! à quel titre viens-tu
Te mêler aux vainqueurs sans avoir combattu ?
Dans quel camp a-t-on vu ta jeunesse occupée ?
Réponds-moi ; de quel sang fume encor ton épée ?
En paix avec les Grecs, les Parthes, les Germains,
Ta fureur sans périls immole les Romains ;
Au meurtre façonné, ton poignard parricide
Atteint le grand Marcus et le jeune Lépide :
Ainsi meurt, sous les coups d'un monstre adolescent,
L'espoir de l'avenir, la gloire du présent.

Là ne s'arrête pas ta rage frénétique :
On égorge ton frère à l'autel domestique ;
En vain d'un tel forfait la nuit voile l'horreur :
Catilina prend soin d'en révéler l'auteur,
Et, deux fois sacrilège, au temple des vestales
Va du sang fraternel souiller les eaux lustrales.
Voilà quels sont tes droits aux faveurs d'un héros,
Quels sont d'un sénateur les horribles travaux,
Quel est Catilina....

CATILINA.

Ta mémoire fidèle
Sans doute également à tes esprits rappelle
Qu'en tous temps, en tous lieux, à Sylla dévoué,
Ce qu'on nomme forfait par lui fut avoué,
Et que Faustus enfin, envers moi si sévère,
Ne saurait m'accuser sans maudire son père.
Son ordre en ce moment renouvelle au sénat
Une loi d'où dépend le salut de l'état.
Je cours joindre ma voix à sa voix souveraine ;
Et, dût Faustus encor la trouver inhumaine,
La flétrir de mon nom, je briguerai l'honneur
De faire exécuter la loi du dictateur.

SCÈNE IV.

FAUSTUS, TEUCER, *personnage muet.*

FAUSTUS.

Je connais cette loi sanglante et sacrilège
Dont tu cours invoquer l'horrible privilège...
Avant que Claudius en puisse être informé,

Réalisons l'espoir que son cœur a formé.
Il attend Valérie, il peut la voir sans crainte.
   (*à son affranchi.*)
Teucer, veille avec soin autour de cette enceinte,
Et qu'un messager sûr vienne ici m'avertir
Du moment où Sylla du sénat doit sortir.

SCÈNE V.

FAUSTUS, VALÉRIE.

VALÉRIE.

Faustus, est-ce ma vie ou ma mort qui s'apprête ?
Et mon époux ?...

FAUSTUS.

Il vit ; je connais sa retraite.

VALÉRIE.

Achéve...

FAUSTUS.

L'amitié, fidèle à son malheur,
A reçu Claudius sous son toit protecteur.

VALÉRIE.

Et j'ai pu t'accuser dans ma douleur extrême ?...
Je n'en saurais douter, cet ami, c'est toi-même.

FAUSTUS.

A quel autre qu'à moi doit-il avoir recours ?
Quel autre meurt flétri s'il ne sauve ses jours ?

VALÉRIE.

Ton amitié fait plus lorsqu'elle nous rassemble :
Je ne crains plus pour lui, nous périrons ensemble.
Je compte en frémissant des moments précieux ;

Permets que je le voie...
FAUSTUS.
Il est devant tes yeux.

SCÈNE VI.

FAUSTUS, VALÉRIE, CLAUDIUS.

VALÉRIE, *courant vers Claudius, qui paraît sous le péristyle.*
O mon cher Claudius !
CLAUDIUS.
Est-ce toi, Valérie?
Ce moment a payé tous les maux de ma vie;
« Il remplit tous les vœux de mon cœur satisfait.
  (*à Faustus.*)
« C'est à ton amitié que j'en dois le bienfait.
FAUSTUS.
« D'un meilleur avenir voyons-y le présage;
« Que la fidélité, l'amour et le courage
« S'unissent en ce jour pour triompher du sort.
« Plus malheureux que vous, par un pénible effort,
« Je dois concilier, dans ce cœur qui murmure,
« Les vœux de l'amitié, la voix de la nature.
« Citoyens et proscrits, pour vous le dictateur
« De tant de maux soufferts n'est que l'injuste auteur;
« Mais, à sa loi cruelle en voulant vous soustraire,
« Je dois me souvenir qu'il est aussi mon père,
« Qu'un intérêt sacré me ferait un devoir
« D'opposer mon respect à votre désespoir.
« Mon cœur, qui n'en saurait blâmer la violence,

« Lui laisse un libre cours, qu'arrête ma présence.
VALÉRIE.
Noble ami! quel espoir d'acquitter tes bienfaits?
FAUSTUS, *en sortant.*
Pardonnez à l'auteur des maux qu'on vous a faits.

SCÈNE VII.

CLAUDIUS, VALÉRIE.

CLAUDIUS.
J'ai donc pu te revoir, ma chère Valérie!
Dans quel lieu te conduit la fortune ennemie?
Au palais de Sylla!...
VALÉRIE.
Qu'importe? je te voi,
Je suis sûre à présent de mourir avec toi.
CLAUDIUS.
Ah! ne m'afflige pas de cette affreuse image.
VALÉRIE.
Elle doit soutenir, animer ton courage;
Si les dieux ont fixé le terme de tes jours,
Réponds-moi, sur la terre où seroit mon recours?
Auquel de tes bourreaux, d'une voix suppliante,
Irais-je demander ta dépouille sanglante,
Et, dans mon désespoir, avilissant mes pleurs,
D'un bûcher solitaire implorer les honneurs?
CLAUDIUS.
Ah! puis-je sans effroi penser que l'hyménée
T'impose d'un proscrit la triste destinée?
Toi qu'à tant de grandeur, dans nos jours glorieux,

Appelleraient ton nom, tes vertus, tes aïeux!

VALÉRIE.

Sœur de Tibérius, fille de Cornélie,
Je veux dans mon époux adorer ma patrie;
Et Claudius, proscrit quand Rome est dans les fers,
Est plus grand que Sylla maître de l'univers.
Rien ne manque à mes vœux : j'ai trouvé dans ton ame
L'ardeur qui m'animait, la haine qui m'enflamme.
Laissons de vains débats et de vie et de mort :
Est-ce le dernier jour que nous laisse le sort?
A ce terme si court bornant notre espérance,
Essayons d'y trouver l'heure de la vengeance.

CLAUDIUS.

Oui, j'en ai médité le généreux dessein;
Que je sois libre un jour, le succès est certain.

VALÉRIE.

Comme nous, nos amis ont dévoué leur vie;
Lænas, Aufidius, au palais m'ont suivie;
Sous des habits d'esclave introduits en ces lieux,
Ils attendent l'instant... mais je les vois!...

SCÈNE VIII.

LES MÊMES, AUFIDIUS, LÆNAS, *sous des habits d'esclaves.*

CLAUDIUS.

        Grands dieux!

AUFIDIUS.

Claudius vit encor!...

CLAUDIUS.
                    Quand la faveur céleste
Permet que je vous voie en ce palais funeste,
Nos moments sont comptés, nous ne les perdrons pas.
Vaillant Aufidius, implacable Lænas,
Vous voyez sous quels maux succombe la patrie;
La république expire, et sa gloire est flétrie.
Veuve d'un peuple-roi, Rome, en ces jours de deuil,
Voit d'un laurier sanglant ombrager son cercueil.
L'Arabe peut errer sur ses brûlants rivages;
Les animaux des bois ont leurs antres sauvages;
Et vous, Romains, et vous, par un destin nouveau,
Le monde où vous régnez vous refuse un tombeau!
Dans l'univers esclave un seul homme est donc libre!

LÆNAS.
Non, mon cher Claudius; il est aux bords du Tibre
Un mortel vertueux, plus libre que Sylla.

VALÉRIE.
Celui qui sait mourir...

LÆNAS.
            Celui qui le tuera!

CLAUDIUS.
C'est moi! si mes amis secondent mon courage.
Vous savez mon dessein : demain, suivant l'usage,
Le dictateur doit faire un sacrifice aux dieux :
Il va, de la Fortune adorateur pieux,
Sur les autels nouveaux qu'il ravit à la Grèce,
Pour le malheur de Rome invoquer la déesse.
Je marche vers le temple à l'ombre de la nuit:
Par le pontife même en secret introduit,
J'attendrai le tyran au fond du sanctuaire;

ACTE III, SCÈNE VIII.

Je répondrai moi-même à sa voix sanguinaire ;
Et devenu l'oracle et l'instrument du sort,
Au cri de liberté je lui donne la mort.

AUFIDIUS.

Dans ce hardi projet compte sur tout mon zèle.

VALÉRIE.

J'entraîne sur mes pas tout un peuple fidèle.

AUFIDIUS.

Au nom de Marius j'arme les plébéiens.

VALÉRIE.

Nous avons un parti dans les patriciens ;
Et le jeune César, si je ne suis trompée,
Divisera l'effort des soldats de Pompée.

CLAUDIUS.

C'est là tout notre espoir... Mais Lænas, qui se tait,
N'approuverait-il plus un si noble projet ?

LÆNAS.

Vous parlez de projet, vous, dans cette demeure ;
Vous disposez du temps, et vous n'avez qu'une heure.
De combien de mystère il faut s'envelopper !
Que d'obstacles à vaincre avant que de frapper !
Quand tu cherches au loin l'espoir de la vengeance,
Au-devant de tes coups ta victime s'avance.
Pourquoi dans les dangers que l'on peut prévenir
Hasarder un succès qu'on est sûr d'obtenir ?
Ton bras doit immoler un homme à la patrie ;
Le sort te l'abandonne et te livre sa vie.
Ce palais à tes pas par Faustus est ouvert ;
C'est là que dans la nuit, de son ombre couvert,
Seul avec ses remords, ses terreurs, ses victimes,
Le tyran des Romains vient méditer ses crimes ;

C'est là que sous ta main, expiant ses forfaits,
Il doit périr! c'est là qu'il faut frapper!

CLAUDIUS.

Jamais!
Qui? moi! j'abuserais du plus saint privilége!
Je souillerais de sang le toit qui me protége!
Sylla, dans cette enceinte, a pour garant ma foi,
Et ses jours odieux y sont sacrés pour moi.
Des vertus d'un ami quel serait le salaire?
J'accepterais ses dons pour égorger son père!

LÆNAS.

Pour punir un tyran, pour venger ton pays...

CLAUDIUS.

Au foyer domestique où m'a reçu son fils?

VALÉRIE.

Mon cœur répond au tien : oui, sauvons la patrie;
Mais ne la sauvons pas par une perfidie :
Que Sylla meure au temple, à la clarté du jour.

CLAUDIUS.

Le grand-prêtre demain m'ouvrira ce séjour...

LÆNAS.

Demain, sera-t-il temps? tu connais l'acte infame;
La loi Licinia! le sénat la proclame :
La mort, la mort sur l'heure, à quiconque oserait,
En cachant un proscrit, retarder son arrêt;
Le toit hospitalier est réduit en poussière;
Le châtiment s'étend sur la famille entière.

CLAUDIUS.

S'il est ainsi, Lænas, je dois quitter ces lieux!
Séparons-nous; je pars.

ACTE III, SCÈNE VIII.

VALÉRIE.

A cette heure? grands dieux!
Tu pourrais accomplir un dessein si funeste.
Tu péris si tu sors.

CLAUDIUS.

Faustus meurt si je reste.

LÆNAS.

La loi du dictateur n'atteindra pas son fils.

CLAUDIUS.

Il mettrait son fils même au nombre des proscrits.
Sortons...

VALÉRIE, *appelant.*

Faustus, Faustus, j'invoque ta présence!
(*Lænas et Aufidius sortent.*)

SCÈNE IX.

CLAUDIUS, VALÉRIE, FAUSTUS.

FAUSTUS.

J'accours.

VALÉRIE.

Il veut partir.

FAUSTUS.

O ciel! quelle démence!
Où vas-tu, malheureux? tu sais quel est ton sort;
Tu ne peux me quitter sans rencontrer la mort.
Demeure dans ces murs, où ton serment te lie.

CLAUDIUS.

Mon serment!... je l'abjure, il expose ta vie.

FAUSTUS.

Qui t'a dit...?

CLAUDIUS.

Je sais tout.

FAUSTUS, *l'arrêtant avec violence.*

Tu ne sortiras pas.

CLAUDIUS.

Je le dois, je le veux.

FAUSTUS.

Viens donc, je suis tes pas.
Tu m'opposes la loi; j'accepte sa justice :
Viens dénoncer ton crime, et livrer ton complice.

CLAUDIUS.

Cruel ami! ce mot m'enchaîne dans ce lieu.

VALÉRIE.

Au temple cette nuit...

FAUSTUS, *en voyant rentrer Teucer.*

Sylla revient...

CLAUDIUS, *à Valérie.*

Adieu.

FIN DU TROISIÈME ACTE.

ACTE QUATRIÈME.

SCÈNE I.

CATILINA, BALBUS.

CATILINA.

C'est toi, Balbus! Eh bien! que pense le grand-prêtre?
Claudius dans le temple a-t-il osé paraître?

BALBUS.

Le pontife est à nous, est le piège est tendu;
Mais, au parvis sacré vainement attendu,
Le proscrit à tes coups dérobe encor sa tête.

CATILINA.

Cours chez son affranchi Sergius : qu'on l'arrête,
Et que dans les tourments son secret arraché
Nous révèle l'asile où son maître est caché.
Mais je crains que son cœur ne brave la torture :
Il est ambitieux; offre-lui la questure.
Surveille Roscius, observe tous ses pas,
Et cherche à retrouver les traces de Lænas,
Tandis qu'en ce palais j'attendrai Valérie.

SCÈNE II.

CATILINA, *seul.*

C'est à moi qu'en ce jour le dictateur confie
Le soin et le pouvoir d'exécuter sa loi :
Par-delà ses desirs j'en réglerai l'emploi.
C'est elle !

SCÈNE III.

CATILINA, VALÉRIE, *amenée par un licteur.*

VALÉRIE.
Par ton ordre en ces lieux amenée,
Pour quel crime nouveau me vois-je condamnée
A subir ta présence, à supporter l'affront
Qu'un seul de tes regards imprime sur mon front?
CATILINA.
Rends-moi plus de justice, et commande à ta haine.
Claudius est coupable, et sa perte est certaine :
Du fond de la retraite où le suivent mes yeux,
Il médite, il dirige un complot odieux.
VALÉRIE.
Par de pareils détours penses-tu me surprendre?
Mon secret m'appartient.
CATILINA.
              Achéve de m'entendre,
Et tu verras alors si je suis bien instruit.
Te dirai-je le temple où Claudius conduit
Voulait à la Fortune offrir ses sacrifices?

ACTE IV, SCÈNE III.

Te dirai-je ses vœux, son espoir, ses complices?
Et s'il faut des témoins, ne suffira-t-il pas
D'appeler Roscius... d'interroger Lænas?

VALÉRIE.

Lænas!...

CATILINA.

    Calme l'effroi dont ton ame est remplie;
Je sais tout, je peux tout... Écoute, Valérie:
Je tiens entre mes mains les jours de mon rival,
Et les bourreaux tout prêts attendent mon signal.
Je ne puis oublier qu'au mépris de ma flamme
De l'obscur Claudius Valérie est la femme;
Qu'en formant un hymen indigne de son nom
Elle a trompé l'espoir d'une illustre maison;
Et qu'en faisant périr l'indigne époux qu'elle aime,
Je venge Sylla, Rome, et ta gloire, et moi-même;
Mais je puis, à ta voix, éloigner de mon cœur
Un souvenir cruel qui nourrit ma fureur.
« Je puis sur Claudius, qu'attend un long supplice,
« Étendre dès ce jour une main protectrice,
« Et peut-être bientôt, surpassant son espoir,
« L'appeler aux honneurs, l'élever au pouvoir.

VALÉRIE.

Quel prix Catilina met-il à sa clémence?

CATILINA.

Tu dois de Claudius abjurer l'alliance...

VALÉRIE.

Arrête, malheureux! qui le croira jamais?
Toi, qui comptes tes jours par autant de forfaits;
Toi, l'ennemi des dieux, l'assassin de tes frères,
Détestable artisan de toutes nos misères,

C'est toi dont la démence, égalant la fureur,
Vient d'un crime nouveau me dévoiler l'horreur !
Apprends que Claudius m'est plus cher que la vie,
Qu'à mon époux mon cœur préfère ma patrie,
Que loin de consentir à les sauver tous deux
Au prix d'un autre hymen, abominable, affreux,
Je les sacrifierais si ma reconnaissance
A tes soins criminels devait leur délivrance,
Si, dans mes sentiments forcée à me trahir,
Il fallait renoncer au droit de te haïr.
Moi seule je connais l'asile inviolable
Offert à Claudius : seule je suis coupable.
Je n'examine pas s'il a pu concevoir
Un projet dont mon cœur lui ferait un devoir,
Ou si Catilina, dans sa rage impuissante,
Dénonce au dictateur un complot qu'il enfante :
Claudius contre lui n'a formé que des vœux ;
Mais je puis achever ses desseins généreux.
Tu vois, Catilina, si ton fatal génie
Peut jamais ébranler l'ame de Valérie.

(*Elle sort.*)

CATILINA.

Jouis avec orgueil d'un triomphe si doux :
Tu viens de prononcer la mort de ton époux.

SCÈNE IV.

CATILINA, SYLLA, FAUSTUS, CATULUS, BALBUS.

BALBUS.

Il est trop vrai; sa main sacrilége et perfide
Ourdissait dans le temple un complot parricide.
Le pontife lui-même a paru devant toi;
Et son zèle empressé te répond de sa foi.

CATILINA.

Claudius est proscrit, et d'avance il expie
Un forfait suscité par une rage impie;
Mais d'un crime plus grand j'accuse le Romain
Qui dérobe au supplice un infame assassin;
Sylla, je le connais...

SYLLA.

Ah! malheur au perfide
Qui prête à Claudius un abri parricide!
Parle, Catilina; quel Romain aujourd'hui
De ce conspirateur s'est déclaré l'appui?

CATILINA.

Je nomme avec regret, mais avec assurance,
Un homme qu'honora ta noble confiance :
C'est Roscius?

FAUSTUS.

O ciel! que dis-tu?

SYLLA.

Roscius!...

CATILINA.

Dans ses jardins d'Hersile on a vu Claudius;

Et surpris par moi-même auprès de Valérie,
En vain il prétendrait nier sa perfidie...

SYLLA.

Qu'il tremble!... il m'a trompé... Roscius, tu verras
Si mon juste courroux épargne des ingrats,
Si je suspends le coup qui menace leur tête!..
Va, cours Catilina... qu'on le saisisse...

FAUSTUS, *retenant Catilina prêt à sortir.*

Arrête.
Sur de vagues soupçons ton espoir s'est formé,
Ou tes agents secrets t'ont bien mal informé :
Roscius au proscrit n'a point donné d'asile,
Il ne le cache point dans ses jardins d'Hersile :
Je sais tout; c'est à moi de le justifier;
Mais ce n'est qu'à Sylla que je veux confier
Un secret important que lui seul doit connaître.

SYLLA.

Sénateurs, laissez-nous...

(*Ils sortent.*)

SCÈNE V.

SYLLA, FAUSTUS.

SYLLA.

Quel est le nom du traître ?
Près de qui Claudius a-t-il bravé ma loi ?
Nomme-le, je le veux; qui l'a reçu ?

FAUSTUS.

C'est moi.

ACTE IV, SCÈNE V.

SYLLA.

Qu'entends-je ? toi, Faustus, tu trahirais ton père !

FAUSTUS.

Je ne veux ni braver ni fléchir ta colère ;
Écoute seulement avec quelque pitié :
Ton cœur, si grand, si fier, a connu l'amitié ;
Ce noble sentiment à Claudius me lie.
L'arrêt du dictateur, en menaçant sa vie,
D'un ennemi cruel servait les noirs projets ;
Je t'ai vu partager ma crainte et mes regrets ;
Ignorant son malheur, que l'amitié déplore,
Claudius dans ces murs a devancé l'aurore ;
Il tremble pour mes jours, et l'amitié l'instruit
De l'abyme effroyable où son cœur l'a conduit ;
Plus de retour pour lui vers son épouse en larmes ;
Le foyer domestique est en proie aux alarmes ;
Catilina le cherche, il n'était plus d'espoir :
Je devais le sauver, et j'ai fait mon devoir.
Maintenant je souscris à ton ordre suprême ;
Fais saisir Claudius.

SYLLA.

Où ?

FAUSTUS.

Dans ton palais même.

SYLLA.

Malheureux !

FAUSTUS.

Je le suis ! je trahis l'amitié :
La loi qui me punit m'aura justifié.
De sa sévérité comment puis-je me plaindre,
Alors qu'un même coup tous deux nous doit atteindre ?

SYLLA.

Voilà donc de Faustus les sublimes desseins !
Il tremble que Sylla n'échappe aux assassins ;
Il approche le fer du sein de la victime.

FAUSTUS.

Non, tu ne le crois pas ; le soupçon d'un tel crime
Ne peut jamais atteindre un cœur tel que le mien ;
Mon père me connaît et me juge trop bien
Pour exiger de moi que je me justifie.
Je vois en gémissant les maux de la patrie ;
Fils de l'heureux Sylla maître de l'univers,
Je porte avec douleur tout le poids de nos fers ;
Mais si la liberté, que ton pouvoir opprime,
Élève dans mon ame un regret magnanime,
Elle n'affaiblit pas un devoir plus sacré,
Un plus doux sentiment par le ciel inspiré.
Entre Rome et Sylla la nature m'éclaire ;
Mon serment est à Rome, et ma vie à mon père.

SYLLA.

Cependant un proscrit s'arme contre mes jours,
Et Faustus, et mon fils lui prête son secours !
Sais-tu quel châtiment ton audace s'apprête ?
Sais-tu bien que la loi pèse aussi sur ta tête,
Qu'inflexible elle veut que ton sang soit versé,
Que l'arrêt est rendu, que je l'ai prononcé ?

FAUSTUS.

Je saurai le subir, et sa rigueur extrême
Pour te justifier doit me frapper moi-même.

SYLLA.

Va, tu n'es plus mon fils : et j'ai devant les yeux
D'un perfide assassin le complice odieux.

FAUSTUS.

Catilina l'assure, et Sylla peut le croire!...
Je connais Claudius, il aime trop la gloire :
S'il hait le dictateur, par mon bienfait lié,
Sur sa haine j'ai pris les droits de l'amitié;
Par-tout ailleurs son ame, au désespoir poussée,
Peut d'un grand attentat concevoir la pensée;
Oui, Sylla, ton pouvoir, en horreur aux Romains,
Réveille tous les cœurs, arme toutes les mains;
Et, si jamais il luit, le jour de la vengeance
Ne verra que mon bras levé pour ta défense.
Entends les vœux d'un fils, et prends pitié de toi...

SYLLA.

Sors, et que Claudius paraisse devant moi.

(*Faustus sort.*)

SCÈNE VI.

SYLLA, *seul.*

Dans les transports confus où s'abyme mon ame,
Je n'ose interroger le desir qui m'enflamme.
Prodigue de mon sang, en immolant Faustus
Dois-je encore aux Romains l'exemple d'un Brutus?
Que dis-je? de Brutus l'héroïque furie
Sacrifiait ses fils à Rome, à la patrie;
Et cet arrêt cruel, par lui-même dicté,
Sur leur tombeau sanglant fondait la liberté :
Faustus, qui la défend, marcherait au supplice!...
Que me reviendra-t-il d'un pareil sacrifice?
Quel est le noble prix que mon cœur en attend?

Les Romains sont trop vils pour leur donner mon sang...
Si, du haut de ce rang où Rome me contemple,
J'étonnais l'univers d'un plus sublime exemple !
Si, malgré mes fureurs, je forçais l'avenir
A garder de mon nom l'immortel souvenir !
J'y songerai...

SCÈNE VII.

SYLLA, CLAUDIUS, FAUSTUS.

(Sylla fait signe à Faustus de se retirer; celui-ci s'éloigne avec inquiétude, après avoir serré son ami dans ses bras.)

FAUSTUS, *à Claudius.*

Je mets en toi ma confiance.

CLAUDIUS, *à Faustus.*

Tu me connais...

SYLLA *s'assied.*

Approche : admis en ma présence,
Tu veux en vain cacher le trouble de ton cœur.

CLAUDIUS.

Tu te méprends, Sylla; ce trouble est de l'horreur.

SYLLA.

Qui peut te l'inspirer, sinon l'espoir infame
Qu'une fausse vertu fit naître dans ton ame ?
Ne suis-je plus Sylla ? n'es-tu pas Claudius,
Le digne petit-fils de ce Sulpicius,
De ce vil instrument d'une tourbe effrénée,
Par qui la république expirait profanée ?
Et tu vis cependant ! Soit grandeur, soit pitié,
Je désarmais pour toi ma juste inimitié;
Respectant un lien formé dans la jeunesse,

ACTE IV, SCÈNE VII.

Je souffrais que mon fils protégeât ta faiblesse;
Et lorsque instruit enfin que mes vils ennemis
Trouvaient dans Claudius un partisan soumis,
J'ai dû me repentir d'un excès d'indulgence,
A ton bannissement je bornais ma vengeance;
Je protégeais ta fuite, et souffrais que la loi,
Inexorable à tous, pût s'adoucir pour toi :
Mais Claudius dédaigne un bienfait qui l'enchaîne;
Un cœur tel que le tien n'obéit qu'à sa haine.
Trahissant l'amitié qui s'unit à ton sort,
Du père de Faustus tu médites la mort !...
A la clarté du jour si du moins ton audace
Eût au milieu du peuple accompli ta menace,
Un tel forfait peut-être aurait quelque grandeur :
Mais souiller de mon sang l'asile protecteur
Où l'amitié coupable imprudemment te guide,
Associer mon fils à ton noir parricide,
Et, pour porter des coups plus lâches et plus sûrs,
Comme un vil assassin se glisser dans ces murs !
Ce crime est digne en tout d'une odieuse race !...
Eh bien ! que tardes-tu ? l'instant sert ton audace;
Frappe, nous sommes seuls : accomplis ton dessein.
Mais peut-être Faustus a désarmé ta main :
Tiens, prends ce fer.
  (*Il lui présente un glaive attaché aux faisceaux.*)
   CLAUDIUS, *refusant de le prendre.*
      Sylla, j'admire ton courage:
Mais si je ne veux pas en tirer avantage,
Si j'accorde à mes vœux un funeste retard,
  (*lui montrant un poignard caché sous sa robe.*)
Ce n'est pas, tu le vois, à défaut d'un poignard.

Ton fils, qui me connaît, près de moi plus tranquille,
A différé ta mort en m'offrant un asile.
SYLLA.
Ainsi donc, Claudius, tu ne te défends pas
Du complot insensé...
CLAUDIUS.
                   J'ai voulu ton trépas,
Oui; je le veux encore.
SYLLA.
                   Eh bien! si ma clémence
D'un conseil moins sévère écoutait l'indulgence,
Si j'épargnais tes jours!
CLAUDIUS.
                   Tu ferais un ingrat;
Je resterais fidèle à ma haine, à l'État.
De quoi te servirait cette bonté tardive?
Mille bras sont levés, et dans Rome captive
Il ne t'est plus permis de vivre sans effroi,
Tant qu'un autre mortel voit le jour avec toi.
Souviens-toi de Préneste, et qu'à ta voix dans Rome
Un peuple tout entier tombe comme un seul homme!
De tes proscriptions l'horrible cruauté
A consacré ton nom à l'immortalité;
Subis ton avenir, bourreau de ma patrie!
Par un trait généreux ne démens pas ta vie!
SYLLA.
Tu me rends à moi-même, à mes justes fureurs :
Craignez-moi si je vis, et tremblez si je meurs,
Lâches Romains! Et toi, héros dont l'insolence
Brûle de recevoir sa juste récompense,
Tu seras satisfait.

CLAUDIUS.

Tu combles tous mes vœux :
Ton trépas ou le mien, c'est tout ce que je veux.

SYLLA. (*Il appelle; les licteurs entrent.*)

Licteurs ! veillez par-tout; qu'on occupe les portes,
De ma garde à l'instant qu'on double les cohortes;
Que nul, même Faustùs, sans mes ordres exprès,
Ne puisse, cette nuit, sortir de ce palais.
Qu'on suive Claudius : va dire à ton complice
Que toi-même as marqué l'heure de ton supplice.

CLAUDIUS, *rentrant dans l'intérieur du palais.*

Je sors : adieu Sylla !... Regarde autour de toi !
Je te laisse en mourant plus malheureux que moi.

SCÈNE VIII.

SYLLA.

Malheureux !... il dit vrai... Je le suis. Est-ce vivre,
Que subir les tourments où ma grandeur me livre ?
Du sang ! toujours du sang ! Étouffer des complots !...
La nuit, point de sommeil !... le jour point de repos...
L'esprit préoccupé de visions funèbres,
Comme un timide enfant, moi ! j'ai peur des ténèbres !...
Restons sous ce parvis; plus calme, dans ces lieux
Attendons que le jour vienne éclairer les cieux.
Si je pouvais dormir !... Mais quelle est ma faiblesse !
Je tremble pour mon fils !... Vainement : ma tendresse
Ne saurait désarmer mon inflexible cœur;
Je suis père, dis-tu ?... Non; je suis dictateur.
Dictateur ! Quoi ! toujours marcher de crime en crime !

Ah! je suis fatigué de vivre sur l'abyme!
Je veux... Ils me tueront... Tout-puissant, glorieux,
Que puis-je désormais demander à nos dieux?...
Le terme de mes maux, la fin d'un long délire,
Cette paix de la tombe, où quelquefois j'aspire :
Mourir! dormir enfin! Que m'importent des jours
Dont les profonds ennuis empoisonnent le cours?
Mais je sens que mon ame, enfin moins oppressée,
(*Il se couche.*)

Laisse en un vague heureux s'éteindre ma pensée.
O bienfait inconnu! Mes yeux et mes esprits
S'affaissent lentement, par le sommeil surpris.
(*Il s'endort et rêve tout haut.*)

Que vois-je? et quel pouvoir... dans ces demeures sombres,
De ceux que j'ai proscrits... a ranimé les ombres?...
Que voulez-vous de moi, transfuges des tombeaux?...
De vos corps déchirés vous m'offrez les lambeaux!
J'ai puni vos forfaits... J'ai puni vos complices...
Tremblez qu'on ne vous traîne à de nouveaux supplices!
Je les vois tous, les bras vers mon lit étendus,
Agiter leurs poignards sur mon sein suspendus.
O dieux! à me frapper leurs mains sont toutes prêtes.
(*Il se lève en dormant.*)

A moi, licteurs! à moi!... J'avais proscrit leurs têtes,
Je les revois encor?... Chassez tous ces pervers!
Et que vos fouets sanglants les rendent aux enfers!
Sylla le veut... l'ordonne... obéissez!...
(*Il retombe sur son lit.*)

SCÈNE IX.

SYLLA, FAUSTUS, GARDES.

FAUSTUS, *accourant*.
                    Mon père!
SYLLA.
Qu'est-ce? Que me veut-on? Quel est le téméraire
Qui trouble mon sommeil?
FAUSTUS.
                    Des cris jusques à moi....
SYLLA.
Je n'ai point appelé... Mais où suis-je? c'est toi!...
Sans mon ordre oses-tu paraître en ma présence?
Tu m'éveilles, Faustus... Je reprends ma puissance;
Je reprends sur moi-même un empire absolu;
Allons, exécutons ce que j'ai résolu.
Dans cet état cruel je ne saurais plus vivre.
De tous mes ennemis que ce jour me délivre;
Il n'est qu'un seul effort qui les puisse dompter;
Voyons d'eux ou de moi qui saura l'emporter.
Gardes, que l'on soit prêt; Ofella, qu'on s'assemble;
Que le peuple, l'armée et le sénat ensemble,
Pour apprendre de moi quels seront leurs destins,
Attendent au Forum mes ordres souverains.

FIN DU QUATRIÈME ACTE.

ACTE CINQUIÈME.

(Le théâtre représente le Forum, sur l'un des côtés duquel se trouvent placés les rostres et la tribune aux harangues ; des groupes de peuple garnissent le fond du théâtre, et des soldats en occupent les avenues.)

SCÈNE I.

CATILINA, BALBUS, *sur le devant de la scène.*

CATILINA.
Nous triomphons, Balbus : le jour qui vient d'éclore
Va délivrer mes yeux d'un rival que j'abhorre ;
La fortune constante a passé mes souhaits :
Sylla fait plus pour nous que je ne l'espérais.
Il nous livre son fils, il venge sur lui-même
Des lois qu'il outragea la majesté suprême.
Aux ordres du préteur le palais s'est ouvert :
Je dirigeais ses pas ; Claudius découvert
Accuse son ami par sa seule présence,
Et les lois sur tous deux étendent leur vengeance.
Faustus et Claudius, au Forum amenés,
Par la voix de Sylla vont être condamnés.

BALBUS.
Penses-tu que jamais son orgueil sacrifie
A l'amour du pouvoir une si chère vie,
Et que le sang d'un fils, à ses yeux répandu,
Au sang de Claudius puisse être confondu ?

CATILINA.

Il le sera, crois-moi; son supplice s'apprête;
Complice d'un proscrit, la hache est sur sa tête;
Et ce grand appareil, que lui-même ordonna,
Annonce assez l'arrêt que va porter Sylla.
Je vois de tous côtés le peuple qui s'avance.

BALBUS.

N'es-tu pas effrayé de son profond silence?
A son premier transport ne nous exposons pas:
Lænas est avec eux...

CATILINA, *se retirant vers le fond.*
Rejoignons nos soldats.

SCÈNE II.

AUFIDIUS, LÆNAS, VALÉRIE, PEUPLE.

AUFIDIUS.

Quels sont donc ces apprêts? de Rome consternée
Vient-on nous annoncer la dernière journée?
Les soldats de Pompée entourent le Forum;
On court interroger l'oracle d'Antium...

VALÉRIE.

Que craignez-vous, Romains? Est-il dans sa furie
Un fléau dont Sylla n'ait frappé la patrie?
Ah! si vos cœurs au mien veulent se rallier,
Des crimes de Sylla ce jour voit le dernier:
Êtes-vous las, enfin, de traîner votre chaîne,
De dégrader en vous la majesté romaine,
De trouver dans la honte un ignoble trépas?
Pour punir le tyran je vous offre mon bras:

Quand la patrie expire, il faut bien que je meure ;
Que votre liberté marque ma dernière heure.
Ici, dans ce lieu même, où j'attends mon époux,
Mes deux frères jadis ont expiré pour vous ;
Jalouse de leur sort, je dois à la patrie
Les restes généreux du sang de Cornélie :
Si vous me secondez, c'est aujourd'hui, c'est là
Que je veux le répandre en immolant Sylla.

AUFIDIUS, *à part à Valérie.*

Quel fruit espères-tu d'un si noble courage ?
Pourras-tu jusqu'à lui te frayer un passage ?
Parmi tous ces guerriers, esclaves conquérants,
Ce peuple de licteurs, ces flots de courtisans,
La foudre de nos dieux pourrait seule l'atteindre :
Attendons sans courroux, haïssons sans nous plaindre.

VALERIE.

Quel cortége sinistre approche de ces lieux ?
C'est lui, c'est mon époux ; je rends graces aux dieux :
Nous voilà réunis.

SCÈNE III.

LES MÊMES, FAUSTUS, CLAUDIUS.

(Faustus et Claudius s'avancent au milieu des licteurs, qui forcent Lænas à s'éloigner de Claudius ; dont il voudrait s'approcher.)

CLAUDIUS, *à Valérie.*
O fortune inhumaine !
Tout ce qui me fut cher à mon destin s'enchaîne.

VALÉRIE.

D'où vient que mon aspect afflige mon époux,

ACTE V, SCÈNE III.

Quand sa vue est pour moi le bienfait le plus doux?

FAUSTUS, *à Claudius.*

Vois cette foule, ami; c'est nous qu'elle contemple;
C'est de nous qu'elle attend un mémorable exemple:
Nous saurons le donner...

CLAUDIUS.

Toi! partager mon sort,
Faustus?

FAUSTUS.

Ai-je moins fait pour mériter la mort?
Victime, ainsi que toi, d'une loi tyrannique,
Nous périssons tous deux avec la république.
Sûr de le partager, je bénis ton trépas;
Au moment de frapper il arrête ton bras,
Et me sauve l'horreur, à mon heure dernière,
De haïr mon ami, meurtrier de mon père.
Dans mon cœur la nature accusait l'amitié,
Nous mourrons tous les deux: le crime est expié.

CLAUDIUS.

Faustus, tu pouvais vivre encor pour la patrie.

FAUSTUS.

Je ne puis la sauver; je lui donne ma vie.

CLAUDIUS.

Pardonne un souvenir qui mêle ses tourments
Au glorieux espoir de mes derniers moments.
  (*A Valérie.*)
O toi, de mes destins maîtresse souveraine,
Valérie! ô douleur!

VALÉRIE.

Valérie est romaine.
Femme de Claudius, digne de ses aïeux.

Celle qui sans pâlir a reçu vos adieux
Saura bien, comme vous, d'un front inaltérable,
Attendre de la mort le trait inévitable.

CLAUDIUS.

Des cris frappent les airs.

SCÈNE IV.

LES MÊMES, SYLLA, MÉTELLUS, ROSCIUS,
CORTÉGE, SOLDATS, LICTEURS, PRÊTRES, PEUPLE.

LE PEUPLE.

Le voilà! le voilà!

UN GROUPE.

Salut au dictateur!...

UN AUTRE GROUPE.

Salut, divin Sylla!

(*Sylla s'avance lentement au milieu de la foule.*)

VALÉRIE *à part.*

O comble de bassesse! ô sacrilège infame!

(*Elle s'élance, et va pour frapper Sylla; Roscius arrête son bras.*)

Meurs, tyran!

CLAUDIUS.

Frappe!

FAUSTUS, *faisant un mouvement pour voler au secours de son père.*

Arrête!

SYLLA, *froidement à sa suite.*

Éloignez cette femme...
Je viens venger les lois, les Romains, et l'état :

Elle aurait empêché qu'un autre m'imitât.
De plus grands criminels appellent ma justice :
Claudius est l'un d'eux, mon fils est son complice :
Ils ont trahi les lois, et sont, dès ce moment,
Unis par le forfait et par le châtiment ;
Je n'use point contre eux de mon pouvoir suprême,
Le peuple sur leur sort prononcera lui-même.

BALBUS, à part, à Catilina.

Entends-tu ?

CATILINA, à part, à Balbus.

Ne crains rien de ces feintes douceurs :
Le peuple n'a jamais sauvé ses défenseurs.

SYLLA (Il monte à la tribune, et s'assied ; les licteurs et les soldats entourent la tribune).

Romains, dans ce grand jour, le monde va connaître
Si votre dictateur était digne de l'être,
Et si tant de travaux qu'il couronne aujourd'hui
Vous ont à votre tour rendus dignes de lui.

ROSCIUS, à part.

Que nous promet, grands dieux ! ce superbe langage ?

CATILINA, à Balbus, à part.

Vois quelle sombre horreur se peint sur son visage ;
Lançant autour de lui l'arrêt silencieux,
Il choisit sa victime, il la marque des yeux.

MÉTELLUS.

Par ton ordre, Sylla, les tribus réunies
Ont autour du Forum composé leurs curies.

SYLLA, debout sur les rostres.

Citoyens, chevaliers, pontifes, sénateurs,
Et vous, de la patrie illustres défenseurs ;
Écoutez : je vous dois, je me dois à moi-même,

20.

De rendre compte ici de mon pouvoir suprême,
Et d'exposer enfin à vos regards surpris
Les immenses travaux par moi seul entrepris.
J'ai subjugué le Pont, le Bosphore, l'Épire;
Les eaux du Phalaris traversent votre empire [1];
La Grèce tout entière est soumise à vos lois,
* Et des bords libyens j'ai chassé tous les rois.
La chute de Carthage avoit ébranlé Rome :
J'ai réparé les maux qu'avait faits un grand homme.
Jugurtha fut vaincu, Mithridate est soumis,
Ma fortune a plus fait qu'elle n'avait promis.
« C'était trop peu pour moi des lauriers de la guerre,
* Je voulais une gloire et plus rare et plus chère;
* Rome, en proie aux fureurs des partis triomphants,
* Mourante sous les coups de ses propres enfants,
* Invoquait à-la-fois mon bras et mon génie ;
* Je me fis dictateur: je sauvai la patrie.
A l'antique sénat je rendis le pouvoir;
Le peuple mutiné rentra dans le devoir;
Jamais on ne me vit, esclave du vulgaire,
Rechercher et trahir cet amour populaire
Où Marius voyait le but de ses travaux.
J'ai peu flatté le peuple, et j'ai guéri ses maux :
Je m'armai contre lui de rigueurs légitimes :
Au salut de l'État j'immolai des victimes.
* Qu'on nomme violence et même cruauté
* Ce que j'ai fait pour Rome et pour la liberté;
* Un reproche pareil ne saurait me confondre :
* Du sang que j'ai versé je suis prêt à répondre :
Oui, de l'humanité si j'étouffai la voix,
Ce fut pour vous contraindre à fléchir sous les lois.

ACTE V, SCÈNE IV.

J'ignore quel surnom l'histoire me destine :
L'avenir jugera ce que Rome examine.
Du poids de ma grandeur plus accablé que vous,
Je viens briser le joug qui nous fatiguait tous.
J'ai vaincu, j'ai régné ; maintenant je veux vivre !
Je rejette la coupe où le pouvoir s'enivre.
* J'ai gouverné le monde à mes ordres soumis,
* Et j'impose silence à tous mes ennemis ;
* Leur haine ne saurait atteindre ma mémoire ;
* J'ai mis entre eux et moi l'abyme de ma gloire.
Que le sénat renaisse aux antiques vertus !
Qu'il gouverne l'état... le dictateur n'est plus.
Écoutez !... Que ma voix remplisse cette enceinte :
J'ai gouverné sans peur ; et j'abdique sans crainte.

LE PEUPLE.

O courage ! ô grandeur au-dessus des humains !

SYLLA.

Je vous rends vos consuls ; choisissez-les, Romains.

(*Métellus sort.*)

Mon asile, a-t-on dit, est dans la dictature :
Eh bien ! dès ce moment devant vous je l'abjure ;
Je me dépouille ici des suprêmes honneurs.

(*Il détache son manteau de pourpre, et jette la palme d'or,
symbole de la dictature.*)

Je dépose la pourpre.... Éloignez-vous, licteurs.

(Les licteurs et les soldats qui entouraient la tribune déposent leurs
armes et leurs faisceaux, et vont se confondre parmi le peuple.)

Me voilà désarmé ! Je vous livre ma vie :
Aux complots, aux poignards, j'oppose mon génie,
La vertu de Brutus, l'âme de Scipion,

Chéronée, Orchomène, et l'effroi de mon nom.
Le sénat a pour lui ma fortune et ma gloire :
Que Sylla soit toujours présent à sa mémoire.
Vainqueur de Marius, je l'avais surpassé,
Et j'ai conquis le rang où je me suis placé.
Romains, je romps les nœuds de votre obéissance ;
* Mais sur vos souvenirs je garde ma puissance,
* Et cette dictature à l'autre survivra :
Privé de mes faisceaux, je suis toujours Sylla.

(*Il descend de la tribune.*)

ROSCIUS.

Tu n'étais jusqu'ici que le maître de Rome,
Aujourd'hui l'univers te proclame un grand homme.

FAUSTUS.

Mon père, à tes genoux...

SYLLA.

J'ai quitté le pouvoir.

BALBUS, à *Catilina.*

Où sera notre appui ?

CATILINA.

Je conserve un espoir !
Il a frayé la route ; et quelque jour peut-être
Je saurai profiter des leçons d'un tel maître.

SYLLA.

Cette lutte sanglante, il fallait la finir ;
Vous étiez las de craindre, et moi las de punir.
Citoyen comme vous, sous la règle commune
J'abaisse fièrement l'orgueil de ma fortune ;
Et chacun désormais, libre de tout effroi,

(*A Valérie en s'approchant d'elle.*)

Peut s'approcher, se plaindre, et se venger de moi !

ACTE V, SCÈNE IV.

VALÉRIE.

De crimes, de vertus, effrayant assemblage,
Tu subjugues ma haine, et brises mon courage.
J'admire, et je frémis!... honteuse des bienfaits
Que doit payer trop cher l'oubli de tes forfaits.

CLAUDIUS, *à Sylla.*

D'aujourd'hui seulement ton ame magnanime
Vient d'acquérir sur nous un pouvoir légitime.

MÉTELLUS, *entrant.*

Du peuple convoqué les diverses tribus
Ont nommé pour consuls Faustus et Claudius.

SYLLA.

J'achève un grand destin, j'achève un grand ouvrage;
Sur ce monde étonné j'ai marqué mon passage :
Ne m'accusez jamais dans la postérité,
Romains, de vous avoir rendu la liberté !

FIN DU CINQUIÈME ACTE.

NOTE.

¹ Les eaux du Phalaris traversent votre empire.

Quelques personnes, parmi lesquelles se trouve un savant de profession, m'ont demandé malignement où se trouvait ce fleuve (le Phalaris), *dont aucune géographie ancienne ne fait mention :* voici ce que Baudrand leur répond dans son Itinéraire de géographie ancienne ; PHALARUS, *fluvium Bœotiæ, in Cephilidem lacum influens,* (Pausanias) *Phalara*, ville de Bœotie sur le fleuve de ce nom.

OBSERVATIONS

SUR LA TRAGÉDIE DE SYLLA.

Depuis le mariage de Figaro, aucun ouvrage dramatique n'avait eu au Théâtre Français le succès de vogue et d'affluence qu'a obtenu la tragédie de Sylla : cette pièce a été jouée 70 fois en 18 mois, et réimprimée cinq fois dans le même laps de temps ; en citant un fait je suis loin d'en vouloir tirer vanité, et je m'étais dit, avant que l'on crût devoir m'en prévenir, que *Timocrate*, si complètement oublié de nos jours, avait attiré la foule, pendant deux années consécutives, sur la même scène où *Britannicus* eut tant de peine à se maintenir.

Sans pousser la modestie jusqu'à redouter pour ma tragédie l'entier oubli dans lequel celle de Thomas Corneille est tombée, je ne me refuse pas à croire que des circonstances étrangères au mérite, et si l'on veut même aux défauts de l'ouvrage, ont dû contribuer à son prodigieux succès.

A l'époque où *Sylla* parut pour la première fois sur la scène, les esprits étaient frappés de la mort récente de Napoléon ; quelques rapports, sinon entre le caractère, du moins entre le génie et la fortune de ces deux hommes extraordinaires, ont été saisis avec un égal empressement, par des spectateurs diversement préoccupés du grand destin qui venait de s'achever à Sainte-Hélène.

Depuis long-temps on avait fait la remarque que Talma ressemblait beaucoup à l'Empereur : l'extrême exactitude qu'apporte ce grand comédien à copier, dans toute sa sévérité, le costume du personnage qu'il représente avait rendu sa ressemblance avec Napoléon plus sensible dans le rôle de Sylla, que dans aucun autre. L'ouvrage d'André Heris intitulé *le Costume* renferme *le Trait* d'une statue de Sylla de la villa Negroni : c'est sur ce modèle que Talma, non seulement avait drapé sa toge, mais qu'il avait disposé ses cheveux. Le hasard voulut que cette coiffure du dictateur romain rappelât tout-à-fait celle de l'empereur français, et que cette circonstance devenue pour quelques-uns un objet de scandale, fût pour le plus grand nombre un motif d'approbation.

Une femme de beaucoup d'esprit, mais qui n'en a cependant pas assez pour se refuser un mot qui peut affliger même un ami, énonça son jugement sur cette tragédie, en déclarant qu'elle obtiendrait au moins un succès de *perruques*. Cette plaisanterie bonne ou mauvaise, dont la malveillance épuisa toutes les combinaisons, n'eut d'autre effet que d'exciter l'attention et de lui fournir dans chaque représentation un nouveau prétexte ou un nouvel aliment.

Des critiques plus habiles, et par conséquent plus dangereux, ont dirigé contre l'ouvrage une attaque plus forte en m'accusant d'avoir dénaturé le caractère atroce de Sylla, au point de faire un ami de la liberté, d'un tyran exécrable qui en avait été le fléau : si je n'avais eu pour me justifier que le témoignage de l'historien Florus, j'aurais infailliblement succombé sous une accusation dont j'entrevoyais toutes les conséquences : mais j'avais pour moi Montesquieu, et je m'étais mis à l'abri derrière ce rempart inexpugnable : avant de m'atteindre dans ce retranchement, il fallait ne pas craindre de se mesurer avec l'auteur du dialogue *d'Eucrate et de Sylla*; il fallait démentir les éloges prodigués à ce chef-d'œuvre, et s'inscrire contre l'admiration de l'Europe entière : des hommes qui ne doutent de rien, parceque'ils peuvent sans inconvénient se tromper sur tout, n'ont pas reculé devant le ridicule d'une aussi folle attaque. La renommée de Montesquieu ne pouvait recevoir aucun lustre d'une victoire aussi facile: mais combattant sous sa bannière, j'espérais triompher avec lui.

En composant cette tragédie, je n'avais été frappé que des avantages de mon sujet: au moment de la faire représenter je n'en voyais plus que les écueils; ils étaient nombreux.

Sylla devait être joué pour la première fois au bénéfice de M. Saint-Phal, l'un des hommes qui a le plus honoré sa profession par ses talents et par sa conduite: cet acteur, recommandable à tant d'égards, se retirait après quarante années d'exercice; et j'avais saisi avec empressement l'occasion de lui donner un témoignage utile de l'estime que je lui portais. Je n'ignorais cependant pas combien l'épreuve d'une première représentation devenait plus dangereuse devant le public que rassemble cette espèce de solennité.

Il y a long-temps qu'on a fait l'observation que de toutes les classes de la société, les gens riches sont les plus difficiles à amuser et à émouvoir. Cette tâche est nécessairement celle qu'entreprend l'auteur dramatique qui livre son ouvrage à des spectateurs qui ont acheté le droit de le juger, trois ou quatre fois plus cher qu'ils ne le paieraient le lendemain.

Cet inconvénient d'une première représentation à bénéfice n'était pas le seul qui se présentât à mon esprit au moment de le subir: je me demandais comment ce public si délicat, si dégoûté, et par cela même si sévère, accueillerait tant d'innovations que je m'étais permises : la violation de l'unité de lieu, l'essai d'un dialogue moins pompeux que celui dont les maîtres de la scène nous ont légué l'exemple, l'introduction d'un comédien, de Roscius, dans une tragédie; les cris du peuple, la cérémonie publique de l'abdication, et par dessus tout le sommeil et le rêve du dictateur mis en action?

Mes inquiétudes s'accroissaient à chaque répétition : et pour achever de mettre le public dans la confidence des angoisses d'un auteur, j'avouerai que je n'eus pas le courage d'assister à la première représentation de ma tragédie de Sylla.

Son succès a passé mes espérances, et il a été le même sur tous les théâtres de France où l'autorité locale a permis qu'on représentât cette tragédie : bien qu'elle y fût privée de la réunion des talents si justement appréciés de MM. Talma, Damas, Firmin et Ligier, qui ont si puissamment concouru au succès de cet ouvrage à Paris.

Maintenant si l'on me demande comment il se fait qu'un ouvrage dramatique qui avait subi toutes les épreuves de la censure, que l'on jouait à Paris trois fois par semaine, avec l'autorisation formelle du Gouvernement, que l'on avait représenté à Rouen, à Lyon et dans plusieurs autres villes, se vît repoussé de la scène à Bordeaux, à Toulouse, et dans plusieurs autres villes par le bon plaisir d'un préfet: je me contenterai de répondre que les choses se passaient ainsi l'an de grace 1822, sous le ministère mémorable de M. le comte de Corbière.

JULIEN

DANS LES GAULES,

TRAGÉDIE

EN CINQ ACTES ET EN VERS.

TRÈS RESPECTUEUSEMENT

DÉDIÉ

A SON ALTESSE SÉRÉNISSIME

MONSEIGNEUR

LE DUC D'ORLÉANS,

PAR

Son très humble et très obéissant
serviteur,

E. JOUY.

PRÉAMBULE HISTORIQUE.

« Toi, qui surpassas les plus grands des Romains, dès tes
« premiers pas dans la carrière de l'empire; toi, qui, en
« terminant ta vie à la fleur de l'âge, laisses un souvenir plus
« grand que celui de tous les héros de l'histoire; toi, qu'ani-
« mèrent à-la-fois l'ame de Marc-Auréle et celle d'Alexan-
« dre; toi, qui vécus comme Caton, écrivis comme Démos-
« thène, et mourus comme Épaminondas : prince immortel,
« à qui toutes les voluptés furent inconnues excepté l'aus-
« tère volupté de la vertu, JULIEN! protecteur des dieux de
« l'empire, de l'antique liberté romaine, de la sagesse du Ca-
« pitole : Adieu! adieu pour jamais! Tu exécutas de grandes
« choses, et, sans ta mort fatale, ton génie préparait de plus
« grands étonnements à l'univers! Disciple des êtres subli-
« mes qui veillent sur les hautes actions des hommes, tu as
« rejoint leurs substances éternelles; ta gloire remplit le
« monde, et la philosophie, pour la seconde fois, s'est assise
« avec toi sur le trône; les pères te bénissent comme leur
« fils, et les enfants comme leur père. Adieu! cette faible
« éloquence que tu aimais consacre ses derniers accents à
« redire : Le grand Julien n'est plus qu'un peu de terre. »

C'est en ces mots que Libanius terminait l'éloge funèbre
qu'il prononça sur la tombe de son auguste élève, en présence du peuple de Constantinople. Cet illustre rhéteur
trouva le secret de la véritable éloquence dans le sujet
même de son panégyrique : et la postérité, si long-temps
injuste pour la mémoire de Julien, n'est aujourd'hui que
l'écho fidèle de Libanius; de ce philosophe païen dont
S. Bazile et S. Jean-Chrysostôme furent les disciples et les
amis.

Doit-on s'étonner qu'une si longue injustice ait pesé sur la mémoire de l'empereur Julien? Il fut chaste, désintéressé, valeureux, populaire; son génie était vaste, ses vues étaient immenses, sa clémence était inépuisable, et son héroïsme sans exemple : inutiles vertus! Il releva les vieux autels de l'empire; il rejeta les croyances des hommes qui avaient égorgé sa famille entière; il fut philosophe, et dès-lors, victime dévouée aux préjugés de secte, ses vertus furent transformées en vices. Julien fut un monstre, tandis que Théodose, Constance, tyrans efféminés et cruels, furent offerts à l'admiration du monde chrétien, par les ministres d'une religion nouvelle, dont le fanatisme, l'orgueil et l'ambition avaient déjà corrompu la sainteté primitive.

De quoi te servira, Julien, d'offrir au monde le modèle achevé des princes; de réunir en toi seul toutes les vertus, toutes les qualités humaines? à subir quatorze siècles de calomnie; à n'obtenir dans l'histoire d'autre surnom que celui d'apostat. En réfléchissant sur ces monstrueuses erreurs des hommes, le blasphème de Brutus est toujours au moment d'échapper à notre bouche.

Le vengeur de l'humanité, le dispensateur de la véritable gloire, Voltaire réhabilita Julien; sa main puissante releva tout-à-coup la statue du grand homme, et nous montra cette image adorable de la vertu sur le trône, dégagée des nuages impurs dont la haine et les préjugés l'avaient obscurcie; Voltaire a parlé: nous connaissons Julien.

Philosophe au sortir de l'enfance, nous le voyons consacrer à l'étude, à la méditation, les premières années de sa jeunesse qu'il a le courage de dérober aux plaisirs. Soustrait par l'impératrice Eusébie à la rage parricide de son époux, il est investi, sous le titre de César, du gouvernement général des Gaules. En moins de six mois il en chasse

PRÉAMBULE HISTORIQUE.

les barbares, se signale dans vingt combats et remporte une victoire mémorable sur l'armée combinée des sept rois germains, qu'il attaque sous les murs de Strasbourg.

Dans l'exercice de ses fonctions royales, le jeune César ne se montre pas moins terrible aux mauvais citoyens qu'aux ennemis de la patrie. Général habile, soldat intrépide, magistrat équitable, administrateur actif et sage, l'admiration publique, dont il devint l'unique objet, réveilla la fureur et la jalousie de Constance; et sa perte jurée le força d'accepter le diadème impérial que le peuple et l'armée placèrent à l'envi sur sa tête.

Contraint à tirer l'épée contre un rival qui voulait éteindre en lui la race de Constantin, Julien, par une marche comparable à tout ce que les fastes militaires nous offrent de plus étonnant et de plus audacieux, descend tout-à-coup des montagnes de Macédoine lorsqu'on le croit encore dans les Gaules.

Julien ne prend le titre d'empereur, dont il exerçait déjà l'autorité, qu'après la mort de son oncle Constance, et dès-lors tous les moments de sa vie sont consacrés à étouffer les discordes religieuses; à faire régner avec lui la justice, la philosophie, et les lettres.

Les Parthes osent insulter les frontières de l'empire, rendu par lui à son antique gloire. Julien, que ses dieux ou plutôt ses persécuteurs ont averti que le trépas l'attend aux rives de l'Euphrate, ne balance point entre son devoir et sa destinée; il franchit les monts, les torrents et les déserts; combat, triomphe; meurt de la mort d'Épaminondas, au sein de la victoire: et, comme Socrate, s'entretient de l'immortalité de l'ame avec les sages qui l'avaient suivi dans les camps.

Quelle vie! que de grandes actions! que d'immortels travaux accomplis dans un règne aussi court! Je ne sais si mon cœur a séduit ma raison, mais je parcours en vain de la pensée les annales du monde; aucune époque, aucun pays ne me montrent réunies, à un aussi haut degré dans le même homme, les vertus et les qualités qui distinguent ce prince philosophe entre tous les monarques. Ce sage, ce guerrier, cet écrivain, ce magistrat, cet enthousiaste, ce poète, cet empereur, tous ces hommes ne sont qu'un seul homme; c'est Julien.

Je ne fais point un panégyrique; et, loin de vouloir défendre mon héros contre les reproches qu'on est en droit de lui faire, je m'empresse de reconnaître en lui des défauts qui l'éloignent de cette perfection complète à laquelle l'humanité ne saurait atteindre, et dont l'auteur dramatique, imbu des préceptes d'Aristote et d'Horace, devrait le dépouiller s'il y était parvenu, pour le rabaisser aux proportions de la scène, où l'intérêt ne résulte que du combat des vertus et des passions.

La nature avait fait de Julien un homme extraordinaire; il voulut être singulier. La grandeur qu'il tenait de son caractère et de sa naissance ne lui suffisait pas; il eut besoin d'un théâtre, et disposa sa vie comme un drame. Réformation, empire, supériorité intellectuelle, supériorité morale, pouvoir civil, militaire et religieux, la gloire des armes, celle de la tribune, la renommée du législateur, du conquérant, du poète; il veut tout, il embrasse tout: inégal, inquiet, impétueux, il atteint au sublime et jamais à la modération; il ne peut vivre que dans la retraite ou sur le trône du monde. L'ardeur de sa pensée l'entraîne jusque dans les régions fantastiques de la théurgie; il sait vaincre ses passions, ses desirs, ses besoins même, et reste soumis à son imagination; il a le courage d'agir et non celui d'ignorer.

PRÉAMBULE HISTORIQUE.

A le juger dans ses actions privées et dans ses écrits, son caractère est peut-être plus inexplicable encore. Il improvise une hymne étincelante de beautés, à l'intelligence éternelle, au *logos*, au soleil-roi : empereur, il se venge par une satire digne d'Horace, des railleries insultantes des habitants d'Antioche, qui voulaient, disait-il plaisamment, le punir de son austérité en tressant une corde avec sa grande barbe. Il se moque des hommes, et sur-tout des princes, comme Voltaire ; il les regarde avec pitié comme Diogène, et les méne au combat comme César. Il joint aux vertus d'un cénobite l'ironie d'un homme de cour, la franchise d'un homme des champs, et la finesse d'un homme d'esprit. Il marche mal, se revêt d'une toge populaire, et se coiffe d'un diadème de perles et de diamants : il provoque le ridicule par un extérieur bizarre et le repousse sur les autres par un sarcasme dédaigneux : il ramène à lui par une bonté, par une bienveillance de tous les moments, ceux qu'il en éloigne par un ton de mépris pour l'espèce humaine, qui perce habituellement dans ses discours.

Ses écrits offrent, avec plus d'esprit, de grace et de gaieté, quelques traces de la plaisanterie de Lucien ; des traits d'imagination et d'éloquence qui rappellent Platon, et tout le luxe du style qui distingue les rhéteurs orientaux.

C'est dans cette collection, d'ailleurs si précieuse, que se trouve la preuve incontestable de la seule grande faute que Julien ait commise dans le cours de sa mémorable vie : je veux parler du *Panégyrique de Constance*. Quelque jeune qu'il fût alors, ce prince est-il excusable d'avoir prodigué l'éloge à cet indigne empereur ? c'est à cette condition qu'il conserva la vie ; mais la vie, aux yeux de Julien, valait-elle qu'il l'achetât au prix de l'éloge du meurtrier de sa famille ?

On ne peut douter qu'il n'ait eu le sentiment de sa faute,

quand on le voit composer sur le même sujet deux ouvrages, dont l'un est un chef-d'œuvre de ridicule, et l'autre un chef-d'œuvre de talent et de philosophie.

Dans le premier, il compare Constance à tous les héros d'Homère; c'est tour-à-tour, Ulysse, Achille, Nestor, Diomède; et chacun de ces personnages forme une subdivision de son panégyrique. Dans le second, Julien fait la satire la plus ingénieuse de ce même empereur en traçant le portrait d'un prince accompli, dont la justice et l'humanité règlent tous les devoirs, qui prescrit des bornes à sa valeur, et qui ne se croit élevé si haut que pour voir de plus loin les besoins du peuple soumis à ses lois. L'antiquité possède peu de morceaux comparables à ce dernier discours; et il est permis de croire que Julien le destinait seul à la postérité: mais ses ennemis ont eu soin de conserver l'autre.

Tel est le caractère qui m'a séduit, et dont le charme irrésistible m'a pour ainsi dire forcé de composer cette tragédie. De toutes les actions de la vie de Julien, j'ai choisi la plus hasardeuse et la plus décisive, celle où la haine de Constance et le soulèvement de l'armée des Gaules le placent entre le trône et l'échafaud. Dans le choc de pareils événements, j'ai pu montrer Julien tout entier, révéler les secrets de son ame, et en exposer les héroïques contradictions.

J'ai voulu être vrai, j'ai dû peindre à-la-fois l'homme et le héros, l'empereur et le philosophe, l'élève de Platon et l'initié aux mystères de la bonne déesse. Je l'ai représenté dans sa force et dans sa faiblesse, sublime et illuminé; capable de tout, excepté de modérer l'ardeur de son intelligence et l'indomptable fougue où se laissait entraîner son esprit; pénétré d'une sainte horreur pour les crimes des ariens qui souillaient le berceau du christianisme; plein de mépris pour les absurdités du paganisme, et s'élançant dans les ténébreuses doctrines d'une mysticité religieuse où il cherchait à concilier avec les rêves de sa théurgie les théories de Platon et la sagesse pratique des stoïciens.

Cette tendance superstitieuse, si funeste aux ames vulgaires, semblait élever encore celle de Julien. Dans ses longues veilles, dans ses méditations nocturnes, après de mystérieux sacrifices, il croyait voir le génie de l'empire qui lui demandait compte du sort des peuples, qui lui prescrivait ses devoirs, et lui enseignait des vertus nouvelles. La superstition n'a pas toujours aussi bien inspiré les princes.

Au nombre des considérations qui m'ont déterminé dans le choix du sujet de cette tragédie, il en est une sur laquelle je comptais, je dois l'avouer, pour me concilier au théâtre la bienveillance d'un auditoire parisien. Entre toutes les nations de la terre, la nôtre était celle que Julien préférait, et, parmi les Gaulois, les habitants de Paris étaient pour lui l'objet d'une prédilection toute particulière : sur le trône du monde ses regards se reportent sans cesse vers sa *chère Lutèce*, et les jours qu'il passa sur les bords de la Seine sont les seuls qu'il regrette. Jamais il n'oublia ce mot des Parisiens, qui, pour lui témoigner leur dévouement, s'écriaient un jour : *Si le ciel tombait sur votre tête, nous le soutiendrions sur nos lances.* Julien peut être regardé comme le véritable fondateur de Paris : il agrandit son enceinte, l'enrichit de plusieurs beaux monuments, et jeta les fondements de sa grandeur future. C'est à Paris même que se passe l'action de mon drame, sur le mont de Mars (Montmartre), et dans ce palais des Thermes qu'habitait le jeune César des Gaules, et dont quelques débris précieux subsistent encore dans le quartier Latin[1].

---

[1] Rue de la Harpe. Voyez Dulaure.

Toutes ces circonstances locales étaient, je pense, de nature à jeter sur mon ouvrage cet intérêt patriotique qu'aucun autre ne remplace, et que le public au temps où nous vivons recherche avec le plus d'empressement.

Dans la composition de ma tragédie, j'ai suivi l'histoire d'aussi près qu'il m'a été possible; mais j'ai usé du droit réservé à l'auteur dramatique de disposer des faits et de presser les événements : c'est ainsi que, pour conserver jusqu'au bout à mon héros, toute la grandeur de son caractère, j'ai supposé qu'il ne ceignit le diadème impérial qu'après avoir appris la mort de Constance, bien qu'il soit historiquement vrai que ce dernier vivait encore, lorsque les troupes de Julien fatiguées de ses refus le forcèrent à accepter l'empire.

J'ai fait Julien amoureux, contre l'opinion des historiens qui témoignent unanimement de la chasteté de ses mœurs: mais, sans vouloir m'autoriser de quelques lignes de ses propres écrits où percent les agitations d'un cœur en proie ou du moins accessible à l'amour, je dirai qu'au lieu d'une passion commune, j'ai donné à Julien un sentiment tendre, mélancolique, empreint d'une sorte de mysticité rêveuse, tel que Fénélon l'éprouva et que l'on peut définir avec Rousseau la volupté des ames.

En traitant ce sujet, je ne me suis pas dissimulé qu'il offrait un dangereux écueil, mais j'ai dû croire qu'il serait d'autant plus facile de l'éviter qu'il était aperçu de plus loin. Julien fut le modèle de toutes les vertus, mais il eut le malheur de renoncer à la religion chrétienne dans laquelle il avait été élevé, pour embrasser le paganisme. Devenu empereur, il releva les autels des faux dieux, et ne porta sur le trône que les vertus austères d'une religion dont il avait répudié les dogmes. De quelques raisons qu'il ait pu colorer son apostasie, je ne devais pas lui permettre au théâtre de chercher à justifier une action que nous ne pouvons juger aujourd'hui qu'avec la sainte intolérance dont nous pénétre la conviction des vérités auxquelles Julien ferma les yeux. Je me suis donc imposé sur ce point une réserve dont Corneille ne m'avait pas donné l'exemple dans *Polyeucte*. Évitant toute controverse religieuse, j'ai présenté Julien, à l'exemple du sage Thomas, dans son Essai sur les éloges, fixé sur la morale par ses principes, et sur tout le reste incertain, inquiet comme un homme qui manque d'un point d'appui; platonicien par les idées, superstitieux par imagination, païen par le culte, et chrétien par les mœurs.

Toutes ces précautions, je dirai même toutes ces concessions, n'ont point désarmé la *censure*, ce fléau moderne auquel l'art dramatique est livré en France depuis quelques années. Peut-être ai-je tort néanmoins de généraliser ma plainte, les rigueurs inexorables des inquisiteurs *pour la pensée* ne portent que sur un petit nombre d'auteurs; j'ai le désagrément et l'honneur d'en faire partie.

En transportant sur la scène un empereur philosophe, ami des Parisiens et fondateur de leur ville, j'ai voulu acquitter envers son auguste mémoire la dette de la reconnaissance nationale. Quel que soit, devant le tribunal du public, le sort de cette pièce que l'on a daigné persécuter aussi, il me restera du moins l'honneur d'avoir élevé la voix en faveur d'un grand homme, et d'avoir défendu les plus hautes vertus dont les trônes de la terre aient jamais été honorés, contre cette légèreté cruelle qui dicte presque tous les jugements des hommes.

PERSONNAGES.

JULIEN, César et empereur.
MAXIME, gouverneur de Julien, philosophe stoïque.
BELLOVÈSE, prince gaulois, général au service des Romains.
HELVIDIUS, général romain, commandant la garde de César.
LÉONAS, consul, envoyé de l'empereur Constance.
CLODOMAIRE, fils d'un roi des Francs, prisonnier de Julien.
CÉBALE, préfet du palais de Julien.
ANDYOMÈNE, prêtre d'Isis.
THÉORA, jeune esclave grecque.
PHOENIS, nourrice de Théora.
EVEMÈRE, préfet du prétoire de Lutèce.
GUERRIERS, PEUPLE, MAGISTRATS, GAULOIS ET ROMAINS.

La scène est à Paris (Lutèce).

Au premier acte, sur le mont de Mars (Montmartre).
Au second et au troisième, dans le palais des Thermes (rue de la Harpe).
Au quatrième, à la tour de César (ancien Châtelet).
Au cinquième, dans le Consistorium (galerie impériale du palais des Thermes).

JULIEN,

TRAGÉDIE.

ACTE PREMIER.

SCÈNE I.

Le théâtre représente le mont de Mars, où l'on voit le profil d'un petit temple d'Isis, sur le devant duquel se trouve un autel votif qui s'avance sur la scène.

(*Le jour commence à peine.*)

THÉORA, PHOENIS.

PHOENIS.
A peine le jour luit; sur ce mont révéré,
Que le premier César à Mars a consacré,
Théora, quelle crainte ou quel vœu vous amène?
THÉORA.
Phœnis, c'est en ce lieu qu'habite Andyomène;
Nouveau Tyrésias, confident des destins,
L'avenir se révèle à ses regards divins.
Je viens interroger sa profonde sagesse
Sur un secret des nuits, dont la terreur m'oppresse.
Je veillais; ma pensée enchantait mon repos,
Et d'un sommeil trompeur repoussait les pavots.

Près du foyer éteint, la lampe suspendue
De César Julien éclairait la statue.
Sur ce marbre vivant mon esprit et mes yeux
Demeuraient attachés :... quel prodige, grands dieux!
Une voix tout-à-coup a frappé mon oreille;
« Constance vit encore et Julien sommeille!
« De la fange du Tibre un serpent élancé
« Jusqu'au pied de ces murs dans l'ombre s'est glissé.
« Cours au temple d'Isis; cours! il est temps encore;
« Bellovèse t'attend au lever de l'aurore. »

PHOENIS.

Bellovèse! le chef de nos guerriers gaulois;
Allié de César, ennemi de ses lois;
Prompt à se révolter sous un joug qu'il déteste!

THÉORA.

Il aime Théora: de son ardeur funeste
Instruite par lui-même, il doit m'être permis
De verser son secret dans le sein de Phœnis.

PHOENIS.

Heureuse Théora, vous des champs de la Gréce
Par le sort amenée aux rives de Lutéce,
Quoi! vous pourriez régner où je vous vois servir,
Et sans trahir César...

THÉORA.

Juste ciel! le trahir!
Phœnis, presque en tes bras j'ai reçu la naissance;
Ton lait fut le soutien de ma débile enfance;
Tes soins ont de mes jours rallumé le flambeau;
Tu me tins lieu de mère, et près de mon berceau
Ta tendresse épia, dans de vives alarmes,
Et mon premier sourire et mes premières larmes;

Les heures de ma vie ont passé sous tes yeux ;
Qui peut donc t'inspirer ce soupçon odieux ?
Moi, trahir Julien !... que Phœnis se rassure ;
Tout peut changer pour lui, les hommes, la nature ;
Le destin peut des dieux révoquer les décrets :
Le cœur de Théora ne changera jamais.

PHŒNIS.

Cependant Bellovèse...

THÉORA.

Ici je viens l'attendre...
Sans doute ce discours a droit de te surprendre ;
Comment puis-je expliquer aux regards de Phœnis
Le mystère qu'il cache à mes propres esprits ?
Étrangère par-tout, inconnue à moi-même,
J'obéis en aveugle à l'ascendant suprême
Qui subjugue mes sens, ma pensée et mon cœur.
Je ne m'appartiens pas ; mon espoir, mon bonheur,
Ma vie est hors de moi ; mon ame est enchaînée
Sous l'invincible loi d'une autre destinée.
Sur Théora les dieux ont leurs desseins secrets :
Ils m'appellent ici, je remplis leurs décrets.

PHŒNIS.

Puissent-ils, dissipant un funeste nuage,
Des maux que je redoute écarter le présage !
On marche vers ces lieux... je vois...

THÉORA.

Suis-moi, Phœnis !
Allons interroger le grand-prêtre d'Isis.

SCÈNE II.

BELLOVÈSE, LÉONAS, CLODOMAIRE.

LÉONAS (*sous l'habit d'un pêcheur*).
L'instant est favorable et le lieu solitaire;
Princes, je peux ici m'expliquer sans mystère.
Connaissez mieux celui dont vous suivez les pas:
Vous voyez devant vous le consul Léonas.
Avant que Julien instruit de ma présence
Reçoive par ma voix les ordres de Constance;
Et qu'abjurant la feinte, un sujet révolté
Brave, en moi, l'empereur et son autorité;
Plein d'estime pour vous, j'ai voulu vous instruire
Du grand événement que ce jour doit produire.
Dans la Gaule, César, trop fier de ses exploits,
Affecte des honneurs que l'on dispute aux rois;
L'austérité des mœurs qu'en lui ce peuple adore
Cache l'ambition dont l'ardeur le dévore.
Dans l'erreur des faux dieux égarant sa raison
Du palais des Césars il fait un panthéon.
Enthousiaste ou fourbe, à ce cœur idolâtre
La terre n'offre plus un assez grand théâtre;
Son impuissant orgueil va chercher dans les cieux
Le destin des états et le secret des dieux.
Il règne dans ces murs; l'empereur s'en offense
Et d'un rival ingrat veut punir l'insolence.
Par des destins divers attachés à son char,
Je le sais, tous les deux, vous haïssez César;

(*a Clodomaire.*)

Fils du vieux roi des Francs, le vaillant Clodomaire
Que trahit sur le Rhin la fortune contraire,
Sous la loi des chrétiens où son cœur s'est soumis
Ne devait parmi nous trouver que des amis :
Mais on hait et l'on craint cet exemple qu'il donne ;
L'adorateur d'un dieu que César abandonne
Contre le vœu d'Auguste est ici prisonnier.

(*à Bellovèse.*)

Le prince Bellovèse, intrépide guerrier,
Idole des Gaulois qu'inspire son génie,
Peut-il de Julien souffrir la tyrannie ?
Il impose à la Gaule un joug usurpateur ;
Il fait plus, et, s'armant contre son bienfaiteur,
Il s'arroge à-la-fois dans une guerre injuste
Le titre de César et le pouvoir d'Auguste !
L'empereur seul gouverne, et donne ici des lois ;
Il prétend mettre un terme à de sanglants exploits ;
Sur quelques légions, à sa voix rassemblées,
César comptait en vain ; elles sont rappelées :
Les enfants de la Gaule, alliés des Romains,
Sauront bien repousser les efforts des Germains,
Tandis que Julien, dans sa chère Lutéce,
Rappellera des dieux, et les arts de la Grèce.
Tels sont de l'empereur les ordres et les vœux ;
Princes, secondez-vous ses desseins généreux ?

CLODOMAIRE.

Je réponds du succès, je réponds de ma haine ;
Désarmez aujourd'hui cette main qui m'enchaîne ;
Confiez ce César à l'amour des Gaulois,

Et nous verrons bientôt qui dictera des lois
Sur cette terre, où fut jadis notre patrie !

BELLOVÈSE.

Oubliez-vous déja la forêt d'Hercynie?
Quels furent les vaincus dans le dernier combat?
Quels furent les vainqueurs aux plaines de Brumat?

CLODOMAIRE.

Je m'en souviens, seigneur, et laisse à la victoire
Le soin d'en effacer la honte et la mémoire ;
Avant qu'à votre Gaule il eût donné des fers,
Le grand César lui-même éprouva des revers.

BELLOVÈSE.

Jules, maître et vainqueur des plus grands capitaines,
Conduisant contre nous les légions romaines,
Où, depuis trois cents ans combattaient nos héros,
S'aidant à chaque pas, de nos propres travaux,
Nous attaqua long-temps avant de nous réduire :
Trop incertain de vaincre, il fallut nous séduire,
Et c'est en divisant les valeureux Gaulois
Que le héros romain les rangea sous ses lois ;
Mais ce que fit César, quel autre y peut prétendre?
Ces hordes que du Nord l'Europe voit descendre;
Ces Sycambres, ces Goths, tous ces peuples divers
Que l'espoir du pillage arrache à leurs hivers,
De la fertile Gaule insultant le rivage,
Viennent-ils de César réclamer l'héritage?

CLODOMAIRE.

La terreur avec eux marche sur des débris!

BELLOVÈSE.

La terreur ne saurait les sauver du mépris!

ACTE I, SCÈNE II.

CLODOMAIRE.
A les en garantir la victoire s'apprête.
BELLOVÈSE.
Qu'ils subissent la honte, attendant la conquête!
LÉONAS.
Princes, c'est à Dieu seul qu'appartient l'avenir.
Le présent est à vous; il doit vous réunir.
Ce grand jour va changer plus d'une destinée;
Au succès de mes soins la vôtre est enchaînée;
Clodomaire promet de servir l'empereur.
   (à Bellovèse.)
Joindrez-vous vos efforts aux nôtres?
BELLOVÈSE.
                           Oui, seigneur.
Apprenez cependant quel sentiment m'inspire.
J'estime Julien; je fais plus, je l'admire;
Je reconnais en lui le sang des vieux Romains,
L'exemple des héros, le plus grand des humains.
Fameux par ses vertus, par ses lois, par la guerre,
S'il méconnaît le ciel, il honore la terre.
Pour rétablir leur culte on dirait que les dieux
Ont voulu réunir, dans les dons précieux
Que sur un seul mortel leur faveur fit descendre,
L'ame de Marc-Auréle et celle d'Alexandre.
Je signale à regret les vertus d'un héros
Où je vois comme vous la source de nos maux :
L'empire s'écroulait; c'en était fait de Rome;
A l'ordre des destins qui s'oppose?... un seul homme.
A sa puissante voix le temps change son cours;
Refoulant le torrent des siécles et des jours:
L'aigle de Jupiter vers le Tibre revole;

L'ombre de Romulus remonte au Capitole ;
Et fière des lauriers dont il les a couverts
La Gaule, d'un César accepte encor les fers.
Je ne vous cache point la cause de ma haine ;
Je déteste, en César, la puissance romaine :
Et lorsque je me ligue avec ses ennemis
Pour affranchir la terre et venger mon pays,
C'est vous dire à quel titre et jusqu'où je m'engage.

LÉONAS.

Chacun de vous aura le prix de son courage.

CLODOMAIRE.

Contre cet apostat armons un bras chrétien !

BELLOVÈSE.

Au cri de liberté combattons Julien !

LÉONAS.

Je conduirai vos pas dans des routes plus fermes ;
C'est en vain que César, dans son palais des Termes,
A pour seuls confidents ses amis et ses dieux ;
Ses pas y sont comptés, et j'ai par-tout des yeux.
Le jour luit ; je vous quitte ; avant sa fin peut-être
Le monde par nos soins aura changé de maître.

(*Léonas sort avec Clodomaire.*)

SCÈNE III.

BELLOVÈSE, *seul*.

Changer de maître ?... non : nos vœux sont différents ;
Si nous sommes contraints à subir des tyrans,
Contre la liberté si le monde conspire,
Quel autre que César mérite mieux l'empire ?
Quel mortel plus aimé, brillant de plus d'espoir,

Les dieux ont-ils marqué du sceau de leur pouvoir?
Qu'il règne dans Byzance, à Tarse, au bord du Tibre!
Mais, rendue à ses lois, que la Gaule soit libre!
Ce peuple antique et fier, dans sa course arrêté,
Peut ressaisir sa gloire avec sa liberté.
Pour la seconde fois mettons dans la balance
Le glaive de Brennus... Cette noble vengeance
Arme-t-elle mon bras, remplit-elle mon cœur?...
Sur mon front tout-à-coup d'où naît cette rougeur?
Une esclave, une enfant, à la Grèce ravie,
Me subjugue, et devient l'arbitre de ma vie.
Elle seule a fixé mes devoirs et mes droits,
Théora!... se peut-il!... c'est elle que je vois.

SCÈNE IV.

BELLOVÈSE, THÉORA, PHOENIS.

BELLOVÈSE.

Par quel bienfait du ciel que mon amour implore
Te revois-je en ces lieux, au lever de l'aurore?
Ah! lorsque je bénis la céleste faveur,
Théora pourrait-elle accuser sa rigueur?

THÉORA.

Je venais consulter le sage Andyomène;
Il lit dans l'avenir.

BELLOVÈSE.

Sa science incertaine,
Sans vouloir pénétrer dans les secrets divins,
Sans chercher dans les cieux des présages trop vains,
Peut prédire ton sort; il est en ta puissance.

Tu connais mon amour, mes vœux, mon espérance;
J'ai lutté vainement contre mon propre cœur.
Interroge le tien, et réponds-moi!

THÉORA.

Seigneur,
J'ignore jusqu'aux lieux où le ciel me fit naître,
Et mes premiers regards sont tombés sur un maître;
Étrangère à moi-même, à la crainte, à l'espoir,
Ma chaîne est un asile, et ma vie un devoir.

BELLOVÈSE.

C'est à moi de changer ta triste destinée!
Non, pour porter tes fers Théora n'est pas née,
César!.....

THÉORA.

Je lui dois tout; de nos dieux paternels
Son invincible bras relève les autels.

BELLOVESE.

Et ces dieux de l'Olympe à qui tu rends hommage
T'imposent la rigueur d'un honteux esclavage?
Et ce crime du sort, Julien le permet?

THÉORA.

A d'éternelles lois Théora se soumet.

BELLOVESE.

Un maître te retient sous un joug tyrannique;
L'indocile fierté de son ame stoïque
Peut donc, sans s'émouvoir, admirer chaque jour
Tant d'attraits où mes yeux ont puisé tant d'amour.
Que je rends grace au ciel de son indifférence!
Connais enfin sur moi, jusqu'où va ta puissance!
L'espoir de t'obtenir balance dans mon cœur
Les vertus d'un Gaulois, la patrie et l'honneur.

ACTE I, SCÈNE IV.

THÉORA.

Esclave d'une esclave, à ses pieds tu t'enchaînes!
Du grand Ambïorix le sang coule en tes veines:
Le monde est menacé; de leurs flots ennemis
Les Sycambres, les Goths, inondent ton pays,
Et le héros gaulois qu'appelle la victoire
D'un soupir repoussé fait dépendre sa gloire!

BELLOVESE.

Contre toi, Théora, crains d'armer ma fierté;
Songe que mon amour te rend la liberté;
Qu'il nourrit dans mon sein une haine fatale!
Comme un sol épuisé, cette terre natale
Dès long-temps a cessé de porter des héros;
Donne une ame à ma vie, un but à mes travaux,
Et peut-être, à ma voix, la Gaule triomphante,
De ses vastes débris sortira plus brillante.

THÉORA.

Prince, accomplissez-les, ces desseins d'un guerrier!
Mais à ce noble espoir pourquoi m'associer?
Julien vous connaît; son grand cœur vous estime;
Ne peut-il seconder un projet magnanime?
Ah! parmi tant d'écueils qu'il vous faut éviter
C'est lui seul, croyez-moi, que l'on doit consulter;
Bellovèse appartient à Rome, à la patrie.
J'appartiens à César; et le nœud qui me lie,
Qu'il pourrait seul briser...

BELLOVESE.

J'entends: il me verra;
Sa fortune ou la tienne aujourd'hui changera;
J'en atteste mon cœur, et Julien lui-même!
Malheur! malheur à lui dans ce péril extrême

Où je vois s'engager ses pas irrésolus,
Si je n'en obtenais qu'un injuste refus!

(Il sort.)

SCÈNE V.

THÉORA, PHOENIS.

THÉORA.

Oui, Phœnis, c'est un dieu qui dans mon sein réside,
Qui m'agite et m'instruit, qui m'éclaire et me guide.
C'est lui dont le pouvoir m'attira dans ces lieux
Où sa voix me révèle un complot odieux.
Tu m'as vue inquiète et respirant à peine
Pénétrer dans la grotte où vit Andyoméne;
   (montrant l'autel.)
Sous cet autel votif il conduisit mes pas.
Écoute, me dit-il!... qu'entends-je? Léonas
Au fougueux Bellovèse, à l'ingrat Clodomaire,
De son cruel message expliquait le mystère.
Le crime est résolu; Constance le prescrit;
César devait périr; Phœnis, il est proscrit!

PHOENIS.

En vain d'un tel projet la trame est découverte;
Et lorsque l'empereur a conspiré sa perte,
Quel serait votre espoir? dans un pareil danger
Que pourrait Théora?

THÉORA.
   Je puis le partager.

PHOENIS.
Ma fille: un nom si doux convient à ma tendresse;

ACTE I, SCÈNE V.

Voyez où vous conduit une fatale ivresse ;
Au pouvoir absolu du maître des humains
Vous opposez l'effort de vos débiles mains ;
Sans espoir de sauver une illustre victime,
Vous creusez sous vos pas un effroyable abyme :
Sauverez-vous les siens en exposant vos jours ?
Osez de Bellovèse accepter le secours ;
Son amour, près de lui, vous offre un sûr asile ;
Ce guerrier généreux, à votre voix docile,
Peut seul, de Léonas déjouant les complots,
Mettre avec vous sa gloire à sauver un héros.

THÉORA.

Tu ne connais, Phœnis, ni César ni moi-même :
Ce nœud qui nous unit, cet ascendant suprême,
Sans modèle, sans règle, ardent, mystérieux,
Est le secret des cœurs où l'ont caché les dieux ;
Il commença ma vie, alors que transportée
Des rives de Cyrène aux doux champs d'Erecthée,
Julien, que je vis presqu'en naissant au jour,
Enivra mon enfance et de gloire et d'amour :
Je puisais, attentive, et sur son sein pressée,
Dans son premier regard ma première pensée ;
C'est son nom que les vents exhalaient dans les bois,
Et les eaux en fuyant murmuraient ses exploits.
Je croissais pour l'aimer, et toute la nature
Conspirait à nourrir cette flamme si pure :
Jamais à d'autres biens mon ame n'aspira ;
Et tout est Julien aux yeux de Théora.
Si le ciel ne nous eût réunis sur la terre
Son cœur comme le mien fût resté solitaire ;
On dirait que les Dieux, en m'imposant son sort,

Ont commis à mes soins et sa vie et sa mort :
Oui, cette ame de feu, ce bienfaisant génie,
Se trouve ainsi que moi déplacé dans la vie.
Esclave, amante, amie, est-il un seul lien
Qui n'enchaîne mes jours aux jours de Julien?
Les dieux voudraient en vain tromper mon espérance;
Briser de pareils nœuds n'est point en leur puissance.
Mais je ne lutte pas contre leur volonté,
Et par les immortels mon devoir est dicté :
Allons, il en est temps; Phœnis, avec mystère
Reprenons du palais le sentier solitaire!

FIN DU PREMIER ACTE.

ACTE SECOND.

Le théâtre représente la salle du conseil dans le palais des Thermes.

SCÈNE I.

JULIEN, CÉBALE.

JULIEN, *à part.*
Elle ne paraît pas... quel trouble m'a saisi ?
Qu'on dise à Théora que je l'attends ici.
CÉBALE.
Théora, de ces murs sortie avant l'aurore...
JULIEN.
Dans la nuit ? quels desseins ? vers quels lieux...?
CÉBALE.
       On l'ignore.
Phœnis accompagnait ses pas mystérieux,
Et l'ombre l'a bientôt dérobée à mes yeux ;
Déjà plus d'une fois trompant ma vigilance...
JULIEN.
Je n'interroge pas ta sombre défiance ;
Et ne t'ai point chargé de veiller sur ses pas.
CÉBALE.
Député près de toi, le consul Léonas,
Qu'amène de Milan un ordre qui le presse,
Est entré cette nuit dans les murs de Lutèce ;
Dans son impatience il compte les instants...

JULIEN.
Je l'ai fait prévenir de l'heure où je l'attends.
(*Il fait signe à Cébale de sortir.*)

SCÈNE II.

JULIEN *seul.*

Quelle est l'inquiétude où mon ame se livre?
Quelques heures, sans toi, je ne saurais donc vivre,
Théora!... Cependant de la faveur des cieux
Les signes de la nuit sont garants à mes yeux :
L'astre de Mars, caché sous un nuage sombre,
Est sorti tout-à-coup de l'épaisseur de l'ombre;
Son disque étincelant, de pourpre environné,
D'un diadème en feu se montre couronné...
L'avenir est écrit sur le front des étoiles.
Mais pourquoi soulever d'impénétrables voiles?
Des temps pourquoi sonder l'immense profondeur?
Le sort de tout mortel est au fond de son cœur.
Le passé, l'avenir, ô mystères sublimes!...
Notre vie est un point entre ces deux abymes :
Mon ame le franchit cet obstacle d'un jour;
Je cherche ma patrie au céleste séjour...
Je voudrais tout prévoir, je voudrais tout connaître;
Je me sens emporter au-delà de mon être.
Que de travaux j'embrasse, et que le but est loin!
Qui me garantira le temps dont j'ai besoin?...
Notre gloire est un souffle et notre vie un rêve...
Ah! du moins, Théora, près de toi qu'il s'achève!...
Mais dans ce sein brûlant, qui le dérobe au jour,

Renfermons à jamais ce secret de l'amour ;
Qu'on ignore sur moi le pouvoir de tes charmes ;
De ce don plus touchant du sourire et des larmes,
De ce rayon divin dont le ciel t'éclaira,
Qu'aucun mortel jamais....

SCÈNE III.
JULIEN, THÉORA.

JULIEN.

Ah ! c'est toi, Théora !
Combien je regrettais cette heure fortunée
Dont le doux entretien commence ma journée !

THÉORA.

Avant l'aube les Dieux par un secret avis
M'ont appelée au temple où l'on adore Isis.

JULIEN.

Ta piété sans cesse implore des miracles.

THÉORA.

Jamais pour mon amour est-il assez d'oracles ?
L'envie a ses poisons, la gloire a ses regrets ;
Son laurier ne fleurit qu'au milieu des cyprès.

JULIEN.

Sans l'appât du péril, qui voudrait de la gloire ?
Pour Achille immortel, que serait la victoire ?
Elle eut mes premiers vœux, j'en ai reçu le prix ;
J'ai vaincu, j'ai versé mon sang pour mon pays ;
C'est assez : et le front libre du diadème,
Je cherche le bonheur loin du pouvoir suprême ;
Je le trouve avec toi, dans l'asile ignoré
Où, des hommes pervers à jamais séparé,

JULIEN.

J'irai, cachant ma vie, aux doux champs de la Grèce,
Près du berceau des Dieux cultiver la sagesse,
Et du plus tendre amour, au pied de leurs autels,
Consacrer par l'hymen les serments solennels.

THÉORA.

Non, vers un autre but ton ame est entraînée,
Tu ne tromperas pas ta haute destinée;
Et celle dont l'orgueil est de compter tes jours
Ne saurait de ta gloire interrompre le cours.
Poursuis, César, poursuis ton immense carrière;
De l'humaine raison recule la barrière.
D'un empire ébranlé soutenir seul le poids,
Lui rendre ses vertus et ses dieux et ses loix,
Vaincre la barbarie ardente à tout détruire,
Gouverner les mortels, les aimer, les instruire;
Montrer à l'univers un spectacle plus grand,
Un vainqueur pacifique, un sage conquérant,
Un héros bienfaiteur dont la vertu profonde
Place la liberté sur le trône du monde;
Voilà quel est le sort que tu dois accomplir:
Le mien est de t'aimer, je saurai le remplir.
Théora trouve en toi sa liberté, sa vie,
Son bonheur, sa vertu, sa gloire et sa patrie.
Que parles-tu d'hymen, de joug injurieux?
Dès long-temps nos serments sont écrits dans les cieux
Laissons, cher Julien, aux amants ordinaires
A des cœurs inconstants, des promesses vulgaires.
Amante, je te suis; esclave, je te sers:
Je suis à toi... voilà mes titres les plus chers;
Il n'est aucun serment que ce mot ne renferme.
C'est un bien sans mesure, il est aussi sans terme.

ACTE II, SCÈNE III.

JULIEN.

Pour combler cet espoir, à mes desirs offert,
Je sens que j'ai besoin du monde ou d'un désert :
Je préfère des bois la noble indépendance
Au méprisable honneur de régner sous Constance...
J'attends son envoyé...

THÉORA.

Sous l'habit d'un pêcheur,
Caché depuis cinq jours, l'agent de l'empereur,
Léonas, vient ici conspirer ta ruine.
Apprends par quel effet d'une faveur divine
J'ai pu savoir...

JULIEN.

Quelqu'un vers nous porte ses pas.

THÉORA.

Je sors.

JULIEN.

C'est Bellovèse.

THÉORA, *en sortant.*

Il a vu Léonas.

SCÈNE IV.

JULIEN, BELLOVÈSE.

BELLOVÈSE.

Le conseil assemblé près de toi va se rendre ;
Avant de l'écouter César veut-il m'entendre ?
Mon pays de ses droits m'a confié le soin.

JULIEN.

L'amitié des Gaulois est mon premier besoin.

Parle donc, Bellovèse, et sois certain d'avance
Que je ne puis tromper une juste espérance !
BELLOVÈSE.
L'empire s'écroulait; d'incroyables exploits
Ont suspendu sa chute; et, soumis à tes loix,
Fiers de ton amitié, les enfants de la guerre
Des Francs et des Germains ont purgé cette terre;
L'état a reconquis son ancienne splendeur;
Du triomphe avec toi nous partageons l'honneur;
Un peuple généreux t'assura la victoire;
Et c'est sa liberté qu'il demande à ta gloire.
Avec toi, Julien, nous avons combattu;
C'est pour briser nos fers que nous avons vaincu;
La Gaule trop long-temps à Rome fut soumise;
L'espérance, dis-tu, doit nous être permise;
Pour nous il n'en est qu'une; et toi-même aujourd'hui
Tu peux, en la comblant, y trouver un appui.
Tes fidèles Gaulois, dignes de leurs ancêtres,
Sont enfin las de vaincre et mourir pour des maîtres.
Rétablis dans ses droits un peuple valeureux :
Seul, il peut, secondant tes efforts généreux,
Arrêter le torrent de cette barbarie
Qui menace à-la-fois et Rome et ma patrie.
JULIEN.
Bellovèse, retiens ton esprit emporté
Par l'instinct de la gloire et de la liberté.
Ce n'est plus seulement pour leur indépendance,
C'est pour leurs dieux, leurs biens; c'est pour leur existence,
Que doivent désormais combattre les Gaulois :
Au nom de l'empereur je leur donne des lois;
Ces lois sont leur salut, j'en suis dépositaire,

Je dois les maintenir sous un joug nécessaire.
BELLOVÈSE.
César: en toi la Gaule avait mis son espoir :
Si tu trompais ses vœux; si l'abus du pouvoir...
JULIEN.
Au bonheur des mortels j'attache ma puissance;
Mais je n'ai point compté sur leur reconnaissance.
BELLOVÈSE.
Nous avons dû penser que le grand Julien
Des peuples opprimés deviendrait le soutien;
Que sa raison, d'accord avec sa politique,
Adopterait l'honneur d'un peuple fier, antique,
Par qui Rome jadis a soumis l'univers;
Qui pendant trois cents ans répara vos revers;
Qui venge au bord du Rhin les outrages du Tibre;
Et pour tant de travaux ne veut que mourir libre.
Si le sort des Gaulois ne t'intéresse plus,
César, songe à toi-même, au destin de Gallus!
JULIEN.
Je sais quelle fureur appelle tous les crimes;
Quels autels désertés réclament leurs victimes;
Par combien d'intérêts je puis être trahi.
Mais je hais les méchants, j'en veux être haï;
Et, ferme dans la route où la vertu me guide,
Je m'avance en bravant leur poignard homicide.
Bellovèse, le but de ton ambition
Ne peut être le mien : j'aime ta nation;
Avec elle je sais ce qu'on peut entreprendre:
Mais c'est l'empire entier qu'ici je dois défendre;
C'est sa destruction que l'on doit prévenir;
C'est le monde ébranlé qu'il nous faut soutenir.

Le Nord en rugissant pousse des cris de guerre ;
Unissons nos efforts pour délivrer la terre :
Alors que l'empereur m'a nommé le césar,
De Rome et de la Gaule attachée à son char
A ce double intérêt j'ai dévoué ma vie,
La Gaule est désormais ma seconde patrie :
Qui voudrait séparer leurs communs intérêts
Doit à mon amitié renoncer pour jamais.
BELLOVÈSE.
Cette crainte, César, me prescrit le silence :
Mais il est pour mon cœur une autre récompense,
Que tu peux m'accorder, où s'arrêtent mes vœux.
JULIEN.
Te prouver mon estime est tout ce que je veux.
BELLOVÈSE.
L'élève de Maxime, instruit par la sagesse,
Ignore de l'amour la dangereuse ivresse ;
Et c'est en rougissant d'avoir subi ses loix,
Que j'ose t'expliquer le trouble où tu me vois.
Cet amour si puissant, cet amour que tu braves,
A triomphé de moi : l'une de tes esclaves,
Que d'un regard jamais son maître n'honora...
JULIEN, *avec vivacité.*
Bellovèse, son nom?
BELLOVÈSE.
J'adore Théora!
Vers elle, malgré moi, mon ame est entraînée.
César, brise ses fers, et bientôt l'hymenée... .
JULIEN, *avec vivacité.*
Je ne puis appouver un semblable dessein ;
La loi ne permet pas qu'un sénateur romain...

BELLOVÈSE.

Je ne suis pas Romain, et l'éclat d'un vain titre
Ne saurait de mon sort te rendre ici l'arbitre.
César, je suis Gaulois : les femmes, parmi nous,
Dans quelque rang qu'ils soient, honorent leurs époux.
Le front de la beauté que le Gaulois révère
Est empreint à ses yeux d'un divin caractère ;
A ce sexe opprimé nous dressons des autels.

JULIEN.

Mais le culte sacré de ces dieux immortels
Qu'adore Théora, que Bellovèse abjure,
Ne peut d'un tel hymen admettre le parjure ;
Et le Dieu des chrétiens justement irrité...

BELLOVESE (*avec emportement*).

César! à Théora rends-tu la liberté?

JULIEN (*avec force*).

Non.

BELLOVÈSE.

Eh, quoi! c'est ainsi que tu tiens ta promesse?

JULIEN.

Je voudrais t'épargner un refus qui te blesse ;
Mais Théora, jamais, ne peut t'appartenir.

BELLOVÈSE (*avec plus de violence, en sortant*).

Jamais!... ah! si de toi je n'ai pu l'obtenir,
Si j'ai vu repousser toutes mes espérances,
Je puis, me souvenant un jour de mes offenses,
Écouter un conseil que toi-même donnas.

JULIEN.

Tu peux même en secret consulter Léonas.
(*A ce nom Bellovèse se retourne, et regarde Julien qui lui
fait signe de sortir.*)

SCÈNE V.

JULIEN *seul.*

D'où naît ce mouvement dont mon ame est saisie?
Mon cœur connaîtrait-il l'affreuse jalousie?
Non, Théora! l'amour que tu m'as inspiré,
Qui brille dans tes yeux, que ta bouche a juré,
Ce feu pur, émané de la céleste flamme,
D'un indigne transport n'agite pas mon ame.

SCÈNE VI.

JULIEN, MAXIME, HELVIDIUS.

JULIEN.

C'est vous, nobles amis, Maxime, Helvidius ;
Je réclame en ce jour l'appui de vos vertus :
De mon cœur et du ciel, démentant les présages,
Autour de ce palais se forment les orages.

MAXIME.

Conjure-les ; renonce à de pompeux malheurs !
Julien, je t'appelle à des destins meilleurs :
Quand le crime triomphe et garde sa conquête,
Le poste de l'honneur est toujours la retraite ;
C'est le tien ; c'est le seul qui soit digne de toi.
Constance règne aux lieux où tu donnes la loi ;
C'est d'une cour impure, en crimes si féconde,
Que partent les décrets qui gouvernent le monde !
Je frémis en songeant que la postérité

Associera ton nom à ce nom détesté :
Laisse-lui le fardeau de son ignominie ;
Fier d'une obscurité, par l'étude anoblie,
Retourne aux murs sacrés qu'ont détruit tes aïeux
Interroger Platon sur le secret des dieux !

JULIEN.

Noble ami, tu le sais, l'éclat du rang suprême
Ce bandeau si pesant qu'on nomme diadème,
Ces flots de courtisans, de gardes, de flatteurs,
De nos trônes d'un jour ornements imposteurs,
Ne sauraient éblouir l'élève de Maxime ;
Éclairé des rayons de ta clarté sublime,
Je sais, fier d'un pouvoir que je dois à moi seul,
Que ce lambeau de pourpre est encore un linceul ;
Que cent rois oubliés dans la poudre des âges,
Des peuples avilis ont reçu les hommages ;
Que Socrate, Épictète, instruisant les mortels,
Dans la postérité reçoivent des autels.
Mais ce rang de César d'où j'aspire à descendre,
S'embellit de périls : et je dois les attendre.

HELVIDIUS.

Oui, tu dois relever l'honneur du nom romain :
L'ordre des dieux t'appelle au pouvoir souverain,
A venger en héros, par d'illustres conquêtes,
Quatre siècles d'affronts qui pèsent sur nos têtes.
Dis un mot : sur tes pas tu verras accourir
Ces Romains amollis, qui n'osent plus mourir ;
Ces Gaulois, tes amis, qui respirent la guerre,
Et brûlent avec nous de ressaisir la terre.
Qui pourrait t'arrêter, alors que l'empereur
Ne craint plus d'annoncer en toi son successeur ?

JULIEN.

Qu'au nom de Julien triomphant dans Byzance,
Il adopte ta gloire, honore ta vaillance,
Et, prompt à seconder un généreux espoir,
Il partage avec toi le suprême pouvoir.

JULIEN.

Helvidius, aux vœux que ta bouche prononce,
Un envoyé d'Auguste apporte la réponse.

SCÈNE VII.

LES MÊMES, ÉVÉMÈRE, MAGISTRATS, ROMAINS, GAULOIS.

JULIEN.

Magistrats, citoyens, assemblés à ma voix,
Je vous rends compte ici des biens que je vous dois;
Nous avons rejeté dans leurs forêts natales
Les Sycambres, les Goths, les Germains, les Vandales,
Tous ces peuples de proie, attirés sur vos bords,
Dont la destruction signalé les efforts;
Pour moi, qu'en cette guerre illustra leur courage,
Je chéris les Gaulois, et je suis votre ouvrage.
De nos communs travaux pour la gloire entrepris,
L'empereur a voulu vous assurer le prix;
Et l'envoyé d'Auguste, admis en ma présence,
Va de ses sentiments vous donner l'assurance.

ÉVÉMÈRE.

Julien, de Lutèce est la gloire et l'amour;
Et les Parisiens m'ordonnent, en ce jour,
A leur divin César de consacrer un temple.

JULIEN.

Non, vous ne suivez pas un sacrilège exemple;

Pour les dieux immortels réservons notre encens;
D'un mutuel amour les vœux reconnaissants
Imposent des devoirs, et non des sacrifices;
A nos plus chers desirs si les dieux sont propices,
Lutèce, de mon nom gardant le souvenir,
Léguera ma mémoire aux siècles à venir;
Dira que Julien sur les bords de la Seine,
Jeta les fondements d'une nouvelle Athène!
Oui votre humble cité, du sein de ses roseaux,
S'élevant d'âge en âge à des destins plus beaux,
Quand sur l'Europe en deuil régne la barbarie,
Aux arts prêts de s'éteindre offre une autre patrie :
Dans la postérité nos destins s'uniront;
Les pères m'ont aimé; les fils me béniront;
C'est là tout mon espoir, c'est là ma récompense,
Et je puis l'accepter sans alarmer Constance.
Mais l'envoyé d'Auguste ici porte ses pas,
Prenez place au conseil...

SCÈNE VIII.

LES MÊMES, LÉONAS.

(*Tout le monde s'assied; Julien, sur une chaise curule, occupe le centre, Helvidius et Évémère sont à ses côtés.*)

JULIEN.

Approchez, Léonas.

LÉONAS (*regardant autour de lui avec surprise*).
D'un message secret je suis dépositaire;
César, j'avais pensé qu'avec plus de mystère
L'ordre de l'empereur...

JULIEN.

Je ne m'informe pas
De ce que pense ici le consul Léonas.
Je veux même ignorer quelle cause imprévue
L'a tenu si long-temps éloigné de ma vue.
Parlez; et songez bien que vous me répétez
Les discours de celui que vous représentez.

LÉONAS.

L'immortel Constantin que l'univers admire,
Du culte des chrétiens avait fondé l'empire :
Constance est l'héritier de son nom, de sa foi;
Et toi-même as suivi cette divine loi.
Julien l'adorait; et quand César l'abjure,
L'empereur s'en indigne, et le peuple en murmure.

JULIEN.

De la foi des chrétiens instruit dès le berceau,
A mes premiers regards on offrit son flambeau;
Et (je dois l'avouer) cette naissante flamme,
Comme un rayon divin pénétra dans mon ame.
A cet aspect d'un dieu qu'adoptait ma raison,
Je croyais retrouver le dogme de Platon.
Deux cultes différents se partageaient la terre :
Constantin déserta l'autel héréditaire;
J'adoptai des chrétiens le dieu consolateur :
Cette religion est celle du malheur.
Mais lorsque ensanglantant cet autel pacifique,
Des cruels ariens la secte fanatique
Me montra cet empire en proie à tous les maux,
Des hommes tour-à-tour victimes et bourreaux,
J'abjurai leur doctrine, et demeurai fidèle
A la religion du divin Marc-Aurèle;

ACTE II, SCÈNE VIII.

Et devenu César, je vis que le devoir
D'un aveu solennel m'imposait le pouvoir.
Je me souvins alors qu'en miracles féconde,
Rome aux dieux de Numa dut l'empire du monde.
Vaincu par leur grandeur, frappé de leurs vertus,
J'embrassai les autels des Catons, des Brutus;
Mais je laisse à chacun son espoir, sa croyance;
Et le zèle à mes yeux n'est pas l'intolérance.

LÉONAS.

Ainsi, César renonce au dieu de Constantin?

JULIEN.

Les hommes et les dieux ont un maître divin;
Le culte des vertus est celui qu'il préfère.

LÉONAS.

Mais parmi ces vertus, idoles de la terre,
César oublierait-il que jadis les mortels
A la reconnaissance ont dressé des autels?
César oublierait-il que l'empereur Constance,
Que son maître et le mien éleva son enfance,
Lui prodigua ses dons, et de sa pourpre enfin
Qu'Auguste revêtit l'indigent orphelin?

JULIEN.

Ses faveurs, Léonas, à mes yeux sont présentes;
J'en conserve en mon cœur les images vivantes.
Si je fus orphelin, proscrit dès le berceau,
Quel bras précipita ma famille au tombeau?
Qui versa le poison dans le sein de mon père?
Qui, jusque dans mes bras, fit égorger mon frère?
Le monde a répondu... je me tais, Léonas.

LÉONAS.

César a signalé son nom dans les combats;

Aux travaux du guerrier l'empereur rend hommage ;
Il jouit de ta gloire, admire ton courage ;
Tu pouvais t'illustrer par de nobles exploits,
Servir, venger la Gaule et non changer ses lois.
Le fils du roi des Francs, l'illustre Clodomaire,
Prisonnier en ces lieux, par le droit de la guerre,
Devait être conduit aux murs de Constantin ;
C'était à l'empereur à régler son destin.

JULIEN.

Avec le roi des Francs un traité nous engage ;
Son fils entre mes mains doit rester en otage :
De la paix Clodomaire est ici le lien :
Tous deux ont pour garant la foi de Julien.

LÉONAS.

Aux ordres souverains que ma bouche t'annonce,
César, avec respect j'attendrai ta réponse :
Il en est un que rien ne peut suspendre ici,
Et l'avoir entendu, c'est avoir obéi.
Tes exploits, sur le Rhin, ont terminé la guerre ;
Mais les Perses déja franchissent leur frontière ;
L'empereur se prépare à de nouveaux combats,
Et dans la Cappadoce assemble ses soldats.
Son pouvoir absolu me confère l'armée
Que dans les champs gaulois Julien a formée :
Je la conduis demain, sans perdre un seul instant,
Aux murs de Césarée où Constance l'attend.

JULIEN.

Auguste, dans la Gaule exilant ma victoire,
M'envoyait à la mort, et j'y trouvai la gloire.
Mais cette gloire est due aux enfants des Gaulois.
Sous nos drapeaux déserts accourus à ma voix,

ACTE II, SCÈNE VIII.

L'amour, non le devoir, les y retient encore ;
Constance les apelle aux rives du Bosphore,
Ils sont libres ; leur vœu doit être consulté ;
Vous connaîtrez bientôt quelle est leur volonté.
(*Il se lève.*)

LÉONAS.

Cependant le devoir qu'ici m'impose Auguste...

JULIEN.

Léonas l'a rempli ; le mien est d'être juste,
D'honorer le pouvoir dont je suis revêtu.

LÉONAS.

César, tu répondras...

JULIEN.

César a répondu.

FIN DU SECOND ACTE.

ACTE TROISIÈME.

SCÈNE I.

LÉONAS, CÉBALE.

LÉONAS.

Cébale, la fureur de ce peuple indocile
M'oblige en ce palais de chercher un asile ;
L'occasion me sert, je n'ai point hésité ;
J'ai besoin de te voir en toute liberté :
Pour tous les deux ce jour porte sa récompense.
De tous les surveillants que l'inquiet Constance
Plaça près de César sous un titre avoué,
Cébale est le plus sûr et le plus dévoué.
Tu connais mon dessein ; mais avant d'entreprendre,
Sachons de quels dangers nous devons nous défendre.

CÉBALE.

L'obstacle le plus grand, je le prévois trop bien,
C'est l'amour des Gaulois pour leur cher Julien.
C'est l'admiration que sa présence inspire ;
C'est ce vœu des guerriers qui l'appelle à l'empire.

LÉONAS.

Il règne dans Lutèce ; un peuple révolté
Y méconnaît Auguste et son autorité :
Elle triomphera, j'en suis dépositaire.
Bellovèse est à nous ; le prince Clodomaire
Hâte un événement qui doit changer son sort.....

CÉBALE.

La chute de César?...

LÉONAS.

Non Cébale! sa mort,
Sa mort, dans son palais et dès cette nuit même.

CÉBALE.

On tenterait en vain cette mesure extrême :
César, sans défiance, ici repose en paix ;
Mais Helvidius veille aux portes du palais ;
Chef intrépide et fier d'une garde fidéle,
Rien n'échappe à ses yeux, rien n'arrête son zéle ;
Contre un pareil rempart l'audace ne peut rien.

LÉONAS.

L'artifice peut tout : auprès de Julien
Il suffit qu'un de nous parvienne à s'introduire.

CÉBALE.

Un rayon de lumière à mes yeux vient de luire ;
Au fond de ses jardins, dans un temple odieux,
Julien chaque jour va consulter ses dieux.
Une femme, une esclave, admise à ce mystère
Accompagne ses pas dans ce lieu solitaire :
Pour cette jeune grecque, épris d'un fol amour,
Bellovèse la voit, l'entretient chaque jour.....

LÉONAS.

Elle l'aime, dis-tu?

CÉBALE.

De l'ardeur la plus tendre ;
Il n'est rien que l'amour ne lui fît entreprendre ;
Et tel est son empire auprès du chef gaulois,
Que bravant et sa gloire, et César, et nos lois,
Il veut, brisant les fers dont elle est enchaînée,

S'unir à Théora par les nœuds d'hyménée.

LÉONAS.

Il faut que je la voie, il le faut, hâtons-nous;
Elle peut diriger et nos pas et nos coups.

CÉBALE.

A frapper Julien, quel espoir vous engage?
Pensez-vous recueillir en paix son héritage
Dans des lieux où la gloire a consacré son nom?
Ce titre de César où vous prétendez.....

LÉONAS.

Non.
Je ne m'arrête pas sur les degrés du trône;
C'est trop peu de la pourpre, il me faut la couronne.

CÉBALE.

Mes services passés, mon intérêt, ma foi,
Ma haine pour César, tout vous répond de moi;
Mais qui vous répondra du peuple et de l'armée?
Du succès d'une guerre, en tous lieux allumée?

LÉONAS.

Ma fortune, et sur-tout la mort de Julien.
On déserte le dieu dont on n'attend plus rien.
Aux yeux de l'univers le malheur est un crime,
Et la victoire seule est toujours légitime..
Viens : près de Théora conduis-moi.....

CÉBALE.

Vers ces lieux
Je la vois s'avancer d'un pas mystérieux.
Je vous laisse avec elle.

(*Il sort.*)

SCÈNE II.

LÉONAS, THÉORA.

THÉORA, *sans voir Léonas.*
    Où vais-je? qui m'arrête?
D'où vient qu'à chaque pas une terreur secréte
Me signale un péril?... ah! qu'importe, il vivra.....
 (*apercevant Léonas.*)
Évitons ce Romain.

LÉONAS.
    Demeurez, Théora:
Je connais les chagrins où votre ame est en proie :
Et c'est, en ce moment, le ciel qui vous envoie.
Je n'en saurais douter, il dirigeait vos pas;
C'est lui qui vous améne auprès de Léonas.

THÉORA.
Léonas!

LÉONAS.
   L'envoyé de l'empereur Constance;
Aux bienfaits qu'en son nom en tous lieux je dispense,
La beauté, le malheur, vous ont acquis des droits.

THÉORA.
Ah! le sort d'une esclave est-il connu des rois?

LÉONAS.
Sous la loi des chrétiens, tous les rois sont des pères;
Leurs enfants sont égaux, et les hommes sont frères;
Constance à leur bonheur consacrant ses travaux
De ses moindres sujets veut adoucir les maux.
Il connaît leurs besoins, gémit de leurs alarmes.....

THÉORA.

Il versa tant de sang, peut-il verser des larmes?

LÉONAS.

D'une longue terreur les peuples délivrés
Oublieront des malheurs qu'il aura réparés.

THÉORA.

Sur l'oubli des forfaits c'est en vain qu'on se fonde;
La haine comprimée en devient plus profonde.

LÉONAS.

Dans votre cœur du moins un seul mot l'éteindra;
Vous êtes libre...

THÉORA.

Ciel!

LÉONAS.

Écoutez, Théora.
Je puis rompre à l'instant vos indignes entraves;
Notre religion ne connaît point d'esclaves.
Dites : je suis chrétienne; et, rendue à nos lois,
Les fers que vous portez vont tomber à ma voix.

THÉORA.

Seigneur, je suis Hellène, et je sens que mon ame
Au nom de liberté s'agrandit et s'enflamme;
Mais il est pour mon cœur un bien plus précieux,
Un amour plus sacré... c'est celui de nos dieux;
De ces dieux, dont la main prodiguant la victoire,
Versa sur nos aïeux, trente siécles de gloire!
Au sortir du berceau, dans les jours solennels
De pampres et de fleurs j'ai paré leurs autels :
Au bord de l'Ilyssus, dans nos plaines fleuries,
Je guidais, jeune encor, nos belles théories.
Comment renoncerais-je à ce culte enchanteur,

Où tout parle à mes yeux, à mes sens, à mon cœur;
Où la piété même est la volupté pure?
Je retrouve mes dieux dans toute la nature.
LÉONAS.
Celui dont Théora méconnaît la bonté
Par un auguste hymen lui rend la liberté.....
De ce cœur où je lis, que le trouble s'apaise;
L'empereur a souscrit aux vœux de Bellovèse;
Il connaît votre amour, votre espoir, vos combats.....
THÉORA.
Mais seigneur, Julien n'y consentira pas.
LÉONAS.
Tant qu'il commandera...
THÉORA.
Seigneur il est mon maître,
Le César de l'empire...
LÉONAS.
Il peut cesser de l'être.....
THÉORA.
Adoré des soldats, jeune, plein de valeur,
Qui pourrait renverser son pouvoir?
LÉONAS.
L'empereur;
Moi, de ses volontés secret dépositaire.
THÉORA.
Si j'osais pénétrer ce terrible mystère,
Peut être j'offrirais à vos yeux prévenus
Des obstacles puissants de moi seule connus.
LÉONAS.
En est-il, Théora, pour le pouvoir suprême?
Julien est frappé du sanglant anathème;

Quand il trahit le dieu qu'il avait adoré,
Les chrétiens contre lui s'arment d'un fer sacré :
Je voudrais adoucir leur sentence sévère,
Et dérober César à leur juste colère.
Sage dans son erreur, sa modeste vertu
Dédaigne le pouvoir dont il est revêtu ;
A des honneurs qu'il hait, on pourrait le soustraire
Sans recourir au bras qui fit périr son frère :
Si le dieu qu'il outrage, en son juste courroux,
Pour perdre Julien, n'a pas éteint en vous
La pitié qu'il confie au cœur de la jeunesse,
Vous pouvez, écoutant cette voix qui vous presse,
A mes desseins secrets prêter votre secours,
Vous délivrer d'un maître, et conserver ses jours.

THÉORA (*vivement*).

Je suis prête : parlez...

LÉONAS.

Quel bruit se fait entendre ?
Sortez... je suis vos pas...

SCÈNE III.

ÉVÉMÈRE, JULIEN, LÉONAS, HELVIDIUS,
OFFICIERS, MAGISTRATS.

JULIEN.

Qu'oserait-il prétendre ?
Ce peuple révolté pense-t-il en ce jour
Par un assassinat me prouver son amour ?
De sa rébellion je ne suis pas complice ;
Quand un peuple a des loix, il demande justice :

Il l'obtiendrait de moi, contre mes volontés;
Mais ses cris de fureur ne sont pas écoutés.
A vos concitoyens allez, sage Évémère,
Montrer un magistrat que la Gaule révère :
Faites parler la loi; ma garde qui vous suit,
Dans les troubles civils, à vous seul obéit.

(*Évémère sort avec la garde.*)

SCÈNE IV.

JULIEN, HELVIDIUS, LÉONAS.

JULIEN (*à Léonas*).

Consul, ne craignez rien d'une foule égarée :
Je conduirai moi-même aux murs de Césarée
Ces légions qu'osait réclamer Léonas,
Et qui de César seul veulent suivre les pas;
Demain, sans nul délai, vous quittez cette ville;
Jusque là mon palais est pour vous un asile.

SCÈNE V.

JULIEN, HELVIDIUS.

HELVIDIUS (*regardant sortir Léonas*).

Ce guerrier courtisan importune mes yeux;
Que vient-il faire ici, ce fourbe ambitieux?
Vil esclave d'un maître, et rampant sur ses traces,
Qu'il flatte ses penchants pour obtenir ses graces,
Et sur les champs d'honneur, où l'on nous voit courir,
Qu'il nous laisse le soin de vaincre ou de mourir :

Si l'on en croit des bruits qu'adopte ma colère,
Il n'est pas étranger au meurtre de ton frère.

JULIEN.

Par la haine du peuple il est calomnié,
Et de ce crime affreux il s'est justifié;
Un injuste soupçon est toujours condamnable.

HELVIDIUS.

S'il suffit de nier, qui donc serait coupable?

JULIEN.

S'il suffit d'accuser, qui serait innocent?

HELVIDIUS.

Celui qu'on ne peut craindre; en ce danger pressant
Cet obscur favori, par sa seule présence,
Accuse près de toi les desseins de Constance.
César, si tu daignais m'en croire, Léonas
Au camp de l'empereur ne retournerait pas.
En lui tout me dénonce un perfide émissaire;
Déja même en secret il a vu Clodomaire,
Et contre ton pouvoir conspirant aujourd'hui,
Il peut...

JULIEN.

Helvidius, je conspire avec lui :
Tu sais de qui je tiens la pourpre souveraine.
Ah! ce funeste don, que sa main le reprenne :
Je dois haïr Constance et lui garder ma foi :
Redouter Léonas est indigne de moi.
Qu'il jouisse sans trouble aux rives de la Seine
Des honneurs consacrés à la pourpre romaine;
Qu'il soit libre en ces murs;... l'avis m'est parvenu
Qu'aux rives de l'Escaut les Francs ont reparu;
Je m'inquiète peu d'une vaine menace,

Et Clodomaire ici répond de leur audace ;
Mais je dois les punir d'avoir franchi le Rhin.
Bellovèse contre eux marchera dès demain.
Va lui porter cet ordre.
(*Helvidius sort.*)

SCÈNE VI.

JULIEN, MAXIME, ANDYOMÈNE.

MAXIME.

A la voix d'Évémère,
A la voix de César plus auguste et plus chère,
Le peuple révolté rentre dans le devoir.

ANDYOMÈNE.

C'est à toi maintenant de combler son espoir ;
Quand la faveur des dieux pour toi se manifeste,
Écoute, Julien, leur volonté céleste.

JULIEN.

Qu'ordonnent-ils de moi ces maîtres des humains ?

ANDYOMÈNE.

De garder le pouvoir qu'ils ont mis en tes mains ;
D'en croire Andyomène, oracle de ta gloire ;
A l'aigle des Romains de rendre la victoire,
Et d'un astre mourant ranimant les clartés,
De ramener les temps de nos prospérités.

JULIEN.

Qui pourra remonter un torrent invincible ?
De nos honneurs passés la source inaccessible
A nos vœux impuissants est fermée à jamais ;
Quand les dieux aux Romains retirent leurs bienfaits,
Peuvent-ils m'appeler à régner sur un monde

Que la crainte gouverne, et que le crime inonde;
Où la vertu sans fruit n'est plus qu'un vain effort;
Où germent en tous lieux des semences de mort?
Embrasse d'un regard cette terre flétrie!
Où donc sont les Romains, où donc est la patrie?
Cette Rome, autrefois nourrice des héros,
N'offre à mes yeux en pleurs qu'un amas de tombeaux;
Quel spectacle de deuil! du sein de ses ruines
Pourrai-je relever la ville aux sept collines?
Pourrai-je réveiller ses mânes glorieux?

ANDYOMÈNE.

L'entreprise est à nous; le succès est aux dieux:
Jupiter a parlé; par ma voix il te nomme.
Pour sauver un état il suffit d'un grand homme;
Tout périt, tout s'éteint sous un prince pervers,
Dont le sceptre honteux pèse sur l'univers.
Les peuples opprimés dénoncent ses parjures,
Et leurs gémissements passent pour des murmures;
Mais c'en est fait, il tombe! et nos dieux outragés
Sous un règne nouveau vont être enfin vengés.

JULIEN.

Malheur à qui poursuit une indigne conquête!
Les prières de sang retombent sur sa tête:
Le fanatisme affreux n'armera point mon bras:
Non, j'honore les dieux; je ne les venge pas.

ANDYOMÈNE.

Tu vas régner...

JULIEN.

Le sceptre est aux mains de Constance.

MAXIME.

Il a franchi les monts, dans la Gaule il s'avance,

ACTE III, SCÈNE VI.

Et les prétoriens vendus à sa fureur
Dans l'armée ont déja nommé ton successeur;
Celle à qui Julien deux fois a dû la vie,
L'épouse du tyran, cette auguste Eusébie,
Des dangers que tu cours daigne me prévenir.

JULIEN.

Je quittais le pouvoir, je dois le retenir.
De ces prétoriens je brave la menace.
On m'offre des périls dignes de mon audace;
Je les accepte tous et j'obéis aux dieux.

MAXIME.

Ta défense devient un soin religieux;
Tu te dois à la Gaule, à Rome, à la patrie,
Aux amis dont la cause à la tienne est unie.

JULIEN.

Les dieux me sont témoins qu'à ce pieux devoir
Se bornent aujourd'hui mes vœux et mon espoir;
Allez, Andyomène, et sous d'heureux auspices,
A Jupiter sauveur offrez vos sacrifices.

  (à Maxime.)
C'est à toi d'informer les magistrats gaulois
Des grands événements que déja tu prévois.

      (Andyomène et Maxime sortent.)

SCÈNE VII.

JULIEN, seul.

Pour la première fois, lâche et cruel Constance,
Au glaive des combats tu remets la vengeance;
Bourreau de tous les miens, par quel remords pieux
Prétends-tu m'honorer d'un trépas glorieux?
Pour arbitre entre nous tu choisis la victoire;
Un si noble forfait absoudra ta mémoire;
Mais il n'éteindra point mon immortel courroux.
Gallus ton sang s'élève et bouillonne entre nous...
Quelle fureur m'aveugle? à ses conseils docile
J'invoque le démon de la guerre civile!
Quoi, ce bras redouté des Perses, des Germains
Brûle de se plonger dans le sang des Romains!
La discorde à son aide appelle tous les crimes,
Et son chant de triomphe est le cri des victimes!
Bientôt nous la verrons parcourir nos cités,
Promener son flambeau sur nos champs dévastés....
Chaque parti bientôt épousant nos querelles,
De tous les mécontents va faire des rebelles;
Détestables vainqueurs, parricides héros,
Nous nous disputerons la gloire des bourreaux...
Je n'ai point soulevé cette horrible tempête,
Et je puis sans remords y présenter ma tête;
J'interroge mon cœur; non, les dieux bienfaisants
N'ont point livré la terre aux fureurs des tyrans.

SCÈNE VIII.

JULIEN, THÉORA.

JULIEN.

Partage, Théora, ma nouvelle espérance :
Je vengerai Gallus, je combattrai Constance.
Il marche contre moi.

THÉORA.

Je le sais, Julien !
Mais, pour vaincre, il a pris un prompt et sûr moyen.
La trahison, le crime ont préparé ta chute ;
Cet horrible complot cette nuit s'exécute.

JULIEN.

En quels lieux ?

THÉORA.

Ici même ; admis auprès de toi...

JULIEN.

Dans le palais, qui doit les introduire ?

THÉORA.

Moi.
Dispense Théora de te faire connaître
Quel espoir à mes yeux a fait briller un traître,
Par quelle heureuse erreur l'infame Léonas
A pu m'associer à ses noirs attentats !

JULIEN.

L'amour de Bellovèse est son premier complice.
Ah ! de lui j'exigeais un trop grand sacrifice ;
J'excuse un désespoir que ta perte inspira ;
Il doit la mort à qui lui ravit Théora.

THÉORA.

Parmi tes ennemis, je le compte avec peine ;
Mais son fatal amour accroît encor ma haine....
Quel sombre abattement à ton cœur étranger?...
Ce complot découvert, désormais sans danger...

JULIEN.

Théora, je le sens, sur-tout en ta présence,
De longs jours ne sont pas une longue existence.
Il a vécu, celui qui fut aimé de toi ;
Qui du bonheur public fit sa suprême loi ;
Dont l'ame pour la gloire en naissant enflammée,
Chercha dans la vertu toute sa renommée ;
Il a vécu, celui dont le nom répété
Vieillit avec honneur dans la postérité.

THÉORA.

Quel est donc ce penser où César s'abandonne ?
Le palais est fermé, ta garde l'environne :
Et ces conspirateurs, agents de Léonas,
Sous ces voûtes sans moi ne sauraient faire un pas :
Tu peux dès ce moment t'assurer de ce traître...

JULIEN.

Non, c'est la trahison que je prétends connaître.
Léonas a trouvé des complices ; je veux...

THÉORA.

T'approcher cette nuit est l'objet de leurs vœux ;
J'ai promis de servir cette ardeur qui les presse...

JULIEN.

Viens, suis-moi, Théora, je tiendrai ta promesse.

FIN DU TROISIÈME ACTE.

ACTE QUATRIÈME.

SCÈNE I.

Le théâtre représente l'intérieur de la tour de César, autrefois le petit Châtelet. La nuit règne sur la scène qu'éclaire une faible lampe.

LÉONAS, seul.

C'est là, sous ces débris par le temps consacrés,
Que vont se réunir nos hardis conjurés;
C'est là, que la fortune en caprices féconde,
Se prépare à donner un nouveau maître au monde.
Quels sont mes droits au rang où tendent mes desseins?
Mes droits sont ceux du sort; ceux de ces souverains
Qu'une volonté forte éleva jusqu'au trône:
Sur plus d'un front obscur a brillé la couronne :...
Qu'ont fait tant de Césars? Souvent pour tout renom
Aux grands événements ils ont prêté leur nom;
Le mien peut quelque jour en emprunter sa gloire:
Mais que me fait, à moi, cette vaine mémoire?
Au-delà du présent je n'étends pas mes vœux:
Arriver au pouvoir, c'est tout ce que je veux:
J'y touche; encore un pas et j'y parviens sans doute.
La mort à qui pouvait embarrasser ma route!
Provoquer, enhardir, punir la trahison,
Et du crime commis éteindre le soupçon,
Tels sont depuis quinze ans les pas heureux et sages

JULIEN.

Qui m'ont conduit au but à travers tant d'orages.
Au moment où je parle, un bruit mystérieux
M'annonce que Constance est mis au rang des dieux;
Julien vit encore!...

SCÈNE II.

LÉONAS, CÉBALE.

CÉBALE.

A vos coups il se livre;
Il marche seul au temple où la mort va le suivre.
Les chemins s'ouvriront au nom de Léonas;
Les nombreux conjurés s'avancent sur mes pas;
Julien va périr... Sa mort, à ne rien feindre,
Peut éloigner le but où vous croyez atteindre;
Ce César reste seul des fils de Constantin;
L'ordre de l'empereur termine son destin;
Mais ce sang qu'il proscrit coule aussi dans ses veines.

LÉONAS.

Je sers et je punis ses fureurs inhumaines :
De ce vaste complot que ma haine a conduit,
Apprends qu'en ce moment je recueille le fruit.
Peut-être, prévenant un dessein qui t'étonne,
Sur ma tête le sort a placé la couronne.
Constance et son armée avancent vers ces lieux:
Mais il marche entouré de soldats factieux
Et de prétoriens qui m'ont vendu l'empire.
Cébale, il est à moi, si Julien expire:
Un seul mot doit fixer tes vœux irrésolus;
Si je dois ma fortune au trépas de Gallus,

Il t'en coûtera moins pour élever la tienne.
Étouffer un soupçon qu'il faut que l'on prévienne ;
Et, prompt à profiter d'un grand événement,
L'entreprise achevée, en briser l'instrument ;
C'est ce qu'attend de toi mon amitié fidèle.

CÉBALE.

J'ai rempli cette tâche imposée à mon zèle.

LÉONAS.

Théora m'inquiète ; entre elle et Julien
Le culte des faux dieux est un puissant lien.
Si l'amour dans son cœur cédait au fanatisme ?
Et si la servitude avait son héroïsme !...

CÉBALE.

Je sais de quelle crainte il fallait t'affranchir.
Elle est entre mes mains, et n'en doit plus sortir.

SCÈNE III.

LES MÊMES, CLODOMAIRE, CONJURÉS CHRÉTIENS.

CLODOMAIRE.

J'ai voulu près de toi, devançant Bellovèse,
Sur un dessein secret qu'il faut que je lui taise,
M'expliquer, Léonas, sans feinte, sans détours ;
Ce Gaulois de César veut épargner les jours ;
A son ambition il suffit d'un otage ;
Mais l'intérêt commun exige un autre gage.

LÉONAS.

L'orgueil de Bellovèse a fasciné ses yeux ;
Tant que Julien vit, il est maître en ces lieux ;
Adoré dans Lutèce il en est l'espérance ;

Ici l'amour du peuple est encor la puissance ;
Et ces Parisiens, dont il s'est fait l'appui,
Sont autant de soldats prêts à mourir pour lui.
Habile à les flatter, sa sombre politique
Caresse en l'enchaînant la liberté publique.
Sous le voile imposant d'une austère rigueur,
Cachant les passions qui dévorent son cœur,
Il a de ses faux dieux rétabli l'imposture.

CLODOMAIRE.

De la foi des chrétiens vengeons sur lui l'injure ;
Le sort en est jeté. Par un dernier effort
Sachons nous assurer le succès ou la mort ;
S'il doit la partager, j'accepte ma ruine.

LÉONAS.

Je ne modère pas l'ardeur qui vous domine.
Le sage délibère en formant un projet ;
Commencé, rien ne doit en ralentir l'effet.
Quiconque du pouvoir a franchi la barrière,
Est perdu sans retour s'il regarde en arrière :
Hésiter c'est périr ; et pour tout conjuré
L'audace fut toujours un refuge assuré ;
Pour servir nos desseins contre un guerrier qu'il aime,
Bellovèse a besoin de se tromper lui-même ;
Et son cœur, révolté par un assassinat,
Ne se laisse entraîner qu'à l'espoir du combat.

CLODOMAIRE.

Préjugé d'un honneur que mon esprit surmonte !
Le succès en tous lieux couvre toujours la honte.
J'ai promis... je tiendrai mes serments, Léonas !

LÉONAS.

Je remplirai les miens ; l'heure de son trépas

A tes Francs dans la Gaule assigne une contrée;
Du pays Senonnais je te livre l'entrée...
Ton père, instruit par moi, seconde nos efforts,
Et déja de l'Escaut il a franchi les bords...
On vient; je vais au camp, avec moi je ramène
Dans les murs de Paris la légion romaine.
    (à *Cébale.*)
Toi, retourne au palais, il est dès ce moment
Soumis, au nom d'Auguste, à ton commandement.
          (*Cébale et Léonas sortent.*)

SCÈNE IV.

LES MÊMES, BELLOVÈSE, CONJURÉS GAULOIS.

BELLOVÈSE.

Gaulois, arrêtons-nous; voici l'heure promise;
Nous allons couronner une grande entreprise;
Et par ce coup hardi qu'il s'agit de tenter,
Au rang des nations nous allons remonter;
Parcourez cette terre esclave sous vos maîtres,
Par-tout vous trouverez vos illustres ancêtres.
Sous les feux du soleil, au milieu des frimas,
Les Gaulois ont laissé la trace de leurs pas;
Quand le fils de Philippe eut mis l'Asie en cendre,
On les vit seuls debout à l'aspect d'Alexandre;
Conquérants de la Grèce, au-delà du Taurus
Les Scythes indomptés par eux furent vaincus;
Brennus au Capitole, où sa gloire se fonde,
Balança les destins de l'empire du monde;
Tous ces morts ont parlé du fond de leurs tombeaux;

Gaulois, prêtez l'oreille à ces accents nouveaux;
Qu'ils remplissent vos cœurs d'une noble espérance!
Chacun de vous ici répond par sa présence.
Suffit-il de gémir sur de si longs revers?
Suffit-il de pleurer en regardant nos fers?
Non; les temps sont venus, une nouvelle aurore
Sur les forêts d'Ésus peut se lever encore;
Pour ressaisir un sceptre à nos mains disputé,
A nos enfants du moins léguons la liberté!
Bannissons de la Gaule une race fatale;
Julien m'exilait de ma terre natale;
Faisons-nous l'un à l'autre un plus juste destin,
Rejetons les Césars aux murs de Constantin;
Plus de conseils prudents; que la crainte se taise;
La mort ou le succès! vous suivez Bellovèse;
Et vous êtes aussi les enfants de Brennus :
Marchons sur le palais, et malheur aux vaincus.

CLODOMAIRE (*aux conjurés chrétiens*).

Malheur à l'apostat, malheur au sacrilége
Qui de l'autel du Christ brave le privilége;
C'est à nous, enflammés par un zèle pieux,
D'abattre d'un seul coup Julien et ses dieux.
Dans leur temple exécré que Julien périsse;
A l'Olympe faisons ce dernier sacrifice;
Ce n'est point un pays, c'est Dieu qu'il faut venger;
A tout autre devoir maintenant étranger,
Quand il sera rempli, dans les champs de la gloire
Nous irons réclamer la part de la victoire.

BELLOVÈSE.

Compagnons, suivez-moi.

(*Tous les conjurés vont pour sortir.*)

ACTE IV, SCÈNE IV.

JULIEN (*caché sous la toge d'un conjuré*).

Ne quittez pas ces lieux!
Vous cherchez Julien... il est devant vos yeux.

CLODOMAIRE (*s'approchant*).

Toi...

CONJURÉS.

César!

BELLOVÈSE.

Juste ciel!

JULIEN.

Moi-même, Clodomaire!
Avant que mes bienfaits reçoivent leur salaire,
Reconnais bien celui que doit frapper ton bras.
Je suis votre César; vous ne vous trompez pas.
Mon sein est découvert: il appelle le glaive
Sur ce cœur indigné, que votre aspect soulève!
Qu'importe le moment à qui sait bien mourir?
Qu'il frappe, l'assassin, qui voit mon front pâlir!
Si mon sang est promis à qui dût me défendre,
(*à Bellovèse.*)
C'est à toi qu'appartient l'honneur de le répandre!

BELLOVÈSE.

Qui, moi? j'immolerais un homme sans combat!
Ce forfait est d'un prêtre et non pas d'un soldat;
Tu sais quel sentiment dirige ma furie:
J'en veux à ta puissance, et non pas à ta vie.

CLODOMAIRE (*aux conjurés chrétiens*).

Nos projets sont connus, et la nécessité
Interdit à nos cœurs la générosité:
Frappons! c'est l'empereur, c'est notre dieu qu'il brave!
(*Bellovèse fait un mouvement pour se mettre au-devant de Julien.*)

JULIEN.

Obéissez, Romains, à la voix d'un esclave !
Mais laissez-moi l'honneur de tomber sous vos coups;
Mon sang vous appartient, il a coulé pour vous;
J'espérais, sur la foi d'un oracle céleste,
Aux rives de l'Euphrate en répandre le reste;
Mais c'est un autre sort que vous me destinez :
Je voulais vous venger... et vous m'assassinez.

LES CONJURÉS.

Que dis-tu ? nous ! Grands dieux !

JULIEN.

Disposez de ma vie ;
Immolez Julien, mais sauvez la patrie :
Éteignez dans mon sang vos discords inhumains;
Sur mon corps déchiré, jurez encor, Romains,
D'imiter vos aïeux et leurs vertus trop rares;
De haïr les tyrans, de chasser les barbares;
De vos dissensions abjurez les fureurs;
Dans un culte de paix réunissez vos cœurs;
Achevez mes desseins qu'à regret j'abandonne;
Promettez et frappez... Julien vous pardonne !

LES CONJURÉS.

Jamais ! jamais !

BELLOVESE.

Saisi de honte et de respect,
Je demeure accablé sous ton auguste aspect :
A la voix d'un héros, je rougis de moi-même;
Ta vertu prend sur nous un ascendant suprême.
J'abjure ma fureur.

LES CONJURÉS.

Oui, nous l'abjurons tous !

ACTE IV, SCÈNE IV.

BELLOVÈSE et LES CONJURÉS (*à ses genoux*).

César, tes meurtriers tombent à tes genoux.

JULIEN (*les relevant*).

Un si beau repentir a vengé mon offense.
Qu'il reçoive à l'instant sa juste récompense!
A moi!

SCÈNE V.

LES MÊMES, MAXIME, GARDES, SOLDATS *armés de glaives et de flambeaux.*

JULIEN, *à Maxime et aux gardes.*

D'affreux soupçons nous avaient égarés.
Les Romains, les Gaulois, sous ces murs retirés,
Du traître Léonas ne sont pas les complices;
Unis d'un nœud plus saint, sous de plus purs auspices,
Et dans l'amour de Rome à jamais affermis,
Reconnaissez en eux vos frères, vos amis.

BELLOVÈSE.

Oui, Romains, les amis d'un héros, d'un grand homme
Qu'un aveu doit venger...

JULIEN.

Vous devez venger Rome!

SCÈNE VI.

LES MÊMES, HELVIDIUS.

HELVIDIUS.

César, la trahison entraîne tes soldats,
La légion Romaine a suivi Léonas;

Et des Francs, des Germains la troupe mercenaire
A déserté ton camp, au nom de Clodomaire ;
Déja dans la campagne ils vont semant l'effroi.
    JULIEN.
Les dieux, les justes dieux ont donc pitié de moi.
Enfin je vais combattre ! et le dieu des batailles
Te promet, cher Gallus, d'illustres funérailles.
   (*à Clodomaire.*)
Clodomaire, sois libre, et choisis tes drapeaux.
   (*à Bellovèse.*)
Bellovèse, ta place est au rang des héros.
Tu nous suivras...
    MAXIME.
    Écoute une voix qui te crie,
Ménage-les, tes jours ; ils sont à la patrie ;
Au peuple, à tes amis, qui comptent sur ta foi ;
Au monde désolé, qui n'espère qu'en toi.....
Que de périls !... par-tout la guerre est rallumée ;
Constance contre toi fait marcher une armée ;
Elle approche : et, pour mieux assurer ses desseins,
Son agent Léonas t'entoure d'assassins.....
Modère les transports de cette ardeur trop vive.....
   JULIEN, *à Helvidius.*
Qu'on s'apprête au combat.
    HÉLVIDIUS.
    On est prêt.
    JULIEN.
      Qu'on me suive !

FIN DU QUATRIÈME ACTE.

ACTE CINQUIÈME.

SCÈNE I.

Le théâtre représente la galerie du Consistorium, dans le palais des Thermes, au fond de laquelle se trouve le trône impérial.

MAXIME, HELVIDIUS.

HELVIDIUS.
Maxime, il a tenu ce qu'il avoit promis;
César a triomphé de tous nos ennemis:
Et jamais les héros de Pharsale et d'Arbelle
N'ont couronné leur front d'une palme si belle.
MAXIME.
Je rends graces aux dieux d'un succès mérité;
Vous combattiez pour Rome, et pour l'humanité.
Helvidius, dis-moi, quel prodige de gloire
Sous nos drapeaux déserts a fixé la victoire?
HELVIDIUS.
L'armée avait suivi le traître Léonas;
Les rebelles, en foule, accouraient sur ses pas.
D'un perfide allié les troupes mercenaires,
D'un ramas de brigands les hordes sanguinaires,
S'assemblent près de lui; leurs bataillons épars
Couronnaient les hauteurs qui bordent ces remparts.
César n'avait pour lui que sa garde fidéle.
Il peut du moins combattre et mourir avec elle:

Mais les fils de Lutèce ont entendu sa voix;
Bellovèse rallie un parti de Gaulois,
Et dix mille guerriers, qu'enflamme sa présence,
Marchent avec César contre une armée immense.
Le jour naît; l'ennemi, que le nombre enhardit,
D'un triomphe facile, en hurlant, s'applaudit.
César ne contient plus l'ardeur qui le dévore.....
« Ils comptent leurs soldats au lever de l'aurore !
« Amis, où seront-ils au coucher du soleil?
« Qu'il éclaire l'instant de leur dernier réveil!
« Gaulois! souvenez-vous des forêts d'Hercynie;
« Marchez, Parisiens, sauvez votre patrie : »
César dit: en trois corps partage ses guerriers;
Et l'air a retenti du bruit des boucliers.
Des fiers Parisiens la cohorte d'élite
Sur les pas du héros vole et se précipite.
C'est la foudre qui part! des ennemis pressés
Les rangs les plus épais déja sont enfoncés.
Accablés sur les monts, ils inondent la plaine.
Où fuiront-ils, cernés par les flots de la Seine?
La terreur qui les suit, les rassemblant soudain,
Nous n'apercevons plus qu'une voûte d'airain
Dont l'aspect formidable et la profonde masse
De tout effort humain semblent braver l'audace;
Mais Julien commande; et, plus prompts que l'éclair,
Nos escadrons, lancés sur ce rempart de fer,
Le brisent d'un seul choc: le plus affreux carnage
Par un triple sillon a marqué leur passage.
Émule de César et du dieu des combats
Bellovèse est par-tout; la terreur suit ses pas.
Au milieu des Germains, il cherche Clodomaire.

ACTE V, SCÈNE I.

Il frappe, et poursuivant un moins digne adversaire,
Au plus vil ennemi prodiguant son courroux,
L'infame Léonas est tombé sous ses coups.
Mais quel désordre affreux! le fleuve sur ses rives
Voit par-tout accourir leurs bandes fugitives;
Ils invoquent en vain l'asile de ses eaux,
Leurs terribles vainqueurs les suivent dans les flots.
Le glaive les atteint, et la Seine tremblante
Détourne ses regards de son urne sanglante.

MAXIME.

Le plus juste triomphe est encor douloureux.

HELVIDIUS.

Celui de Julien doit combler tous nos vœux :
La fortune a pris soin d'en assurer le gage.
Du camp de l'empereur on reçoit un message;
Son armée a, dit-on, proclamé Julien :
Et Constance, réduit au corps prétorien,
Dans la Gaule, où le sort a conduit ce transfuge,
Vient auprès de César implorer un refuge.

MAXIME.

Je connais Julien, son grand cœur l'a promis,
Constance désarmé le trouvera soumis.
Il vient...

SCÈNE II.

LES MÊMES, JULIEN, ÉVÉMÈRE, CITOYENS.

JULIEN.

Secondez-moi, respectable Évémère;
Citoyens, réparons les malheurs de la guerre;

Les vainqueurs sont rentrés sous l'empire des lois,
Et les vaincus soumis ont recouvré leurs droits.
Que tous les malheureux échappés au naufrage,
Trouvent des bras amis ouverts sur ce rivage
Du succès de ce jour je rends graces aux dieux,
Mais je n'accepte pas le triomphe odieux
Que le peuple exalté dans Lutéce prépare.
Loin de moi, loin de vous cet appareil barbare!
Quand la patrie en deuil punit des fils ingrats,
Elle plaint sa victoire et ne triomphe pas.
On prétendrait en vain disposer de moi-même;
De quel droit m'offre-t-on le sacré diadème :
Constance vit, il règne, il reçut vos serments.
Quel pouvoir a rompu vos saints engagements?
A me voir empereur la Gaule entière aspire:
Mais cette Gaule enfin, est-elle tout l'empire?
Nouveaux prétoriens, trop souvent les Gaulois
Imposèrent à Rome un maître de leur choix;

(à Maxime et à Évémère.)

Que la loi parle seule; allez! que l'on publie,
Sur la foi de César, une entière amnistie;
J'en excepte l'agent du traître Léonas:
Vous connaîtrez bientôt quels sont ses attentats;
Quelles mains ont tissu la trame la plus noire!
Cébale est dans les fers; je le livre au prétoire.

(Tout le monde sort, excepté Bellovèse.)

SCÈNE III.

JULIEN, BELLOVÈSE.

JULIEN.

Bellovèse, en ce jour, l'éclat de ta valeur
A jeté sur ta vie un immortel honneur.
La patrie et César doivent tout à ton zèle.

BELLOVÈSE.

Je n'ai rien fait pour toi; je n'ai rien fait pour elle.
L'amour seul m'inspirait dans ce commun danger :
A toute autre vertu mon cœur est étranger :
Il arma contre toi ma fougueuse injustice,
Et des plus vils mortels me rendit le complice.
Mais de ton propre cœur j'ai percé les secrets,
Et je dois à César épargner mes regrets.

JULIEN.

Ah! tu peux devant moi l'exhaler de ton ame,
Cet amour malheureux qui l'irrite et l'enflamme;
Il ajoute à l'éclat de tes hautes vertus.....
Adorons du destin les décrets absolus.
Il a créé les dieux qui créèrent les hommes;
Dans leurs puissantes mains, esclaves que nous sommes,
Emportés dans nos vœux, forcés dans notre choix,
Comme eux obéissant à d'éternelles lois,
Sous la fatalité s'écoule notre vie;
Je quitterai bientôt cette terre chérie.....
Aux rives de l'Euphrate où m'appelle le sort
Ne puis-je pas trouver le triomphe?... la mort?
Et Bellovèse heureux aux rives de Lutéce,

JULIEN.

Consolant sa douleur...

BELLOVÈSE.

Ton amitié me blesse;
Je ne te quitte plus; le Perse me verra!
Te servir, c'est encore adorer Théora!

JULIEN.

Trop généreux ami, nos ames se répondent;
Dans un seul sentiment que nos vœux se confondent:
Je dois à ton secours, à nos efforts unis,
Le succès d'un combat qui sauve ton pays;
Tu peux m'en assurer la juste récompense!

BELLOVÈSE.

Ordonne.

JULIEN.

La révolte est au camp de Constance;
Et sous les murs d'Autun, abandonné des siens,
Il n'a plus avec lui que ses prétoriens.
Conduis à son secours nos légions fidèles;
Contiens, s'il le faut même, attaque les rebelles,
Et dans cette Lutèce, asile de l'honneur,
En triomphe avec toi ramène l'empereur.....

BELLOVÈSE.

Ne crains-tu pas?

SCÈNE IV.

JULIEN, BELLOVÈSE, MAXIME.

MAXIME.

Le peuple abjurant la vengeance,
D'un prince qu'il chérit imite la clémence;

Les vainqueurs, les vaincus, fiers d'un commun lien,
Bénissent à l'envi le nom de Julien;
Au prétoire, escorté par une foule immense,
Cébale a dévoilé les crimes de Constance;
De sa bouche le peuple apprend avec terreur
Ce tissu monstrueux d'infamie et d'horreur :
Dans une seule nuit ta famille égorgée,
Et Gallus expirant au pied du mont Argée;
Et, depuis ton berceau, l'horrible Léonas,
Le perfide Cébale attachés sur tes pas,
Sans relâche occupés d'attenter à ta vie,
Que défend Théora, que protège Eusébie :
A ce récit cruel, tremblant encor pour toi,
Soldats et citoyens poussent des cris d'effroi;
Le monstre par le peuple est conduit au supplice,
Et même sa fureur respecte ta justice.

JULIEN.

Le peuple doit m'aimer : les dieux me sont témoins
Que toujours son bonheur fut l'objet de mes soins!

MAXIME.

Avant que d'expirer l'audacieux Cébale
A prononcé ces mots, sous la hâche fatale :
« Dites à Julien qu'il m'a frappé trop tard,
« Et qu'au fond de son cœur j'ai porté le poignard. »

JULIEN.

Pour prédire à César leur volonté secrète,
Les dieux n'ont pas choisi cet indigne interprète....
   (à part.)
D'où vient que Théora..?

SCÈNE V.

LES MÊMES, ÉVÉMÈRE, HELVIDIUS, MAGISTRATS, GRANDS OFFICIERS, ANDYOMÈNE.

ÉVÉMÈRE.

Le meurtrier des tiens,
Constance meurt frappé par les prétoriens.
De ce vaste complot Léonas était l'ame ;
La victoire et la mort en ont brisé la trame ;
Le peuple et le sénat, dans leurs communs décrets,
Te proclament Auguste.

TOUS.

Auguste, pour jamais !

BELLOVÈSE.

Idole des guerriers, que ta voix nous réponde !

MAXIME.

Bienfaiteur des humains, viens gouverner le monde.

ANDYOMÈNE.

Je place sur ton front le bandeau consacré.

JULIEN.

Je l'accepte aujourd'hui, ce titre révéré.
(*Il monte sur le trône.*)
En présence des dieux, et sous le nom d'Auguste,
Romains ! je fais serment d'être sincère et juste,
D'aimer la vérité, qui fuit par-tout les rois,
De haïr les flatteurs, de respecter vos droits ;
De n'oublier jamais cette règle constante,
Qu'un homme sur le trône est une loi vivante.
Du pouvoir absolu j'ai subi la rigueur,

ACTE V, SCÈNE V.

Et changer de tyran, c'est changer de malheur.
Trop long-temps opprimés, Romains, cessez de l'être !
Je suis votre empereur et non pas votre maître.
Les temps sont loin de nous, où brillant de clarté,
Le monde entier dira : Je veux la liberté !
Mais Rome à l'univers en doit laisser l'exemple ;
Le passé nous instruit, l'avenir nous contemple.

TOUS.

Ah ! que Julien vive !

JULIEN.

Oui, qu'il vive, Romains !
Si chacun de ses jours est utile aux humains ;
Si des hordes du nord arrêtant la furie,
Il fait dans ses déserts rentrer la barbarie ;
S'il doit, vainqueur par vous, à ses derniers moments,
De votre liberté poser les fondements ;
Des flots de sang humain ont abreuvé la terre :
Qu'elle respire enfin sous un règne prospère !
Que ne puis-je en ce jour réparer tous les maux,
Essuyer tous les pleurs, ouvrir tous les tombeaux ;
Et par votre bonheur illustrant ma mémoire,
D'un règne fugitif éterniser la gloire ;
Mais si par le pouvoir mes desirs égarés
Devaient un jour...

SCÈNE VI.

LES MÊMES, THÉORA.

THÉORA.

Auguste, à tes genoux sacrés
Permets que Théora...

JULIEN, *descendant du trône.*

Quelle pâleur mortelle !
Quel trouble en tes regards !...

THÉORA.

Écoute ! je chancelle...
Mon maître.... mon ami...

JULIEN.

Je vois couler tes pleurs.

THÉORA.

Sois homme, Julien !...

JULIEN.

Un mot !... un seul !...

THÉORA.

Je meurs !

JULIEN.

Que dis-tu ?

BELLOVÈSE.

Ciel !

THÉORA.

Laissons des espérances vaines.
Cébale a fait couler le poison dans mes veines.

JULIEN.

Courons !... de prompts secours !

THÉORA.

  J'appartiens au trépas!
Je n'ai plus qu'un moment, ah! ne m'en prive pas.
Quand de l'urne du temps sort mon heure dernière,
Ta main, ta seule main, doit fermer ma paupière;
Un instant séparés, pour jamais réunis,
Payons d'un jour de deuil des plaisirs infinis.

JULIEN.

Ah! du moins cet espoir m'ordonne de te suivre!

THÉORA.

Il te prescrit d'attendre; il t'ordonne de vivre.
Pour qui n'a pas rempli ses desseins et son sort,
C'est une lâcheté de se donner la mort;
L'avenir, Julien, à mes yeux se révèle;
Le prince qui vécut ainsi que Marc-Aurèle
Est digne de mourir comme Épaminondas;
J'ai compté peu de jours..., mais tu les enchantas;
Mais j'ai sauvé les tiens...; avant qu'à la lumière
Se ferme pour jamais ma débile paupière,
Heureuse, j'ai pu voir le bandeau révéré
Resplendir un moment sur ce front adoré.

(*à Bellovèse.*)

Prince!...je l'aimais;... dieux!...ma carrière est remplie:....
Non, non, je ne crains pas que Julien m'oublie.
Une part de ma vie est dans ton souvenir;
Tu conserves de moi ce qui ne peut mourir!
Mon image fidèle et ma douce pensée...

(*Elle s'assied sur les marches du trône.*)

Viens, que ma main encor de ta main soit pressée...
O mon cher Julien..., attendant le réveil,
Je m'endors près de toi du paisible sommeil;

JULIEN.

Puisse une main amie, à ton heure dernière,
Dans le même tombeau mêler notre poussière!...
Adieu; mon œil se ferme à la clarté du jour,
Et tout s'évanouit... excepté mon amour...

(*Elle se relève.*)

Bientôt... toujours!... toujours!... quelle lumière éclate!
Julien, je t'attends aux rives de l'Euphrate.

(*Elle meurt.*)

JULIEN.

Théora!... quel néant, quel vide autour de moi!...
Non, non, tu vis encore?... ô spectacle d'effroi...

MAXIME.

Julien, ta douleur n'est que trop légitime;
Mais songe quels témoins!...

JULIEN.

Elle est morte, Maxime!
Apprends-le, ce secret que la terre ignora :
Tout est fini pour moi; j'ai perdu Théora.

MAXIME.

Sois homme, Julien!... que ce mot te réveille;
C'est encore sa voix qui frappe ton oreille.
Et du sein de la tombe, exerçant son pouvoir,
Auguste, cet esclave a dicté ton devoir!

JULIEN.

La couronne et la mort... ah! que la mort se hâte...
Théora... dès demain nous marchons vers l'Euphrate.

FIN DU CINQUIÈME ET DERNIER ACTE.

TABLE

DES PIÈCES CONTENUES DANS CE VOLUME.

Tippô-Saeb, tragédie.	page i
Épître dédicatoire à M. Charles de Longchamps.	iij
Préface.	v
Préambule historique.	xj
Notes.	91
Anecdotes relatives à la tragédie de Tippô-Saëb.	97
Bélisaire, tragédie.	105
Épître dédicatoire à M. Arnauld.	107
Discours préliminaire sur la censure des ouvrages dramatiques.	111
Préface.	121
Sylla, tragédie.	215
Épître dédicatoire à M. Lacretelle aîné.	217
Préambule historique.	219
Note.	312
Observations sur la tragédie de Sylla.	313
Julien dans les Gaules, tragédie.	317
Épître dédicatoire à son altesse sérénissime monseigneur le duc d'Orléans.	319
Préambule historique.	321

www.ingramcontent.com/pod-product-compliance
Lightning Source LLC
Chambersburg PA
CBHW052045230426
43671CB00011B/1796